2023 年度南京师范大学重大培育项目——
“中华优秀传统法律文化的译介与传播研究”（23ZD07）阶段性成果

翻译新论

On Translation

董晓波　郭　洁　著

对外经济贸易大学出版社
中国 · 北京

图书在版编目（CIP）数据

翻译新论 / 董晓波，郭洁著 . —北京：对外经济贸易大学出版社，2024. 2

ISBN 978-7-5663-2510-5

Ⅰ . ①翻… Ⅱ . ①董… ②郭… Ⅲ . ①英语－翻译－高等学校－教材 Ⅳ . ① H315. 9

中国国家版本馆 CIP 数据核字（2023）第 120460 号

翻译新论

On Translation

董晓波　郭　洁　**著**

责任编辑：陈培风

出版发行：对外经济贸易大学出版社

社　　址：北京市朝阳区惠新东街 10 号

网　　址：www.uibep.com

资源网址：www.uibepresources.com

邮政编码：100029

邮购电话：010 － 64492338

发行部电话：010 － 64492342

E-mail：uibep@126.com

成品尺寸：185mm×260mm

印　　张：16.5

字　　数：331 千字

ISBN 978-7-5663-2510-5

印　　刷：北京市泰锐印刷有限责任公司

版　　次：2024 年 2 月北京第 1 版

印　　次：2024 年 2 月第 1 次印刷

定　　价：59.00 元

新时代翻译学建设要有“三新”意识

——《翻译新论》序

随着我国综合国力不断提升，翻译实践活动、翻译理论研究、翻译学科建设和人才培养等方面取得了不俗的成绩。翻译实践活动在继续“翻译世界”的同时，更加重视“翻译中国”，翻译事业呈现出更为成熟化、专业化、系统化的特点，中国话语传播得越来越广。与此同时，中国译学研究进入了全面发展的时期，在即时、全面、系统、准确地把握国际翻译研究的最新成果和发展趋势中增强了译论引介的融合性、反思性与批判性，形成了既接轨国际又富于中国特色的译学研究取向。翻译研究的学科意识、学理意识、问题意识和方法意识不断提高，研究范式呈现多元并存的特点，翻译研究的科学性愈加凸显，国际学术界有关中国译学的“声音”越来越多，越来越洪亮。翻译研究的发展也促进了中国翻译学科体系的建构，一大批学者致力于翻译学科建设、学术研究与行业实践的同建共构，不断改善学科环境，发展翻译教育，培养翻译行业人才和学术研究队伍，走出了“开放、探索、互动、创新”的发展之路（许钧，2018），使翻译学科和翻译专业在教、学、研等诸多层面跃升到了新境界。翻译学科与翻译专业发展进入了新的发展阶段，这就要求以翻译为主题的书籍跟上时代发展的步伐，触摸到时代的脉搏。新时代的历史背景，**正是我对《翻译概论》（董晓波著，对外经济贸易大学出版社 2012 年版）进行修订再版的契机。这也是我重新撰写《翻译新论》的初衷与目的。**

一

全球化、世界一体化不仅为翻译提供了广阔的发展前景，也为其赋予了更加宏大的使命。翻译是推动人类文化进步的重要力量，新时代的历史方位也为翻译学研究提出了更高的要求：不仅要关注翻译理论与实践问题，也要主动肩负服务国家战略的重任。新时代背景下，翻译学研究要确立“三新”意识，立足中国，放眼世界，从宏观、中观和微观三个层次，系统化推进翻译学研究向着更高的目标发展。

新担当：服务国家战略　参与全球治理

新时代的翻译研究与实践不只是为实现不同文化之间的沟通和交流架起一座“桥梁”，也不仅在为社会发展、经济建设、保护文化多样性服务，广大的翻译人员正在通过自己的工作直接或者间接参与全球治理。

中国已经成为世界第二大经济体，在国际社会中扮演着越来越重要的角色，承担起越来越重要的责任，然而，中国的国际话语权却与经济发展很不相符。党的十九大报告提出，推进国际传播能力建设，讲好中国故事，展现真实、立体、全面的中国，提高国家文化软实力。讲好中国故事，传播好中国声音，就是一个话语主动构建的过程：通过阐释中国立场和中国经验，贡献中国智慧和中国方案，推动全球治理体系深刻调整，朝着构建人类命运共同体的方向发展。要清除不同文化的藩篱、不同语言带来的误解，就必须实现话语在不同文化环境之间的自由转换，因此，翻译的重要性不言而喻。

中国参与全球治理尚处于初级阶段，还面临着诸多方面的限制与瓶颈，而人才问题则是关键性问题。参与全球治理需要一大批熟悉党和国家方针政策，了解我国国情，具有全球视野，熟练运用外语，通晓国际规则，精通国际谈判的专业人才。毋庸置疑，国家实施全方位“走出去”战略，对翻译人才培养提出了更高的要求。翻译学科建设要从增强国家文化软实力和提升国际传播能力、国际影响力的战略高度出发，把复合型、专业型翻译人才的培养和提高翻译能力作为一项长期、系统、战略性的工作，从学科设置、资源配置、翻译事业与翻译产业规划与管理、翻译水平评价体系等诸多方面进行统筹规划、科学布局；而翻译学研也要具有超越学科的开放性，具备国际性的宽阔视野，以国家战略为创新的强劲动力，主动承担起新时代发展赋予的社会责任和历史使命。

新追求：推进译学体系化　提升国际话语权

任何一门学科的形成和确立都要经过学术界的认可，而稳固其学科地位，享有充分的话语权，既需要有核心的理论体系和实践成果，也需要有保证其持续发展的外部条件。经过几十年的建设与发展，中国的翻译学科建立了行业协会团体，拥有专业的学术期刊，在高等教育体系内部有专门的系科、研究所、教授、研究生等。虽然外部条件一派繁荣，但是，羽翼未丰的翻译学科内部仍然有很多问题。

一方面，过去的三十多年，西方翻译理论纷至沓来，国内翻译界加快了追赶国际翻译学界的步伐。这场大规模的“理论补课”大大缩小了国内在学术研究上与国外的差距，启发了国内学者进行译学研究的思维，赢得了与国外同行对话与交流的机会，提升了我国翻译界的学术话语权。但是，学术话语的形成都是立足于特定的文化场域、思维结构与本土实践的基础之上的，一些国外理论在译介的过程中也出现了水土不服，甚至停滞不前的尴尬，而学界对我国传统译论的研究缺乏系统性和传承性，中国特色翻译理论的创新与发展还处于初始阶段。

另一方面，“泛译学学科化”的倾向虽然不断拓宽翻译研究的疆界，使得翻译学与社会学、心理学、哲学、传播学、政治学、经济学、管理学等学科之间相互渗透，却造成了翻译研究中“学”与“术”的彻底分野——“学”强势扩张，“术”相对萎缩，翻译学科的独立性、边缘化问题不断困扰着翻译学界，翻译学科“自成体系”的夙愿正经受着其他学科的挤压和翻译内部喧嚣之阵痛。

话语是一种权力结构，翻译理论研究是一种话语构建，唯有自成逻辑体系的话语建设才能体现出学科的内在张力和外部影响力。中国传统译学与国外翻译研究属于不同的话语系统。新时代背景下，中国翻译学研究要树立文化自信、理论自信、话语自信，进一步廓清翻译学科的边缘与界限，回归翻译学的本体认知与研究。兼容并包，充分吸收和借鉴国外翻译理论的有益成果，熟悉国际主流的翻译话语，批判性地继承中国文化传统、哲学传统，进一步丰富和完善前人的研究成果。理顺现有译学研究与话语建设的逻辑关系，实现“秉承中国译学传统、借鉴西方研究成果、总结中国翻译实践”三个维度的多元融合，从而产生出原创性、本土化、体系化的研究成果，建立自己的现代性知识话语体系，搭建起与国外学者平等对话交流的平台，真正走出“学术失语”的困境。

新作为：立足中国翻译实践　创建协同创新合作机制

中国翻译实践是中国特色翻译学研究的源头活水。中国的翻译学研究要形成具有自己特色的发展道路，必须扎根于中国大地，有效解决中国翻译实践中的重大现实问题。主观上忽略解释和解决实践中出现的新现象和新问题，所谓的“体系化”构建将失去应有的学术内涵价值，剩下的只是空头的概念与理论躯壳。

翻译实践活动随着社会需求而变化。新时代的翻译实践中旧有的矛盾并未消解，而新涌现的问题也应接不暇。随着“一带一路”倡议的深入推进，翻译实践正从传统的文学翻译向新兴的应用型翻译大规模拓展、延伸，但文学翻译与非文学翻译之间的区隔依旧存在。工作量巨大、主题广泛、语种繁多、时间紧迫是全球化时代翻译的常态，大数据、人工智能、云计算等技术的发展，翻译业态的变化，工作方式与情境的变革，越来越快速地改变着中国翻译行业的现状。职业化、产业化、信息化带来的翻译实践的变化，正在考验着翻译理论的根基与价值……当然，各个领域的翻译实践都是翻译自成体系建设之“源”，本土翻译、中国实践中所遭遇的新问题、新情况，不仅为翻译体系化的构建带来了挑战，也为翻译的学术研究带来更多创新的机遇，中国的翻译学研究更应该脚踏实地，胸怀理想，直面问题，在提升理论水平和服务实践需要方面下更大的功夫。

在翻译学科内部，理论与实践脱节的现象由来已久。要融通两者，就要打破学术“象牙塔”与政府实务部门、翻译机构、企业之间的界限，探索学术机构体制机制改革的新思路，构建学科、政府、企业、市场要素互动的新模式，建立起协同创新的合作机制。翻译学研究要对接国家发展战略，就应该重视国际化协同和跨行业合作，提高人才培育的国际化水平，提升学术成果的运用水平与实际成效。翻译学研究要服务地方发展战略，就应该加强校企协同机制建设，搭建校企联合创新平台，共建研究中心、创新基地、社会实践基地等，实现学术研究成果的本地化转化，实现校企双方互惠互利，共同发展。还应积极开展区域经济合作与发展的国际性论坛，加强国际合作与交流，促进优质合作项目在区域、本地落地生根。新时代，我们要立足于中国实践，通过体制机制的变革与创新，全方位、综合化开展学术研究、人才培养、国际交流、社会服务等，推进翻译学理论体系与人才培养创新模式的逐步形成。

新担当、新追求、新作为是中国特色翻译学研究的三个不同但相互关联的方面。唱响新时代的“中国声音”，正是中华文化和当代中国翻译学科获得现代性发展的内在要求，也是克服几十年来束缚中国翻译学术思想发展的“译学挪用”思维惯性的现实途径。新时代的发展进程为中国特色翻译学研究提供了良好的机遇和条件，翻译学者需要和全国广大哲学社会科学工作者一起，自觉努力，潜心研究，以“立足中国、借鉴国外，挖掘历史、把握当代，关怀人类、面向未来”的思路，谋求自身的理论发展，在服务国家战略需求、推进学术体系化以及追求学术自身价值之间保持良性的平衡。

二

《翻译新论》的撰写有很多的机缘和因素，也经历了时间积淀，融合了时代发展的需要：

一是，在南京师范大学外国语学院翻译硕士专业学位点建设过程中，我开设了商务文本翻译、法律文本翻译、中国语言文化等系列相关课程，撰写或主编了《商务文本翻译》《法律文本翻译》《中国历史文化概况》《翻译概论》《翻译通论》《商务翻译概论》《实用文体翻译教程》《英汉比较与翻译》《实用经贸文本翻译》《法庭口译》《实用经贸汉英/英汉口译》《商务英语口译》《商务英语翻译》《大学汉英翻译教程》《法律英语翻译案例教程》《商务英语翻译案例教程》《新时代法律英语翻译》《新时代商务英语翻译》等数十本著作或教材，培养了大批高素质的复合型翻译人才。在本书完成之际，中国翻译协会和全国翻译专业学位研究生教育指导委员会（以下简称“教指委”）共同组织召开了翻译专业学位博士研究生培养调研座谈会，这表明翻译专业学位博士研究生的培养即将启动，可见，翻译这门经世致用的学科必将奋进新征程，在实现第二个百年奋斗目标，为中华民族伟大复兴的新征程贡献越来越大的作用。

二是，作为一名重视翻译理论与实践结合的学者，我曾先后主持完成了十多项关于翻译的国家及省部级课题，包括2014年国家社会科学基金项目“我国法律法规翻译的统一与规范化研究”（14BYY60）、2017年江苏省高校哲学社科重点项目“面向‘一带一路’的我国翻译政策研究”（2017ZDIXM110）和2020年国家社会科学基金重点项目“中国特色法治术语翻译与对外法治话语能力建构研究”（20AYY008）等，完成了大量学术论文的写作；同时，我十多年担任江苏省人民政府地方性法规规章译审专家，并受邀参与国家海上丝绸之路世界遗产申报及国家“一带一路”建设法律翻译工作，丰富的翻译实践也为本书的写作奠定了坚实的基础。

三是，自2018年我开始招收翻译研究方向的第一届博士生以来，截至本书稿的完成，门下已经有一名已毕业的博士生和三名在读博士生。在指导博士生期间，我与博士生合作进行了翻译学、翻译规划、法律翻译、典籍翻译、跨文化交流等一系列的理论思考，思考涉及范围的拓展也丰富了本书的内容，提升了本书的理论高度与价值。

我的这本书可能是翻译学众多成果中微不足道的一本，但愿它能激发青年学子对翻译的热爱，加入到翻译的研究队伍，在新的历史时期，在多元文化的语境下，从文化交流、文明互鉴的高度来认识翻译的跨文化交流本质和维护文化多样性的崇高使命，共建人类命运共同体。

三

《翻译新论》一书兼顾“学”与“术”，以《高等学校英语专业英语教学大纲》为依据，将社会的需求与培养外语专业高素质、创新型人才紧密结合，在理论观点的阐释中穿插大量实例，激发学生继续探索的兴趣，既着重翻译理论素养培养和基本功训练，强调双语修养和双文化修养，又注重翻译在语言层面上的转换，即字词、句、篇章这三个层面上的转换；同时，还强调翻译在文化层面上的译传，即在语用语境和文化语境层面上意义的传达。全书共十四章，主要介绍了：什么是翻译；翻译的目的；当代西方翻译理论；翻译的过程；影响翻译的因素；译者的主体性；语言、文化与翻译；翻译的分类；翻译中的矛盾；翻译策略和方法；翻译批评；法律翻译；典籍翻译；翻译规划等方面的知识。目的在于让学生全面认识翻译、理解翻译，对翻译所涉及的基本理论问题和翻译现象有所了解，从而树立正确的翻译观，提高翻译技能，将来能更好地从事翻译工作。

本书是在我《翻译概论》一书的基础之上，删改了部分章节，并吸收和融合了我近几年来在翻译理论与实践研究方面的最新成果；其中，部分内容曾与学生们合作，博士生郭洁替我整理了书稿，对他们的辛勤付出表示衷心的感谢！

在整个写作过程中，我力求完美，但是限于水平和资料等原因，不乏偏颇和疏漏之处，恳请广大同仁和读者不吝指正，以便将来进一步充实与完善。

是为序。

董晓波

2023 年 5 月

作者简介

董晓波，吉林外国语大学特聘教授，中国法治现代化研究院“一带一路”法治发展研究中心副主任，江苏省人才发展战略研究院研究员，南京师范大学教授，博士生导师。主持完成国家社会科学基金重点、一般等国家及省部级课题十多项，在施普林格（Springer）、北京大学出版社等出版中英文学术专著十多部，主编教材、译著七十余部，在国内外重要学术期刊（*Nature*、SSCI、A&HCI、CSSCI）发表论文150多篇，在《人民日报》《光明日报》等主流媒体发表理论文章一百多篇（其中《光明日报》整版十篇），多篇智库研究报告获省部级肯定性批示。

郭洁，南京师范大学外国语学院博士生，主要研究方向为法律语言与翻译。

目录

第一章　什么是翻译 // 1
第一节　翻译的产生 // 2
第二节　翻译的定义 // 4
第三节　翻译的意义 // 9
第四节　翻译的价值 // 10
第五节　翻译与翻译学 // 12

第二章　翻译的目的 // 17
第一节　为什么翻译 // 18
第二节　翻译的目的论 // 19
第三节　翻译的作用及历史定位 // 20
第四节　翻译的语言价值观 // 29

第三章　当代西方翻译理论 // 33
第一节　翻译的文艺流派 // 34
第二节　翻译的语言学派 // 36
第三节　翻译的研究学派 // 42
第四节　翻译的解构主义流派 // 46

第四章　翻译的过程 // 51
第一节　理解阶段 // 52
第二节　表达阶段 // 57
第三节　审校阶段 // 63
第四节　广义的翻译过程 // 66

第五章　影响翻译的因素 // 69
第一节　文化背景知识 // 70
第二节　政治因素和意识形态 // 76
第三节　翻译动机和翻译观念对翻译的影响 // 79

第六章　译者的主体性 // 83
第一节　译者主体性的内涵 // 84
第二节　译者主体性的彰显 // 88
第三节　影响译者主体性发挥的制约因素 // 94

第七章　语言、文化与翻译 // 101
第一节　语言与文化 // 102
第二节　语言与翻译 // 106
第三节　文化与翻译 // 113

第八章　翻译的分类 // 121
第一节　文学翻译 // 122
第二节　非文学翻译 // 125
第三节　非文学翻译与文学翻译 // 129
第四节　翻译对策及多元文化下的翻译使命 // 131

第九章　翻译中的矛盾 // 139
第一节　风格的可译与不可译 // 140
第二节　“形”“神”之矛盾 // 144
第三节　翻译中的忠实与创造性 // 150

第十章　翻译策略和方法 // 155
第一节　翻译策略 // 156
第二节　翻译方法 // 161

第十一章　翻译批评 // 165
第一节　翻译批评的本质、价值与功能 // 166
第二节　翻译批评的主体与客体 // 170
第三节　翻译批评的分类 // 176
第四节　翻译批评的标准与原则 // 179

第十二章　法律翻译 // 183
第一节　英汉法律术语的“对等”翻译 // 184
第二节　我国立法文本规范化英译若干问题 // 188
第三节　古代法律专业术语之不可译及其补偿研究 // 191

第十三章　典籍翻译 // 195
第一节　法律典籍：中国古代法律典籍的译介与传播 // 196
第二节　蒙学典籍:《三字经》在历史上的译介与传播 // 199
第三节　政论典籍:《管子》的治国思想及其译介传播 // 205
第四节　《华英字典》：第一部汉英英汉词典对中华文化的译介 // 208
第五节　典籍外译与中国国家形象塑造 —— 以《吕氏春秋·劝学》篇核心术语英译为例 // 216

第十四章　翻译规划 // 225
第一节　面向“一带一路”倡议的我国翻译规划的内容 // 226
第二节　我国翻译规划的研究框架 // 228
第三节　面向“一带一路”的我国翻译政策前瞻性研究 // 233

参考文献 // 240

第一章 什么是翻译

翻译是文化交流的纽带和桥梁。在中西各自的文化历史发展过程中，翻译起了十分关键的作用。可以说，没有翻译史，就没有世界文明史。那么，翻译是如何产生的呢？什么是翻译呢？在本章中，我们将介绍关于翻译的一些基本问题，包括翻译的产生、定义、意义、价值等。此外，本章还为读者清晰阐述了翻译与翻译学之间的关系。

第一节 翻译的产生

翻译是操不同语言的民族为满足交际需要而产生的语言活动。由于交际需要，翻译活动早在史前时代就已经存在了。但是关于翻译的产生，有些资料已经无证可查，而且，东西方对于翻译产生的说法不一。在中国，关于翻译是怎样产生的主要依据是历史记载。而在西方，关于翻译产生的比较盛行的看法与《圣经·旧约》(*The Bible: The old Testament*)当中讲述的巴别塔的典故有关。

早在史前时代，我国不同地区的部落、民族之间就开始了交际和融合的过程。华夏民族与遥远的异邦之间的交往也很早就开始了。据记载，远在夏代，我国黄河流域的先民就已同外贝加尔湖地区的居民有了来往。当然，对于远道而来的客人，必须能够交流才行，此时就产生了翻译，但此时的翻译活动大多是口头的，是早期的口译形式。不过，那时的口头翻译并不等于现代意义上的口译。所谓的口头翻译，从事的活动不像现在的翻译活动那么复杂，仅仅是能够满足当时的交际需要而已。严格意义上的口译是到不同民族、不同国家之间有了正式的贸易和外交往来以后才产生的。笔译活动则是在人类发明了文字以后，不同民族之间通过书面文字进行交流时才产生的。从这个意义上说，口译的历史要比笔译的历史更悠久。

到了周代，不仅与域外民族交往的史实记载多了起来，而且也有了关于翻译活动的明确记载。《周礼》和《礼记》两部古书里甚至还有周王朝当时对翻译官的专门职称的记载。

周公居摄六年，制礼作乐，天下和平。交趾之南，有乐赏过以三象胥重译而献白雉，曰："道路遥远，山川阻深，音使不通，故重译而朝。"(马祖毅，1998：15)

这里记载的是越国派使臣来向周朝的周公增献珍禽白孔雀的事。古越南越裳国(包括今越南、柬埔寨的临邑、扶南等地)在交趾之南，相距中国遥远，语言不通，所以与中原只能通过"重译"，即多次翻译，才能够交流。上面，越赏国使臣通过三位"象胥"多重翻译而说的那句话就是世界上最早的口译记录了。根据《礼记》记载，象胥是负责对南方各地的翻译官的称呼，而周代对专管其他各方面翻译的人员则有不同的称呼：

五方之民，言语不通，嗜欲不同。达其志，通其欲，东方曰寄，南方曰象，西方曰狄鞮，北方曰译。(《礼记·王制》)

上面所述的翻译官，可以说是最早的口译译员了，他们为促进经济的发展、文化的交流做出了不少的贡献。然而，在上述记载中，他们所从事的翻译活动都是口译，因为在此之前，基本上都是为了满足即时的交际需求而产生的翻译活动。

我国有文字记载的最早的笔译活动则始于战国时期，最早的翻译文字作品是西汉刘向在《说苑·善说》中记载的一首包括越语原文和楚语译文的《越人歌》，楚、越虽是领国，但语言不通，交往需要借助翻译的帮助。公元前528年，楚国的君王子皙乘船夜游，有越女为他驾船。越女为其唱了一首歌，因是越语，子皙听不懂，经过翻译才明白。刘向在记载歌词的汉语译意的同时，也保留了当时人们用汉字记录的越人歌唱的原音，未经翻译过的《越人歌》原是32字，翻译成楚歌之后变成了54字。这首《越人歌》是我国历史上留传下来的第一首译诗，它和楚国的其他民间诗歌一起被定义为《楚辞》的艺术源头。

而在西方的基督教文化当中，关于翻译的产生有另外一种说法。旧约中讲述了一个巴别塔的故事。那时，天下的人讲同一种语言，他们往东边迁移的时候，在示拿地遇见一片平原，于是他们就决定住在那里。他们彼此商量说，我们要自己制造砖，并把砖烧透了。他们就拿砖当石头，又拿石漆当灰泥。他们说，我们要建造一座城和一座塔，塔顶通天，为传扬我们的名，免得我们被分散到世界各地。耶和华（即希伯来语中的“上帝”）降临后，要看看世人所建造的城和塔。耶和华说：“看呐，他们团结起来，如今这事如果做成了，那么以后他们所要做的事，就也一定会成功的。我们下去，在那里变乱他们的口音，使他们的言语彼此不通。”耶和华将人类的语言变得互不相通，从而在造塔的人中间造成了混乱，于是，人们只好放弃了建造通天塔（Babel）的打算。而那个建通天塔的地方后来就被称为巴比伦城（Babylon）（在希伯来文中，“巴别”是“变乱”的意思，在巴比伦文中则是“神的门”的意思）。

这个故事希望为世上出现的不同语言和种族提供解释，也被看作是引发翻译需求的事件，是翻译起源的神话，也成为一个讲述翻译起源的典故。后来人们在说到翻译的起源时，总会提到“巴别塔典故”，说的就是这个故事。公元前586年，新巴比伦国王尼布甲尼撒二世灭掉犹太王国，使犹太人沦为修建巴比伦城的奴隶。亡国为奴的犹太人凭借自己的思想来表达愤怒，因此，巴比伦人的“神之门”在犹太人眼里充满了罪恶，并遭到了诅咒。再加上当时巴比伦城里的居民讲的远不止一种语言，《圣经·旧约》的作者也就很容易把“语言混乱”与上帝对建塔的惩罚相联系。

西方有文字可考的最早笔译活动之一则可追溯到大约公元前250年，罗马人利维乌斯·安德罗尼科（Livius Andronicus）用拉丁语翻译的荷马史诗《奥德赛》（*Odyssey*），距今有2200多年的历史。罗马在军事上和政治上征服了希腊，为了把灿烂的希腊文化遗产移植过来，开始大规模地翻译希腊的典籍。正如翻译及语言教学史学家凯莉

（Louis Kelly）所言，古罗马时期以来西方文化的发展，首先应当归功于翻译，因为没有翻译就没有古希腊文化在罗马的发扬光大，进而也就没有后世欧洲各民族文化的充实与发展。

第二节　翻译的定义

在正式讨论翻译的定义之前，我们有必要先对“翻译”这个词语做一简单的词源考察，为更好地了解翻译本来的含义奠定基础。英语动词 translate 源自于拉丁词 translatus，而 translatus 又是 transferre 的过去分词。在拉丁语里，transferee 的意思是 carry 或 transport，指的是背负物件将其转移至另一个地方。词根 trans 本身含有时空变迁的意义，而 ferre 除了“负重”与“搬运”的意指外，还有 endure 与 suffer 的含义。据此，transfer 的深层含义可以完整地解释为把某一样东西，穿越一定的时间或空间，从一个地方搬到另一个地方，这个过程对搬运者而言是要经受痛苦或磨难的。

从某种意义上说，这样的解释的确道出了翻译的本质。当然，还应补充的一点是，如西班牙大哲学家加塞特（Jos'e Ortega Gasset）所言，翻译者在翻译过程中所经历的不仅有“痛苦”，更有辉煌。给翻译下定义似乎不是一件很难的事情。但是，译界对于翻译的定义却繁多。到底什么才是翻译呢？我们先来看看翻译的定义都有哪些。

翻译虽然可以解释为穿越时空而做的某种搬运，但是要给翻译下一个确切的定义却还真不是一件容易的事情，尤其给出一个统一而又普遍适用的定义就更难，甚至不可能。

我们先来看看一般的词典是如何对翻译进行定义的：

定义 1　《辞海》中的定义是：把一种语言文字的意义用另一种语言文字表达出来。《牛津英语词典》：在保留意义的情况下从一种语言转变成另一种语言。

在文学界，从文艺学的角度解释，翻译就是艺术创作的形式，强调语言的创造功能，讲究译作的艺术效果。

定义 2　翻译是“传达作者的全部意图即通过艺术手法影响读者的思想、感情”。茅盾曾经给文学翻译下的定义是：文学的翻译是用另一种语言，把原作的艺术意境传达出来。总之，在文学翻译领域，翻译就是把一种语言文字所表达的思想内容和艺术风格正确无误地、恰如其分地转移到另一种语言文字中去的创造性活动。

而语言学界对翻译的定义又是另一种形式。约翰·卡特福德（J. C. Catford）对翻译的定义是：

定义 3 翻译是用一种等值的语言（译语）的文本材料去替换另一种语言（原语）的文本材料。巴尔胡达罗夫（Stepan Grigor'erich Barkhudarov）认为，翻译是把一种语言的言语产物（即话语）在保持内容方面，也就是意义不变的情况下改变为另外一种语言的言语产物（区分语言 langue 和言语 parole）。费道罗夫（A.V. Fedorov）则认为，翻译就是用一种语言把另一种语言在内容和形式不可分割的统一中所业已表达出来的东西准确而完全地表达出来。奈达（Eugene A. Nida）则曾给出多个关于翻译是什么的说法，其中之一是：翻译就是从语义到风格在译语中用最贴近的自然对等语再现源语信息。

文化学派的人则从文化的角度去诠释翻译。他们认为：

定义 4 翻译过程不仅涉及两种语言，而且还涉及两种社会文化，因为语言是文化的载体。翻译是通过语言机制的转换连接或沟通自身文化和异国文化的桥梁；翻译是具有不同语言文化背景的人互相交际、交流思想，从而达到相互了解的媒介。翻译是一项艰苦的创造性实践活动。它形成于社会、文化和语言现实之中，同时又为促进社会、文化和语言发展服务。

翻译属于交叉学科，它与语言学、符号学、修辞学、心理学和人类学等有着密切联系。因此，有着不同学科背景的人往往对翻译的理解不同，他们往往将翻译同自己的学科专业结合起来进行诠释，从而我们才看到那么多个版本的定义。

总的来说，翻译就是用一种语言文字忠实而流畅地传达另一种语言文字所包含的意思或思想。上文的定义都是正确的定义，但是显然他们都有一个共同的特点，那就是太笼统，对我们要比较深入地认识或理解翻译现象是缺乏揭示性的。

除上述广义的翻译定义之外，对于从事实际翻译工作的人来说，更关注的应是狭义的翻译定义，因为后者讨论的是两种不同的语言之间的转换以及与此紧密相关的问题，而这类定义一般说来技术性较强。大致而言，狭义的翻译定义可以从基于语言层面、超越语言层面强调互动以及艺术等角度展开。

1. 基于语言层面的考虑

翻译是一个“词语解构”和“词语重构”的过程，它从源语文本走向目标语文本，使后者尽可能接近等值，并以理解原文的内容和风格为先决条件。根据这一定义，翻译作为一个过程本身还可再细分。它由两个主要阶段构成：一是语义理解过程，在这一过程当中，译者为获得原作意思和风格而分析原作文本；二是语义重构过程，在这一过程当中，译者再造源语文本，从内容和风格两方面进行分析，同时对交际对等的各个要点给予优先考虑。

从翻译的技术层面来说，这个定义非常精确。“词语解构”和“词语重构”这两道工序是任何一位译者都能够感同身受的事情（当然从翻译的整个过程而论，似乎还有一个“句法重构”过程，即按接受语的语法规则重新行文）。值得特别注意的一点是，定义最后还提到了在语义重构时“同时对交际对等的各个要点给予优先考虑”。又如：

定义5 我将翻译定义为：用属Z文化的语言z提供信息，它仿制用属A文化的语言a提供的信息，以便完成想要达到的功能。这就意味着，翻译并不是词与句从一种语言进入另一种语言的转码活动，而是一种复杂的行为。籍此，某个人在新的功能、文化与语言条件下，在一种新的情景中提供一种文本的信息，同时又尽可能地将原文的形式特点一一仿制下来。

定义5与定义4不太相同之处是，它明确否认翻译是两种语言形式之间的“转码”活动，而是一种“复杂的行为”，强调在尽可能保存原文形式特点的同时，突出一个“新”字，即“新的功能、文化与语言条件”“新的情景”（当然应包括新的受众）。不再将翻译与文字的机械对应相提并论已成为译学界的一种共识。这就意味着，译者在进行文字转换的同时，语言层面的考虑应当涉及整个篇章的架构意义及其风格表达。正如下面这一定义所强调的那样，翻译一种语言并不只限于单词孤字的处理：

定义6 翻译并不是翻译单词孤句（除非一个单句具有篇章地位），而是翻译篇章。翻译因而是一个以篇章为导向的事件。据此，翻译最贴切的定义是以篇章为导向的：翻译是将书面的源语文本导向一个优化的对等目标文本的过程，并要求对原文在句法、语义、风格与篇章语用等方面都领会、理解。

定义6实际上告诉我们，笔译时，最重要的是做好谋篇布局的工作，即要从整体上来思考如何处理语言的转换。另外，如同定义4一样，定义6也提到“优化目标语文本”这一点。这里所谓“优化”应当含有对译文进行必要加工的意思，使之在新的语言环境下更好地为新的文本受众所接受。

2. 超越语言层面的考虑

定义7 翻译不能说成是一种纯粹的“语言活动”，后者是受其翻译影响而出现的一种推定，而应被认定是一个心理语言学、社会语言学以及应用语言学的过程。对这个过程详尽科学地描述困难极大。部分原因是，翻译科学说到底是一个与别的学科交叉的科学，其特点表现为，描述、解释与规范的种种问题不断地相互作用，相互影响。

定义7除强调翻译是一个复杂的过程之外，还进一步提到翻译这个复杂过程可能要涉及的几个方面，即心理语言学、社会语言学以及应用语言学等。换句话说，译者走笔之时应当要考虑作者或读者的心理活动、所处的环境与一定的上下文等超语言的因素。唯其如此，译出来的东西方可能真正达意，方可能有更佳的接受结果。有的翻译学者甚至将这种超越语言因素的考虑提升至语言世界观改变的高度：

定义 8　翻译因而将继续是一个相对的概念。可以说每种翻译都是从一种语言世界观角度向另一种语言世界观角度的转换，而这种转换若不伴以种种变化或变异是不可能完全实现的。

定义 8 实际是为翻译基于语言层面操作的传统限制开了松绑之门。所谓的“种种变化或变异”最直接的表现当然是反映在语言的转换上，即亦步亦趋的翻译是站不住脚的，语言的结构与词语表述应当随着语言世界观（角度）的改变而变化。

3. 强调双方的沟通、相互渗透与互动

这里的“双方”可以指原文与译文、作者与译者以及作者/译者与读者。

定义 9　从目的论观点看，翻译是一个沟通的过程，翻译行为的目标是向异国的读者传播原著的知识。

所谓沟通，当然是涉及双方均要参与的一种行为。这个过程往往免不了“协商”这一环节。因此，从沟通的理念出发，翻译在译学界越来越被看成是源语文本（或作者）与目标文本（或读者）之间的“协商行为”，这种“协商”在英文中用的词是 negotiate。这个词语在词典中的解释有如下的两层意思：

(1)　try to reach an agreement or compromise by discussion with others
　　谈判，洽谈，协商，讲条件，谈妥，说服

(2)　find a way over or through (an obstacle or a difficult path)
　　顺利通过，成功越过（障碍），安全通过（艰途）

凡是有过严肃翻译经历的人恐怕都能体会到，这两层含义恰恰是对翻译过程曲折、复杂的生动写照。翻译作为一个沟通过程，充满双方的进退取舍，最终结果也必然是要照顾到双方的“利益”。如此一来，正如下面的这个定义所说的，一件翻译作品就不可能是“一元之作”了：

定义 10　一件翻译作品并不是一元之作，而是两种结构的相互渗透和聚合，一方面是原作的语义内容和形式轮廓，另一方面则是与译入语凝成一体的整个完美特征体系。

定义 10 的观点认为：翻译一经形成，它就不可能完全是一个翻版，而是一件新作，一件融合了两种语言与文化因素的新作。这种结果恐怕是不以译者的意志为转移的，因为造成这种结果的是“双方”的“互动”。下面两个定义谈的就是这类互动：

定义 11　可将翻译看成是基于源语文本的一种有意图的、人际间的、部分以言语表达的不同文化间的互动。

这个定义强调的是，翻译是一种有意图的活动，也就是说，它是一种具有明确目的的语言活动，由此带来不同语言间的互动。翻译如何进行，制作出什么样的译文及其形式，都取决于具体的翻译目的。这个定义，除表明了传统意义上的原文与译文之间的对应关系，还加进了一条重要原则，即每项翻译都有一定的目的，目的决定手段，目的决定最后译文的样式（包括风格、篇幅等）。显然，在这种情形下，互动更强调的是目标语方面的能动作用。再看一个定义：

定义 12 翻译操作是基于某一文本的翻译行为。“某一文本”指的是一种宽泛的概念，包含言语与非言语成分、情景线索与暗藏的或预设的信息。

这一翻译定义跳出传统原文概念，扩宽了原文文本的内涵。译者在翻译时并非只是与原文的文字死较真，而是要考虑到许多原文文字里并不明显负载的，但却是至关重要的东西，如历史场景、互文性等因素。这一翻译定义对于在翻译过程中更好地实现不同语言间文化上的沟通特别有启发意义。

4. 从艺术的角度出发

以历史的眼光来审视翻译的一系列定义，不难发现，将翻译看成一门艺术，由此又将“善译”定义为艺术的结晶是一种十分显眼的现象，这在传统的译论中占据重要地位，至今也有很大的影响。这类定义在各种翻译理论的书籍中俯拾皆是：

定义 13 那些自称是理论家们的幼稚图表根本无助于处于最精雅状态的翻译。翻译，如威根斯坦所称，是，而是总是“一门纯粹的艺术”。

一般来说，把翻译说成是一门艺术，往往是针对文学作品翻译的情形较多，这也是可以理解的，正如下面的定义所阐明的那样：

定义 14 在文学作品中，语言的形式不仅具有文本聚合的功能，还具有美学功能。它带着艺术家的创意，其外表不可被重复，在译入语中也只能以类比形式体现。

不过，大量翻译实践也证明，翻译的艺术性并非只是属于文学作品，其他类的文本翻译中也或多或少会唤起译者艺术的想象。从某种意义上讲，上乘的翻译或善译都离不开译者对原文的刻意揣摩，离不开译者在文字与形式两个方面的精心打造。这一点，从下面的几个定义就可以体会出来：

定义 15 翻译在另一种语言中达到了原作在源语中的目的（即为“善译”）。

这个定义强调，译文的艺术性是要使译文达到与原文同样的目的。

定义 16 善译关注的是意义或者内容本身，目的是保留它们的原貌。在这样的过程中，译者可能需要相当伤筋动骨地重构原文形式：这是正统意义上的“意译”。

定义 16 非常明确地暗示，重新构造译文的形式是正统意义上的“意译”，而在这个“意译”的过程当中，必然将进行再创作，这个“艺术性”是不言而喻的。

定义 17 善译即是将原作的妙处完全转移译到另一语言中，使译入语读者在理解的清晰与感受的强烈程度上与源语读者等量齐观。

这个关于“善译”的定义是由英国著名学者泰特勒（A. F. Tytler）在两百年多前提出来的，它之所以至今仍在译学界广为传播，甚至奉为圭臬，绝非偶然。它似乎最能道出一代又一代的翻译工作者对翻译艺术境界不懈追求的心声。翻译艺术达到炉火纯青，便可走向出神入化。

以上从四个方面对翻译进行了定义，目的在于使我们对翻译的本质有一个多角度、更清楚的认识。首先，翻译绝不是一种单纯、简单的语言间的转码工序，而是一件非常复杂的活动，涉及宽广的知识面与众多的认知领域。其中最重要的一点是，翻译在从一种语言向另一种语言转换时，不可避免地伴随着相应的文化与世界观的转换。其次，翻译在某种程度上就是一种沟通工作，整个过程对双方而言，都是争取达到一种积极的妥协结果。而要取得好的翻译效果，就必须讲究翻译工作的艺术性。好的翻译，上乘的翻译，都是艺术的结晶。最后，作为翻译工作者，我们都应该对翻译的最高境界有一种不懈追求，而且应当把这种追求落实到长期的学问修养与翻译实践当中。

第三节 翻译的意义

翻译的历史，实际上就是政治、经济和文化的交流史。从远古时代起，随着各民族的交往、商业贸易的开通、文化的交流、宗教的传播，翻译工作也就开始了。我国两千多年的翻译史为我们积累了一份宝贵的文化财富，这是我国文化的重要组成部分。翻译史与文学史、文化史一起，应该是等量齐观的。一个优秀的译者要首先了解翻译的意义，这样才能更好地加强对翻译事业的了解，更好地做好翻译这份工作。

有人说翻译是吃力不讨好的活，的确，一句译文出来，褒贬不一。对于翻译的功能、意义和地位，古往今来，有着许多不同的见解，有的弘扬，有的贬低，有的赞美，有的挖苦。各家之说，十分有趣，也十分精辟。

佛经翻译大师鸠摩罗什曾经说：“翻译犹如嚼饭喂人，不但失去真味，还带上我们的口水和爪齿的污秽。”

鲁迅说：“翻译是从别国窃得火来，本意却在煮自己的肉的，以为倘能味道较好，庶几在咀嚼者那一面也得到较多的好处，我也不枉费了身躯。”

意大利有句谚语：翻译者就是叛逆者（tradutorre, traditore）。塞万提斯（Miguel

de Cervantes Saavedra）通过堂吉诃德的口说："阅读译本就像从反面看花毯。"歌德（Johann Wolfgang van Goethe）则把翻译比作"下流的职业媒人"。

以上这些观点，都是从贬抑的方面对翻译进行评价的，这些译者结合自己的切身感受与时代特征相结合，对翻译的地位进行了一个个具有时代意义的评价。那么翻译究竟是什么呢，果真像他们这些译者所述吗？翻译能够成为一项让我们为之奋斗的事业吗？从哲学的观点来看，任何事物都是一分为二的，翻译也不例外。

毛泽东就十分重视翻译，他曾经说："没有翻译就没有共产党。"他还曾指出："鲁迅是民族化的。但是他还是主张过硬译，我倒赞成理论书硬译，有个好处——准确。""我们要熟悉外国的东西，读外国书。但是并不等于中国人要完全照外国办法办事，并不等于中国人写东西要像翻译一样。"因为，所处的时代不同，翻译所带来地位与作用不同，从而译者对于翻译的认识肯定就会有所变化。也许有人会说，特定的时代特征使得当时的翻译有了与众不同的意义，翻译才会受到肯定，那么，此后人们又是怎样看待翻译的呢？

郭沫若说："译文同样应该是一件艺术品。"林语堂说："翻译是一种艺术。"傅雷说翻译家是"跟在伟大的作品后面，把他的心曲诉说给读者"。王佐良说翻译是"一种英雄的事业"。钱钟书说那些入"化"的翻译珍品为"投胎转世"。泰特勒说："翻译是一种科学，是一种艺术。"国学大师季羡林（1998）说："中国文化之所以能长保青春，万灵药就是翻译。"

这些译者又视翻译为一项伟大的事业，是需要优秀的人才为之努力奋斗的。此外，随着经济的发展，国与国之间的交流日益加深，我们也能够深切地体会到翻译在当今社会的重要性，而且这种重要性还有进一步加强的趋势。每年市场需求的新的译者数量都在不断增加，各个行业、各个领域都需要翻译人才。意识到翻译的重要性之后，我们才能够更好地在翻译领域做出努力，才能更好地看到自身价值的体现。

第四节 翻译的价值

关于翻译价值的讨论很多，本节从三个角度来展开：美学价值、社会文化价值和理论价值。

1. 美学价值

意境为语言艺术作品通过形象描写所表现出来的境界和情调。它是所描述的景象和所表现的情意相交融的产物。意境的追求和创造，是修辞上获得最佳表达效果所必需的。在文学翻译中，译者以追求原作的意境为己任，以再创造等同的意境为目标，以实现翻译之美学价值。具体而言，译者不仅要动笔，而且要动情。莎士比亚（William Shakespeare）的"和泪之作"，与曹雪芹的"一把辛酸泪"，同是文情相生，挥笔挥泪！创作是如此，翻译也应该如此，进行再创作。译者要通过翻译走近创造者的创作过程，了解他们的心理活动、心理状态以及个性，甚至追寻他们的艺术思维，获得其审美意象。成功的审美作品，总是能够真实地折射出创作者灵魂深处的人格特征。译者从作品中了解作者，认识作者，甚至变成作者，与作者达成共识，这是一个由此及彼、由浅入深的认识。译者对作者的认识以及与作者的心理同构是交叉进行的。在认识作品的过程中认识作者，认识作者反过来更好地认识作品；对作品的进一步认识又加深译者对作者的进一步了解。传统心理学将人们的认识界定为"知""情""意"心理运动三阶段，即由逐渐广泛而深入地认识（感性认识），继而有相应的、投入性的情绪体验（情感交融），然后有了主题意识的觉醒而发生有行为倾向的意志（主体意识）。在整个艺术鉴赏与创造过程中，译者的心理活动呈有意识到无意识再到有意识的走向。译者意向性地认识作品与作者，在不知不觉中与作者心神交融，与作品心物交融；然后译者再走出作品本身，回到自我意识中进行信息的加工制作，由形象感知转为抽象思维，在与作者达成美的共识之后，进而实现艺术再创造。这是一个逐渐形成的意象整合的过程。译者在认识过程中不断地将作品各个部分在心理上加以整合。译者通过心理综合对作品形成审美意象之后，最后回过头来感知审美意象。这是更高一级的感知，有别于认识开始时的感知。新的感知将进一步作用于意象的心理综合，直至形成一个整体意象。

2. 社会文化价值

翻译的价值还主要体现在社会文化层面，社会的变革和文化的发展，往往与蓬勃开展的翻译活动有关。翻译可以引发对特定文化乃至社会制度的变革，也可以推动不同文明向前演进。古罗马的希腊文学翻译导致了拉丁文学的诞生，五四时期的西学东渐及大规模翻译活动促进了现代白话文的形成和发展，这些无疑都是翻译的社会文化价值的最佳佐证。再者，从社会文化的角度来考察翻译现象，可以使不同时期的翻译文学得到更为合理的解释。

3. 理论价值

翻译本身并非理论，它的所谓理论价值，并不是指它作为理论的价值，而是指它对于翻译研究和翻译理论有价值。换言之，翻译作为翻译理论的直接研究对象，是翻译理论赖以发生和发展的“物质基础”，因而它对于翻译理论有价值。翻译理论乃至翻译学作为独立学科的健全和发展，在很大程度上都依赖于翻译这一“物质基础”的存在和发展。离开了这个基础，翻译理论的存在和发展就无从谈起。反过来，翻译理论通过翻译的描写和总结，又可以给这个活动提供指导，带动翻译实践更好地发展，使它在人类文明向前发展中不可或缺的作用得到更好的彰显。在这个意义上，翻译实践是前提，它不会因为翻译理论的存在而存在，但因为有了它的存在，翻译理论的存在才能成为可能。同时又往往因为它的发展，翻译理论的发展才成了有源之水、有本之木。翻译对于翻译理论的价值也在于此。

当然，我们讨论翻译的理论价值，不能局限于以上这个范围，而更多的是必须把这种讨论同翻译理论的讨论结合起来。这样，我们就需要由翻译实务的层面进入翻译理论的层面，运用现代翻译学研究的观点和方法来探讨翻译理论的本质，特别是探讨作为完整体系的翻译学以及与之相关的种种问题。下面，我们来看一下什么是翻译学。

第五节　翻译与翻译学

1. 翻译学的研究范围

本节讨论翻译学的具体范围、方法及翻译理论如何发展的问题。先讨论研究范围和方法。翻译学是研究翻译的科学。对于这个定义，应当从广义上来理解，就是说，翻译学研究的，不应仅仅局限于翻译活动本身，而应该包括与翻译活动有关的一切领域。由于翻译（指的是语际翻译）涉及的是两种语言，研究翻译时始终离不开比较的或对比的方法。综合起来看，翻译学的具体研究对象首先应该包括:（1）翻译的实质;（2）翻译的原则和标准;（3）翻译的方法和技巧;（4）翻译的操作过程和程序;（5）翻译过程中出现的各种矛盾，如目的和手段的矛盾、内容和形式的矛盾、作者与译文读者的矛盾等。这五个方面是讲到翻译时必须考虑的因素，因而是翻译学研究的重点。

从更具体的意义上说，翻译学这个独立系统究竟由什么构成呢？很显然，它必须由具体的翻译理论和具体的研究领域构成，并且不是由一种而是由许多种理论，不是由一个而是由许多个研究领域构成。换言之，翻译学任务的具体落实，就是具体翻译理论的发展和具体研究领域的开拓。以翻译理论的建立和发展为例，原则上，翻译理论的种类和数量是无限的。科学每前进一步，人们对客观世界的认识每加深一层，都有可能更新人们对翻译问题的看法，提出新的翻译概念，产生新的翻译理论。例如，现代科学中，信息论的诞生促进了翻译研究中交际学翻译理论的提出，话语语言学的出现也随机引出了翻译的话语语言学理论，等等。翻译不是一门封闭的科学，而是一门开放的、不断发展的科学。在实际研究中，我们可以把一部分翻译理论视为构成翻译学体系的基本理论，这些理论在数量上虽不可人为地加以限制，却也不可能太多。由于研究翻译的几个主要角度无外乎语言学的、文艺学的、交际学的、社会学的、符号学的、心理学的、信息论的和数控论的，因此，基本的翻译理论也可粗线条地分为翻译的语言学理论、翻译的文艺学理论、翻译的交际学理论、翻译的社会符号学理论、翻译的心理学理论、机器翻译的理论和集各种理论于一体的综合性翻译理论等。当然，各个基本（或主干理论）又可发展出若干个更具体的、更有特色的分支理论。

任何性质的翻译理论，如要经得住科学的考验，都必须具备客观、系统、实用三个特征，即能客观地反映翻译的真实面目，系统地总结出翻译的内在规律，并有效地指导翻译的实际工作。翻译理论的涉及面极其广泛，凡是翻译实践中出现的问题，或与翻译有关的问题，都是翻译理论的研究对象。而翻译理论的首要任务，并不是也不可能是为每一个细小的翻译问题提供现成的解决办法。它只能从整体上对翻译的主要矛盾加以理论说明，而无法对那些细枝末节的，特别是无规律的现象都一一加以详细的说明。

翻译理论的主要组成部分，即它必须说明的主要问题到底有哪些？这是翻译学必须予以具体解答的一个基本问题。根据前面对翻译学具体研究对象的讨论，我们认为一套完整的翻译理论应当包括五个部分：（1）阐明翻译的实质；（2）描述翻译的过程；（3）厘定翻译的原则和标准；（4）描述翻译的方法；（5）揭示翻译中的各类矛盾。其中，（1）和（3）是基本部分，（4）和（5）是辅助部分，因为翻译方法是受翻译目的、翻译标准等支配的，对翻译中各类矛盾的揭示也是为了更好地阐明翻译的性质。不论从哪个角度看，这五个部分都是翻译理论的重要组成部分。各种不同的翻译理论之间的区别，只体现在它们对于这五个部分的解释不同、立场不同、观点不同。如果只对其中的一两个部分进行解释，而未对其余部分，尤其是前三个部分进行系统说明，那么就不能称其为完整的理论，甚至只能算作某种理论见解或观点。然而，对于以上五个部分，特别是（1）（2）（3）部分，还必须做出更加具体的说明才能使我们的讨论具有真正的意义。关于这五部分，本书其他章节有相应的阐述，在此就不再赘述。

2. 翻译和翻译学的区别

在讨论翻译和翻译学的关系之前，有必要先从学科层面来审视一下翻译的性质。如果前面讨论过的种种定义加以综合，并用较宽泛的语言把翻译说成是“把一种语言文字的意义用另一种语言文字表达出来”的活动，那么在这个意义上，翻译就是一门技术；同时，翻译具有许多艺术特征，如它的创造性特征，但它不是科学。

所谓科学，是指“关于自然、社会和思维的知识体系……科学的任务是揭示事物发展的客观规律，探求客观真理，作为人们改造世界的指南”(《辞海》)。在这个关于“科学”的定义中，有两点值得特别注意：(1) 科学是一个“知识体系”；(2) 科学的任务是“揭示事物发展的客观规律”。翻译是言语产物，即话语的一种语际（语内、符际）转换过程，而不是“知识体系”；它的任务只涉及双语双文化意义的理解和表达，而不是“揭示事物发展的客观规律”。因此，翻译本身不是科学，只能是技术和艺术。然而，把翻译当作研究对象的那门学问即翻译学，则应被视为科学，因为它是一个由各种理论构成的“知识体系”，其任务是“揭示”翻译过程的“客观规律”，探求并描述关于翻译的问题的“客观真理”，同时给实际翻译工作提供可能的“指南”。

显然，翻译作为一门技巧或技术，在某种程度上只是一个基本层级的活动，常见于一般供外语教学的翻译、科技文献的翻译、工具书的翻译以及其他翻译中。在较复杂的层面中，翻译又应当是艺术，因为翻译操作的基本技能在实际运用中必须加以创造性地发挥。在文学翻译领域，既然原作是创作而成的作品，译品也理所当然地经过译者的创造性劳动而得出。即使是非文学作品的翻译，也同样存在一个再创造的问题。因此，翻译不仅是一门技术，而且还是一种艺术，一种需要译者具有高超创造才能的艺术。

首先，翻译不是一个知识体系。诚然，翻译是一种需要复杂知识的活动，因为要做好一篇翻译，我们需要有娴熟的语言知识和有关的文化背景知识，翻译专业文献要有较好的专业知识，同时还需要有关具体翻译方法和技巧的知识。但是，需要知识并不等于知识本身，正如驾驶宇宙飞船需要关于宇宙飞船的知识，包括操纵技术，但这个知识并不等于驾驶。

其次，翻译的任务不单是“揭示”翻译活动的“客观规律”。赞成翻译是科学的人，其论据主要是：(1) 翻译是一项有客观规律可循的活动，用英国翻译理论家纽马克（Peter Newmark）的观点解释，是因为有些东西只有一种译法，不可随意更改；(2) 可以像描写语言一样，可以对翻译程序和方法进行客观、科学的描写。应当承认，翻译的确是一项有规律可循的活动。然而，这一命题只能说明一个问题，即翻译活动内部存在着一定的规律，有些译法基本固定，如汉语的“纸老虎”“一见钟情”“一箭双雕”“空中楼阁”等表达法可以相对固定地译成英语的 paper tiger、to fall in love at first sight、to kill two birds with one stone、castles in the air，这些都可以说是有一定规律可循的东西。但是，某个事物有规律可循，并不简单地等于该事物就是科学。宇宙间万事万物，有规律可循的恐不在少数。有规律可循的东西，其本身不一定就是科学，其往往只是给科学或者科学研究提供了素材。

翻译即科学论的另一个论据是：研究者可以像描写语言一样，对翻译这项活动进行客观、科学的描写。应该说，这一点不无合理之处，但它所论证的却并非翻译本身，而恰恰是关于翻译的那门学问即翻译学。

任何一门科学都必须能“揭示事物发展的客观规律”；不“揭示”客观规律，而简简单单具备客观规律，是不能被称为科学的。对翻译可以进行科学的描写，这一命题的真正含义，是指有这么一门学问可对翻译的过程和结果实施描写，翻译本身无自我科学而言，它只能是科学描写的对象。这种科学描写，就是我们所须建立和发展的翻译学的基本任务。翻译与翻译学的关系，就好比生物与生物学、机械与机械学、宇宙与宇宙学、语言与语言学、交际与交际学之间的关系。在前后两者的关系中，前者是后者的研究对象，后者是以前者为基础的理论升华。两者本质上相互有别，但彼此关系是密切的，互为促进的。这就是翻译与翻译学之间所存在的辩证关系，无论翻译实践者或是翻译理论者，都不能不对此有个正确的认识。

思考题：

1. 翻译是如何产生的?
2. 翻译的美学价值是什么?
3. 翻译和翻译学的区别是什么?
4. 结合本章内容谈谈你对翻译的认识。

第二章 翻译的目的

翻译是人类有目的的行为。翻译的目的一般可分为三个方面：一、译者自身的目的，如为了赚钱、维持生计，或为了某种理想或追求；二、译文在译语文化中的交际目的，如传递信息、表达情感；三、译者采用某种翻译方法、翻译策略或翻译形式所要达到的目的，如通过直译来显示原语的语言特点，通过摘译让读者以较短的时间了解原文的主要信息。然而，就翻译的本质而言，起主要作用的是译文在译语文化中所要达到的交际目的。

第一节 为什么翻译

德国功能目的论（Skopos theory）奠基人之一威米尔（H. J. Vermeer）是这样表述其目的性原则（Skopos rule）的：

Each text is produced for a given purpose and should serve this purpose. The Skopos rule thus reads as follow: translate/interpret/speak/write in a way that enables your text/translation to function in the situation in which it is used and with the people who want to use it and precisely in the way they want it to function.（Nord, 2001: 29）

每种语篇的产生都有一定的目的，并服务于这一目的。目的性原则是这样表述的：无论笔译、口译、讲话或写作所生成的语篇/译文，都要能在对方的语境中对想要使用该语篇/译文的人确切地发挥它的功能。

在威米尔等人的目的论中，翻译的目的和功能被强调到非常高的地位。翻译工作的具体目标往往跟翻译的发起人或委托人（initiator/commissioner）的特定目的联系在一起，也就是译文要满足委托人的要求，要能在对方的语境中为受众或使用者所接受，确切地发挥它的功能。因此，翻译目的因翻译委托人（如出版商、译文使用单位或个人）的不同而不同，也因文本接受者的不同而不同。原语文本只视为作者向接受者提供信息，翻译就是有目的地将原语和文化信息传递给目的语接受者。至于原语文本或信息的选择以及译文的形式并非决定于译者或原语的形式，而主要决定于翻译委托人、译本接受者的需要和期望。翻译的最终目的是要使读者/听者接受，译文的功能就是在译语语境中发挥预期的作用。

因此，翻译目的并不是单一的。翻译目的确定后，译者根据目的进行翻译。比如，采用归化法（domestication），用具有译语文化色彩的词语来翻译原语的词语，目的是使译文地道生动，读起来流畅。如果采用异化法（alienation），则迁就外来文化的语言特点，吸纳外语表达方式，目的是使译文保持原文的文化风貌，让读者熟悉原语文化。由此可见，没有哪一种文本只有一种正确的或理想的译文，一种文本可能会因为目的的不同而采用多种方法翻译。

因此，翻译时必须考虑文本的接受者，了解他们的文化背景、知识结构、期待和感受等。翻译并非仅仅基于译者对原本形式和内容的简单认同与取舍，它还涉及受众的反作用，译者因此也具有翻译过程中的主体性地位，要充分发挥主观能动性，对文本信息的量与质的综合传递给予相应的控制和调节。

第二节　翻译的目的论

目的论是功能派翻译理论中最重要的理论，在20世纪80年代由德国两位著名的翻译理论家威米尔和莱斯（Katherina Reiss）创立。当时正是等效论及语言学派盛行的时期。目的论大胆地摆脱了等效论的束缚，以目的为总则，把翻译放在行为理论和跨文化交际的框架中进行考察，为世界翻译理论界包括中国译学界开辟了一条崭新的道路。

目的论将“行为理论”引入翻译理论中，认为翻译是一种行为，一种跨文化的交际行为。任何一种行为都有其自身的目的，翻译行为所要达到的目的决定了翻译所应采取的方法和策略。这就是目的论的首要原则——目的原则。目的原则认为，一项具体翻译任务的目的决定了翻译一个文本需要直译、意译或者是二者的中和，这样就解决了多年来人们关于是应直译还是意译的争论。

目的论的另外一个原则是连贯原则，包括语篇内连贯（intraltextual coherence）和语篇间连贯（intertextual coherence）。语篇内连贯也称“连贯原则”（the coherence rule），是指译文必须符合逻辑，符合译入语的表达习惯，能够让译文读者理解，并在目的语文化以及使用译文的交际环境中有意义。语篇间连贯又叫“忠实原则”（the fidelity rule）。在目的论中，忠视原则是指译文不违背原文，译文和原文存在某种联系，并不要求译文和原文在内容上一字不差。目的论所要求的忠实，其程度和形式是由译文的目的和译者对原文的理解来决定的。

在上述三个原则中，语篇间连贯从属于语篇内连贯，而二者同时受目的原则的统领。也就是说，当目的原则要求语篇间或者语篇内不连贯时，二者都将失去作用。

目的论认为，翻译是两种文化的比较。翻译必定会涉及文化和文化的特殊性。汉斯·威米尔认为，文化就是个人作为社会一分子，为使自己与其他人相同或相异，必须了解的一整套社会规则和习惯。而文化的特殊性就是指在进行两种文化的对比时，存在于一种文化而不存在于另一种文化中的现象。

莱斯认为，文本类型决定翻译方法。对文本功能进行划分有助于分析原著，进而有助于翻译。她把主要文本功能分为三类：即信息功能（informative）——语言本身传达的信息；表达功能（expressive）——语言表达情感的功能；祈使功能（operative）——语言作用于接收者所产生的效果。当然，在很多情况下，一个文本可能会具有双重或多重功能，那就意味着，在翻译的时候需要将不同的策略有机地结合起来。

第三节 翻译的作用及历史定位

翻译作为人类一种跨文化的交流活动，它所涉及的内容是深刻而广泛的。路易·凯勒（Louis Keller）曾指出，完整的翻译理论应该有三个部分：对翻译的功能和目标的说明；对翻译操作的描写与分析；对目标操作之间关系的批评性评述（Keller L., 1979: 1–5）。凯利将这翻译的功能与目标的说明摆在突出重要的位置，由此可见，对翻译作用的考察是必需的，也是必要的。

1. 翻译的作用

探讨翻译活动的作用，既可以根据自己对翻译的理解和认识对翻译目的与功能进行理想定位，也可以根据对某一翻译现象、翻译事实的分析，对翻译在历史和现实中的具体影响予以揭示，甚至可以根据对某一文本的深入分析，对文本的价值和效果进行评价。在这里，作用、功能、影响、价值等词语，虽然意义有所区别，但就本质而言，指的都是翻译活动应该起到或已经起到的作用。

为翻译定位，更确切地说，是要探讨翻译到底应该有何作为。在对这一问题进行讨论之前，有必要说明一点，那就是“为翻译定位”这一说法，出自特贾斯维莉·尼朗贾纳（Tejaswini Niranjana）在《为翻译定位：历史、后结构主义和殖民语境》（*Siting Translation: History, Post-Structuralism, and the Colonial Context*）一书。

尼朗贾纳在这部著作中所使用的“翻译”一词，“并非仅指一种跨语际的过程，而是对一个完整问题系的称谓”，因为，“在后殖民的情境下，翻译的问题系（the problematic translation）成了引发有关再现、权力以及历史性这诸多问题的一个意义重大的场点”。所谓“翻译的问题系”实际上指的是翻译这一实践所引发的有关“再现、权力以及历史性”这一系列重大问题的思考。尼朗贾纳明确表示，为翻译定位，对翻译进行研究，“完全不是要去解决什么译者的困境，不是要在理论上再给翻译另立一说，以便能够找到一个‘缩小’不同文化之间‘隔阂’的更加保险可靠的‘办法’。相反，它是要对这道隔阂、这种差异做彻底的思考，要探讨如何把对翻译的执迷和欲望加以定位，以此来描述翻译符合流通其间的组织体系”。鉴于此，尼朗贾纳试图通过翻译这一人类实践去认识历史，并从中反思翻译在这一历史中所起的作用。在研究中，她通过对“翻译问题系及其与后殖民状况的关联”“‘翻译’在传统译学话语和民族志著述里的状况”的审视与检讨，发现翻译这一实践活动“构塑了殖民状态下不对称的权利关系”，并揭示了在殖民统治下，翻译在“哲学、语言学和政治学”等诸多领域都在“发挥作用”。在传统的视角中，翻译往往只是在认知和知识的领域发挥作用，尼朗贾纳在分析印度的翻译实践以及对殖民语境中的翻译做了多方面的分析之后，认为翻译的实际作用远远不止于“知识”的再现，她指出，“翻译的如此派用，是配合了一个目的论的等级文化模式的建立，或为之创造了条件”，“影响广泛的翻译召唤了殖民主体，把某些关于东方的描述加以合法化和权威化”。

2. 翻译的历史定位

我们之前谈到为翻译定位，从而进一步思考翻译到底应该有什么作用，那么翻译的历史定位，或者说，翻译的历史作用，则主要通过对翻译史的考察探讨翻译活动所发挥的历史作用。如果说尼朗贾纳是通过详尽的分析与严密的论证旨在唤起人们对翻译在历史上发挥作用的重视，那么法国译论家米歇尔·巴拉尔的话则一语中的：“对翻译研究的首要目的，就是要还翻译应该有的历史位置，让人们清楚地看到翻译所起的重要的历史作用。”

2.1　翻译的历史作用之一：对译入语的影响与改造

梁启超是对翻译问题深刻思考的学者之一。在“翻译文学与佛典”一文中，他从词语的吸收与创造、语法、文化之变化等方面讨论了佛经翻译文学对汉语的直接影响，并提出了许多重要观点。梁启超认为：“初期译家，除固有名词对音转译外，其抽象语多袭旧名。吾命之曰‘支谦流’之用字法。盖对于所谓术语者，未甚经意，此在启蒙草创时，固应然也。及所研治日益深入，则觉旧雨与新义，断不能适相吻合，而袭用之必不免于笼统失真。于是共努力从事于新语之创造。”（罗新璋，1984：63）梁启超在此所论涉及语言转换中一个非常重要的问题：发出语中表达新事物、新观念的名词，若目的语中不存在相对应的词语，译家有可能采取两种方法：一是袭用旧名，二是创造新语。而袭用旧名，有可能笼统失真，旧语与新义不相吻合，起不到翻译之用，于是创造新语便成了译家努力的方向。正是靠了翻译，汉语在不断的创新中得到了丰富与发展。根据梁启超的介绍，当时日本人编了一部《佛教大辞典》，其中收录“三万五千余语”，而“此诸语者非他，实汉晋迄唐八百年间诸师所创造，加入吾国语系统中而变为新成分者也。夫语也者所以表观念也；增加三万五千语，即增加三万五千个观念也。由此观之，则自译也勃兴后，我国语实质之扩大，其程度为何如者？”（罗新璋，1984：63）梁启超提出的这一问号，在我们看来有“惊叹号”之用。暂不论“三万五千语”是否完全进入汉语系统，但就词语带来的新观念而言，其价值不仅仅在于汉语词汇的丰富、汉语实质的扩大，更是思想观念的革新，这种直接与间接的作用是需要我们认真关注的。梁启超还以唐玄奘重译苻秦译过的《阿毗昙八犍度论》中的一些译例为分析对象，指出了翻译的特殊功能：“盖我国汉字以后，学者唯古是崇。不敢有所创作，虽值一新观念发生，亦必印嵌以古字，而此新观念遂晻没于囫囵变质之中，一切学术，俱带灰色，职此之由佛学既昌，新语杂陈；学者对于梵义，不肯囫囵放过；搜寻语源，力求真是。其势不得不出于大胆的创造。创造之途既开，则益为分析的进化。此国语内容所以日趋于扩大也。”（罗新璋，1984：64）梁启超在此指出了一个值得深刻思考的问题，即以旧语译新观念，新观念必变质，而在对于佛经的翻译中，面对大量的新观念、新事物，若固守旧语，翻译的可能性必大打折扣，且有违背了翻译的初衷，故“不得不出于大胆的创造”，创造新语译新观念，既扩大了语言的实质内容，又引进了新观念、新思路。如果以此观点去考察一下我国的“五四”新文化运动和文学革命与白话文运动之间的关系，再去审视“白话文为维新之本”“开民智莫如改革文言”等观点（唐弢，1979：3–4），人们便不难领会白话文运动之于新文化运动的重要性，而翻译则又在很大程度上为白话文运动起到了强大的推动和促进作用，更不难理解为何五四运动前后的几乎所有进步报刊都登载翻译作品，且鲁迅、刘半农、沈雁冰、郑振铎、瞿秋白等为何会热衷于翻译。客观地看，在“五四”文学革命所进行的诸如反对文言、提倡白话、建立新诗、改革旧剧这些重要的运动中，翻译在某种意义上都起了重要的先锋作用。鲁迅则无论在认识上，还是实践中，都把翻译当作改造语言、革新思维的重要事业去对待的。“在鲁迅那里，翻译并不仅仅是一种手段，而且本身便是目的。把外国语译成汉语，不仅仅是把外国人的思想、情感介绍给中国人，同时本身便是汉语自身的一种实验。或者说，翻译，不仅仅是把外国人的思想、情感介绍给中国人，同时也把外国人的语言方式，也就是产生这种思想、情感的方式，一并介绍给中国。”鉴于此，鲁迅极力主张“直译”“硬译”“宁信而不顺”，借助翻译来改造汉语、丰富汉语，使汉语更细致精密，更富有表现力，更具有逻辑性。

把目光从中国移开，投向西方语言的发展史，便会发现历史具有惊人的相似，翻译对于语言改造的特别作用在历史的进程中得以不断凸显。马丁·路德（Martin Luther）翻译《圣经》的例子具有深刻的历史内涵。从路德所处的历史环境来看，路德翻译《圣经》具有两方面的重大意义：一是对德国宗教改革的实质性推动，二是对德国语言统一与发展的开拓性作用。安托瓦纳·贝尔曼（Antoine Berman）在《异的考验——德国浪漫主义时代文化与翻译》（*The Experience of the Foreign: Culture and Translation in Romantic German*）对此有详细的论述与分析。为了推动宗教改革，路德用德国大众的语言来翻译《圣经》，以"土生土长"的地方性语言为出发点，在翻译的过程中不断提炼、不断丰富，最终使其从俗语言逐渐提升成为规范语言。在欧洲，不仅仅在德国，而且在法国、西班牙、意大利等国，翻译都起到了培育现代语言的作用，使与拉丁语这种公认的"文明语言"相对而言的"俗语言"，如德语、法语、西班牙语等，在翻译过程中不断丰富自身，在种种"异"的考验中最终显示了自身的生命力，确立了自我。

纵观中西方语言发展史的演进，翻译，无论是在对旧语言的改造、新语言的形成，还是在不同语言的接触与交流中，都发挥了重要作用。

2.2　翻译的历史作用之二：对政治思想和意识形态的塑造

张立波在《翻译与马克思主义中国文化》一书中探讨了马克思主义在中国早期的传播与接收，并进而指出，翻译在整个过程中发挥了历史规划与主体召唤的巨大作用。历史规划作用不仅体现在对汉语政治新词的引进与创造，如"干部""农民""封建""阶级"等，而且整个马克思主义思想译介过程对中国的政治生活与经济都有着非常重要的影响，渗透到中国革命与建设的方方面面。因为有了《共产党宣言》（*The Communist Manifesto*）的翻译，中国的社会主义发展才能超越国际社会主义尝试失败的个例，从思想的高度对未来的走向提供了某种理论上的指导，进而做出历史性的规划。马克思主义被翻译到中国的过程延续了"唤醒中国"的历史使命，发挥了"召唤"主体、唤醒民众的独特作用（张立波，2007）。"中国的共产主义运动如若没有一批出洋留学或大学深造，没有那些精通外文又心甘情愿献身工人运动的'赤色'知识分子把《共产党宣言》，把马克思的、恩格斯的、列宁的、早期斯大林的以及诠释经典理论的书籍如布哈林的《共产主义 ABC》等，还有共产国际的指令、文件翻译成中文，马克思主义靠'悟'是悟不出来的……靠什么来提高工人阶级的觉悟，十月革命的炮声是如何传入中国，继而中国如何进行革命实践的？从媒介学的角度，靠的是翻译！"由此可见，在马克思主义进入中国的历程中，翻译具有某种先导作用，而对马克思主义的翻译，从某种程度上说，也是塑造中国主流政治思想的过程。

翻译与政治的特殊关系，无疑是翻译发展的一大特征。若我们从政治角度去考察整部翻译史，许多翻译现象可得到更为合理的解释；同时，翻译活动的进行，也因为最初的政治目的与价值取向，其作用的发挥也或多或少带上了政治的色彩。中国的佛经翻译曾取得了辉煌的成果，也积累了丰富的翻译经验。但是，历朝历代的佛经翻译都与当时的封建王朝的支持分不开。显而易见，佛经翻译深刻影响着封建王朝百姓的思想价值观，从而进一步巩固帝王的统治。在中国近代史上，中日甲午战争的失败是对中国知识分子阶层震动最大、影响最深的一次历史事件。这一时期的翻译家以梁启超、严复、林纾等人为代表，怀着"吸彼欧美之灵魂，淬我国民之心志"的民族文化心理，大都带有明显的政治目的、意识和策略。反映在外国文学翻译中，关注民族命运、反抗外国侵略、讴歌民族独立和解放就成为一时翻译选择的风尚。而事实上，他们在翻译过程中所确立的目标也在翻译的实践中得以实现。

在谈到影响翻译的因素时，我们将意识形态纳入到我们的研究视野，这也与文化学派代表人物巴斯奈特（Susan Bassnett）和勒菲弗尔（Andre Lefevere）的观点不谋而合。但是，我们不能忽视，在意识形态影响翻译取向、翻译选择的同时，翻译活动也对意识形态本身有着某种反作用。正如有学者指出，文学翻译在一定程度上改变了译者个体乃至整个社会的意识形态。以梁启超、严复、林纾、苏曼殊、马君武和周桂笙等这一代文学翻译家为例，他们翻译的小说体现了反对民族压迫、争取民族独立、拯救祖国危亡的爱国主义思想，追求个性解放、人格独立和爱情自由的进步思想，以及反对种族歧视的人道主义精神。然而，在翻译介绍异域思想与文化时，难免会产生“异”的道德观念与意识形态同中国的封建传统相冲突的事实，而那时的翻译文学也正是在与中国传统的伦理道德思想的斗争中获得发展的。这也是为何杨紫麟和包天笑译了半部《迦茵小传》（*Joan Haste*）就产生了广泛的社会影响，而林纾将其补全，却遭到了强烈的批评，因为该小说后半部描写了女主人公迦茵怀孕并生一私生子，有悖于中国的传统礼教。

2.3　翻译的历史作用之三：不同文化之间的交流与沟通

翻译因人类相互交流的需要而生，文字与文化的差异性是翻译诞生的原动力。从这一意义出发，寻求思想沟通，促进文化交流，却是翻译的目的或任务之所在。在人类各民族文化的交流中，翻译所发挥的作用是巨大的。若把翻译放在人类文化交流的大背景中去进行考察，那就可以非常清楚地看到，翻译绝不仅仅是文字符号的简单转换，它涉及文化交流的方方面面：文字积淀的文化价值、文本所置身的文化土壤、文本转化所涉及的出发语文化与目的语文化之间的关系等。不同文化的相互了解、互为尊重、互为补充，以达到人类心灵的沟通，应该是多元文化语境下的一种理想追求。翻译在其中可起的作用无疑是非常重要的。

那么，如何发挥翻译在多元文化语境交流中的作用呢？首先，我们应该明确认识到，任何一个国家，任何一个民族，其文化要发展，就不能不与其他民族文化交流。封闭与堵塞只能导致民族文化的贫乏化和枯萎，只有交流才会带来生机与发展。其次，翻译促进不同文化之间的交流与沟通，可以有效组织全世界的文化走向同质化和同一化的危机，保护文化的多样性。孙会军谈到文化“全球化”与翻译的关系时认为，若要使多元文化资源转化为具有普遍意义的全球文化，唯一的构建方式是异质文化之间的对话。文化之间的对话离不开翻译，翻译是异质文化之间进行交流和对话的重要媒介（孙会军，2005：232）。

通过对具体翻译史的考察，我们看到翻译在语言、政治、文化等多方面发挥的历史作用。如果说尼朗贾纳通过对翻译的定位重新认识翻译在后殖民语境中所引发的一系列问题为我们分析译之“用”提供了某种新的视野的话，那么我们从翻译史的角度切入则实在地揭示出翻译在历史发展过程中所发挥的作用。我们所列出的翻译的三种历史作用并非是孤立的，而是相互关联、相互促进的。语言是思维的工具，也是文化交流的主要手段，翻译对于语言的影响与改造势必会加快对新思想的塑造，提高文化交流的广度与深度；同样地，翻译在引进新思想的过程中也必然会引进新的语法习惯、词汇用词。其实，无论是语言层面、政治层面还是思想层面，翻译归根结底是“跨文化的交际活动”。

3. 文化视角下的翻译的运用

从世界的范围内来考察，我们了解到，各国翻译界和文化界都已经开始从翻译的性质、翻译选择、文化立场、翻译影响、价值重构等各个角度切入，对翻译史上的一些重大的事件和现象进行文化层面的审视，探讨一个民族文化的发展与翻译之间的关系，出现了“文化翻译”的概念。像美国的安德烈·勒菲弗尔、英国的苏珊·巴斯奈特、法国的安托瓦纳·贝尔曼、德国的弗美尔（Hans J. Vermeer）、奥地利的玛丽·斯内尔—霍恩比（Mary Snell-Hornby）、以色列的吉迪恩·图里（Gideon Toury）等翻译理论家的“研究表明，翻译在全世界文化的发展中扮演了重要的角色”（许钧，2002：219-226）。在国内，王克非的《翻译文化史论》（1997）是这方面研究的一部开山之作。在这部书中，我们可以看到一些国内重要学者对翻译与文化关系的深刻思考，有助于认识“翻译对于文化（尤其是译入语文化）的意义和影响、它在文化史上的作用，以及文化对于翻译的制约，特别是在通过翻译摄取外域文化精华时，翻译起到什么样的作用，达到什么样的目的，发生什么样的变异”。王克非在强调论述翻译与文化的互动关系时，一连提出的三个“什么样”，既为我们认识翻译的文化价值提供了研究路径，又为我们全面把握翻译目的、翻译过程和翻译结果之间的关系开拓了批评的疆界。

3.1　翻译与文化的差异性

劳伦斯·韦努蒂（Lawrence Venuti）在《翻译与文化身份的塑造》（*Translation and the Formation of Cultural Identities*）一文中，通过考察日本小说的英译、亚里士多德（Aristotle）《诗学》（*Poetics*）的英译和围绕圣哲罗姆（Saint Jerome）的《旧约》的翻译在早期基督教内所引起的广泛争议等情况，揭示“翻译是如何形塑特殊的文化身份，如何使这些文化身份维持某种程度的连贯性和纯粹性的”。韦努蒂认为，任何翻译活动都以“交流”为目的，但“只有异域文化不再是天书般地外异，而是能够在鲜明的本土形式里得到理解时，交流的目的才能达到。”（许宝强、袁伟，2001：358-382）鉴于此，他明确指出：因此，翻译是一个不可避免的归化过程，其间，异域文本被打上使本土特定群体易于理解的语言和文化价值的印记。这一打上印记的过程，贯彻了翻译的产生、流通及接受的每一个环节。它首先体现在对拟翻译的异域文本的选择上，通常就是排斥与本土特定利益相符的其他文本。接着，它最有力地体现在以本土方言和话语方式改写异域文本这一翻译策略的制定中，在此，选择某些本土价值总是意味着对其他价值的排斥。再接下来，翻译的文本以多种多样的形式被出版、评论、阅读和讲授，在不同的制度背景和社会环境下，产生着不同的文化和政治影响，这些使用形式使问题进一步复杂化。

细读韦努蒂的这段话，我们可以发现其中所使用的“影响”和“价值”这两个词有着特殊的意义。韦努蒂认为，翻译的产生、交流和接受的每一个过程，一方面要打上本土特定群体易于理解的语言和文化价值的印记，另一方面又起着反作用，即产生着不同的文化和政治影响。我们也许可以这样去理解，翻译在一定程度上总是要受到目的语文化价值的制约，但在同时，它又深刻影响着目的语文化。这种作用与反作用贯穿着翻译的整个过程，翻译是一种苦熬文化的交流活动，翻译的双向性必然决定着它也将对影响它的所有因素产生反作用。因此，在之前对翻译的历史作用和探讨中，我们也透过翻译史看到了翻译对政治思想和意识形态的塑造与影响。的确，翻译所起的作用是多方面的，而韦努蒂认为，翻译所起的作用中，“最重要的是对文化身份的塑造”（许宝强、袁伟，2001：359–360）。他强调：翻译以巨大的力量构建着对异域文化的再现。对异域文本的选择和翻译策略的制定，能为异域文学建立起独特的本土典律，这些典律遵从的是本土习见中的美学标准，因而展现出来的种种排斥与接纳、中心与边缘，都是与异域语言里的潮流相背离的。本土对于拟译文本的选择，使这些文本脱离了赋予它们以意义的异域文学传统，异域文学往往被非历史化，且异域文本通常被改写以符合本土文学中当下的主流风格和主题。这些影响有可能上升到民族的意义层面：翻译能够制造出异国他乡的固定形象，这些定式反映的是本土的政治和文化价值，从而把那些看上去无助于解决本土关怀的争论与分歧排斥出去。翻译有助于塑造本土对待异域国度的态度，对特定族裔、种族和国家或尊重或蔑视，能够孕育出对文化差异的尊重或者基于我族中心主义、种族歧视或者爱国主义之上的尊重或者仇恨。从长远看来，通过建立起外交的文化基础，翻译将在地缘政治关系中强化国家间的同盟、对抗和霸权。

韦努蒂把翻译所起的最重要的作用归结于“对文化身份的塑造”是不无道理的。应该看到，文化身份的塑造所面对的最基本问题是差异性问题。韦努蒂在这段论述中，涉及了有关文化交流的许多重要因素：一是翻译以其对异域文化的再现、对异域形象的制造，使异域文本脱离赋予其意义的文学传统；二是翻译以文本和策略的选择为切入点，对异域文本加以改造，甚至改写，使其符合目的语文化的主潮；三是通过对异域文本的改造，使目的语文化形成一种对异域文化的基本态度：基于我族中心主义、种族歧视或者爱国主义之上的尊重或者蔑视，甚至仇恨。由此一来，这种对异域文化的态度和翻译策略所造成的结果，势必上升到民族的意义层面，最终“在地缘政治关系中强化国家间的同盟、对抗和霸权”。在这里，我们再次看到了在翻译活动中所凸现的文化与政治之间的紧密关系，同时文化的民族性与文化的差异性又无法避免地摆在了我们的面前。对文化的民族性和差异性的不同态度与处理方法，在一定程度上制约着翻译所起的作用。韦努蒂认为，翻译产生的作用，可以是保守的，也可以是逾越常规的。对异域文本的语言及文化差异性的压抑，常常会抹杀翻译的积极作用。

对文化的差异性问题，北京大学的孟华有着深刻的思考。她明确指出，在中外文化交流中，翻译具有传递“相异性”的功能，即翻译“可在一国的文化传统中，亦即在一个民族的身份认同中植入相异性因素”（孟华，2001：101）。从某种意义上说，孟华与韦努蒂的观点有共同之处。不同的是，韦努蒂是从反面来提醒人们注意翻译在“对文化身份的塑造”中可能会起到的不同作用，而孟华则是从正面来论述翻译“在不同文化间将一种异域文化的‘相异性’植入本民族‘身份认同’中来”的积极功能。孟华的这一观点，基于她对中国翻译史上四个重要阶段的分析，尤其是基于对明末清初（17 世纪末 18 世纪初）对西学的译介，和对自清末民初始而至 20 世纪 30 年代达到高潮的对西学大规模译介活动的分析。孟华指出：“在 17、18 世纪，随着天主教传教士的东来，发生了第一次大规模的中西文化交流。面对中国这个有着悠久历史文化传统的古老民族，传教士们遇到了前所未有的困难。为了把上帝的‘福音’传入‘天朝’，传教士们确实费尽了心机。”由于在目的语中难以找到对应的词汇传达原文的意义，传教士们采用音译的方法，如罗明坚甫在《天主圣教实录》“天主圣性章”中将 Pater（圣父）、Filius（圣子）、Spiritus Sanctus（圣灵）分别译作“巴德助”“费略”“斯彼利多三多”，但这种方法达不到传播“福音”的目的。罗马耶稣会士利玛窦采取了一种“改写”的方法，“取中国人传统的概念，往里面硬塞进了基督教的含义，以此来取悦中国士子。如在《天主实义》一书中，利玛窦就引用了大量儒家典籍的原文，以说明基督教的‘上帝’实乃中国人传统的‘天’。尽管‘天’的概念离‘上帝’的内涵相去甚远，但利玛窦这种中国化的努力，却保证了他日后能在中国扎下根，取得传教的成功”。孟华借用此例想要说明的是，利玛窦采用灵活的翻译策略将基督教义纳入目的语文化体系，通过对出发语文本的改造，将“相异性”因素引入到另一种文化之中。她认为：“利玛窦的成功主要在于他找到了如下规律：越是将基督教义这一绝对的相异性中国化，中国文人就越不会提防它，它也就越容易为儒士们所接受，从而有可能进入中国人的身份认同中。我们甚至可以说，将相异性植入中国文化传统的深度和广度，与这一相异性的中国化程度是直接成正比的。简言之，越是本土化的，就越易被接受。而利玛窦的实用主义以及他所取得的成功都使他们看到：在文化交流中，只要翻译策略运用得当，相异性因素就有可能在一定程度上转化为身份认同。”（孟华，2001：103-104）不难看出，孟华在此所说的得当的翻译策略，在很大程度上是一种“本土化”方法，也就是韦努蒂所强调的“归化”的策略和手段。看来，将异域文本加以归化的努力，是将异域文化中的差异或“相异性”植入到目的语中的一种较为普遍的方法。但问题是，在“本土化”或“归化”的过程中，异域文本中所蕴含的文化差异是否还能保存？翻译的文化交流目的是否能达到？孟华显然已经意识到这些问题，她以“相异性”与“相似性”之间的互动关系和交互作用对上述疑问做了解答：“将相异性因素植入认同性并非一种单向的直线运动。实际上，相异性与认同性两者间是存在着一种交互作用的：只有本土化了的相异性，才有可能被植入接受者文化体系；而同时，这一被本土化了的相异性也就以其携带的异国因素（无论此因素经历了怎样的变形，相对于传统，它依然具有某种他者的性质）丰富了本土文化，从而反作用于身份认同，为更新目的语文化传统做出了贡献。”（孟华，2001：104）至此，我们终于明白，孟华所强调的翻译的重大作用，在于通过“归化”的策略，将相异性因素植入目的语文化体系中使之被认同，以目的语文化的“认同性”来激活“相异性”，达到更新目的语文化传统、丰富目的语文化的目的。在这个意义上，这种更新和丰富的过程是渐进的，其对文化的推进作用是积累性的。

3.2 从文化的高度把握翻译的作用

斯达尔夫人（Madame de Stael，1766—1817）曾说，翻译“对文学最大的贡献就是把人类精神的巨著从一种语言搬到另一种语言”。当然，文学翻译远非仅仅是语言上的迁移，但“精神”二字道出了翻译之于民族文化最重要的作用，而文学翻译对精神的构建作用无疑也是对其贡献的最高褒奖。杨义在《文学翻译与百年中国精神谱系》一文中指出翻译与人的本质相联系，与百年中国文化谱系相联系。他说：“这股历百余年而不衰的翻译文学的流脉，对于现代中国文化的转型重建，是不可或缺的。”（杨义，2008：8）他认为翻译文学具有混合型或混血型的双重文化基因。正是由于“异”与“同”的冲突与融合，才决定了每个民族的文学不可能只在本民族的文化系统内进行封闭性的循环创造，否则不仅影响了文学接受和传播的范围，同时也使各民族文学发展的演变十分缓慢。“翻译是中国人看世界的一双眼睛，同时又随着翻译借得一双一样的眼睛看中国。”这一形象的说法明确地揭示出翻译在文化交流中的双向作用，一方面通过翻译，我们了解到不同于本国的文学与文化，而另一方面，在与“异”的冲突与内化中，我们了解到了另一种角度、另一种视野来反观本民族的文学与文化。杨义还系统地梳理了百余年来的中国翻译文学史，不仅对具体的个案有所涉及，更重要的是他从整体上把握了翻译在文学史演进中的突出作用，并指出了翻译与文化和精神的互动、互渗、互斥、互化的关系，继而将文学翻译之于民族文化和精神的作用概括为以下五个方面：“开拓视野；标举潮流；援引同调；扩充文类；新创热点。”我们可以看到，文学翻译一直贯穿在中国思想和精神文化的演进轨迹中，文学翻译通过对异质文化的引进和自身文化的输出，不仅扩大了各个不同民族的文学版图，使其获得了世界文学的意义，而且在将异质文化植入自身文化土壤的过程中，也是对本民族文化、精神的重构和改写。而在百年中国文化的发展中，也是因为翻译的制导和催化作用，中国文学才走出传统的局限，渐渐被赋予了现代化和世界化的色彩，他说："20世纪中国文学的开放性和现代性，以翻译作为其重要标志，又以翻译作为其由外向内的启发性动力。"（杨义，2008：8）

对于文学翻译在中国的现代性文化进程中所发挥的作用，王宁也有同样的看法。他说："在漫长的中国文学史上，20世纪的文学实际上是一个日益走向现代性、走向世界的一个过程。在这一过程中，中国文学日益具有了一种整体的意识，并有了与世界先进文化及其产物文学进行直接交流和对话的机会。一方面，中国文学所受到的外来影响是无可否认的，但另一方面，这种影响也并非是消极被动的，而是更带有中国作家（以及翻译家）的主观接受——阐释的意识。"（王宁，2006：139）如果说在翻译对文化的双向作用中，杨义侧重于强调对异质文学、文化的吸收之于百年中国精神文化的作用，王宁则更期待中国文化和文学在对外国文化和文学的影响方面有所作为，这也是为何他会提出这样的展望："翻译的重点将体现在把中国文化的精华介绍到世界，让全世界的文化人和文学爱好者共同分享中国文化的博大精深。"（王宁，2006：140）

第四节　翻译的语言价值观

就形式而言，翻译是一种语言转换活动，因此我们应该树立一定的翻译语言价值观；而翻译语言价值观从根本上来说，就是如何认识翻译活动对语言产生的作用和影响问题。王克非的"近代翻译对汉语的影响"一文在介绍近代翻译的文化史背景基础上，具体分析了翻译对于汉语的影响，包括汉语的词汇、语法、句式等多方面（王克非，2002：458-463）。

首先，我们在这里所说的语言不仅仅限于狭义的语言，还包括雅各布森（Roman Jakobson）的符际翻译的符号系统。所以我们也就可以说翻译就其形式而言是一种符号转换活动。如果说雅各布森所区分的语内翻译、语际翻译和符际翻译这三种翻译类型涵盖了人类一切翻译活动，那么我们就不能不承认这样一个事实的存在：任何翻译活动的完成都要经过符号转换这个过程。符号的转换性由此成为翻译活动的特性之一。而我们讨论翻译的语言价值，对符号转换活动所带来的一些基本问题也应予以关注；另外，在强调翻译的语言价值，论述翻译对目的语所起到的种种积极作用时，我们也清楚地意识到，在历史上，由于翻译方法或策略运用不当，翻译的过分“异化”对目的语造成的负面影响也不容忽视，如在“五四”新文化运动前后，翻译中所出现的对“欧化语言”过分推崇的现象，值得反思。

1. 翻译的创造价值

在翻译的创造性中，特别要强调是，把翻译视作机械的语言转换和纯粹模仿的传统翻译观遮蔽了翻译的创造性。从社会的角度看，任何社会活动都必须以交流为基础，交流有利于思想疆界的拓展，而思想的解放又构成了创造的基础。从文化角度看，翻译中导入的任何“异质”因素，都是激活目的与文化的因子，具有创新的作用。从语言角度看，为了真正导入新的事物、新的观念、新的思路，翻译中就不可避免地要像梁启超所说，进行大胆的创造。如果说文学是语言的艺术，那么在翻译活动中，语言符号的转换更是具有创造的特征，“好的文学翻译不是原作的翻版，而是原作的再生。它赋予原作以新的面貌、新的活力、新的生命，使其以新的形式与姿态面对新的文化与读者”。（许钧，1998：470）张泽乾所用的这六个“新”字在一定程度上为翻译艺术的创造性做了最为精辟的注解。探讨翻译的创造价值，我们注意到一个非常有趣的现象，那就是在“创造”两字之前，有一个限定词“再”。一个“再”字，连接着出发语文化与目的语文化，也连接着具体翻译过程中所涉及的出发语与目的语、原作与译作，它提醒我们不要割断两者的血脉关系，也告诉了我们这样一个道理，任何创造都不可能是凭空的创造，它应该是一个继承与创新的过程。当“本我”意欲打破封闭的自我世界，向“他者”开放，寻求交流，打开新的疆界时，自我向他者的敞开，本身就孕育着一种求新求异的创造精神。这种敢于打开封闭的自我，在与“异”的交流、碰撞与融合中丰富自身的求新的创造精神，我们可视为一种翻译精神。我们认为，这种翻译精神构成了翻译的创造功能之源泉。我们探讨翻译的创造价值，既要从这一形而上的高度去把握，又要善于在形而下的层面去进行分析。实际上，翻译的创造性寓于翻译活动本身，又体现在翻译活动的整个过程之中。而翻译打开的新的世界，更是为了人们进行新的创造起到间接但却广泛的作用。

2. 翻译的历史价值

树立翻译的历史价值观，包括两个重大方面的内容。一，我们要充分认知翻译对于人类历史的发展所做的实际贡献，考察人类文明发展史。我们发现，历史的每一次重大进步与发展，都离不开翻译。每一次重大的文化复兴，都伴随着翻译的高潮，如古希腊、古罗马文化的复兴往往以翻译为先锋。像发生在 9 世纪的加洛林王朝的古典文化的复兴，发生在 12 世纪的所谓的原始文化复兴，以及 15 至 16 世纪的文艺复兴，翻译在其中都起着不可代替的推动作用。二，我们要从历史的角度来看待翻译的可能性。翻译作为跨文化的人类交际活动，有着不可避免的历史局限性。就具体的翻译活动而言，无论是对原文的理解，还是用目的语进行的阐释与再表达，都不是一个译者一次就能彻底完成的，尤其是艺术个性强的原作，往往有相对来说比较大的阐释空间，需要一代又一代译者不断去挖掘。当我们认识到翻译活动的历史局限性时，实际上也就为树立翻译的历史价值发展观奠定了某种基础。换言之，我们不仅要清醒地意识到翻译活动的历史局限性，而且要以发展的眼光来看待这种局限性。正如乔治·穆南（George Mounin）在《翻译的理论问题》（*Theoretical Problems on Translation*）一书中所坚持的，我们要对翻译活动始终持发展的观点，认识到翻译活动是在历史的发展中不断丰富的，翻译所能达到的沟通与跨文化交流的水平是不断发展的。随着人类历史的发展，翻译活动的可能性会越来越大。持翻译的历史价值观，也就是意味着：一方面，我们可以从人类的翻译活动去考察人类历史的发展；另一方面，我们可以从历史的发展来看翻译活动的不断丰富的内涵和不断扩大的可能性。

思考题：

1. 目的论是功能派翻译理论中最重要的理论，它是由谁创立的?
2. 莱斯认为，文本类型决定翻译方法。对文本功能进行划分有助于分析原著，进而有助于翻译。她把文本主要分为哪三类?
3. 特贾斯维尼·尼朗贾纳对于“翻译”的理解是怎样的?
4. 简述翻译对于历史的影响与作用。

第三章 当代西方翻译理论

西方翻译研究存在着不同的理论流派。英国翻译学家纽马克将西方研究翻译的历史划分为两大时期：从公元前 55 年到 20 世纪上半叶属于语言学前时期，20 世纪下半叶则属语言学时期。美国语言学家兼圣经翻译家奈达则认为西方的翻译理论有四大流派：语文学派、语言学派、交际学派和社会符号学派。语言学前时期主要翻译圣经和文学作品，翻译主要是少数人的事，这个时期的翻译理论就是奈达所说的语文学派的理论。后三种理论流派即纽马克所说的语言学时期的翻译理论。

本章将主要介绍在西方翻译史上产生过重大影响的一些翻译流派及其理论，如文艺学派、语言学派、研究流派及解构主义流派等。

第一节 翻译的文艺流派

由于时间和地域的不同，翻译的文艺学派在译论观点上也存在着差异。但是最具有广泛影响的是20世纪西方翻译的文艺学派及其代表人物的观点。我们将在下面进行重点介绍。

20世纪是世界各国翻译活动、翻译事业空前活跃、空前繁荣的世纪，也因此被称为“翻译的世纪”。而西方翻译学的文艺学理论的发展其实也是从20世纪后半叶才开始的。

在这一时期，西方在文学翻译理论探索方面具有代表性的人物是英国的语言学家和翻译理论家西奥多·萨瓦里（Theodore Horace Savory）。其翻译理论主要体现在《翻译的艺术》（*The Art of Translation*）一书中。他明确指出翻译是一门艺术。他把文学翻译比作绘画，把科技翻译比作摄影。萨瓦里把翻译分为四类：完美翻译（perfect translation）、等值翻译（adequate translation）、综合翻译（composite translation）和科技翻译（translation of learned, scientific, technical and practical matter）。

20世纪之所以被称为“翻译的世纪”，首先是因为20世纪是语言学派大发展的时期，文学派也在发展，只是声势和影响不及语言学那么巨大。西方各国翻译的一个显著特点是文学翻译迅速发展，而且翻译内容开始从希腊罗马的古代经典作品转向现当代作家的作品。

20世纪70年代，西方文学翻译取得突破性进展的另一标志是当代西方译学界名副其实的文艺学派的诞生和发展。这些来自不同国度的学者形成了比较完整而且比较独特的翻译研究理论。他们的研究不仅对西方译学界，而且对整个国际译学界也具有革命性的划时代意义。他们从各自的立场出发对文学翻译做出了各自不同的描述和诠释，现将其研究中的共同点归纳如下：他们都把文学理解成为一个综合体，一个动态的体系；他们都认为，翻译研究的理论模式与具体的翻译研究应互相借鉴；他们对文学翻译的研究都属于描述性的，重点放在翻译的结果、功能和体系；他们都对制约和决定翻译成果和翻译接受的因素、对翻译和各种译本类型之间的关系、翻译在特定民族或国别文学内的地位和作用以及翻译对民族文学间的相互影响所起的作用感兴趣。

20世纪20年代起，苏联的文学翻译得到发展的同时，翻译研究也得到长足的进展。其最大特点就是一开始就和文学翻译紧密联系在一起，但这时还是注重翻译作品的艺术性。文艺学派开始于当时的俄国形式主义，代表人物为蒂尼亚诺夫（Yury Tynyanov），他在“论文学的演变”（*On the Evolution of Literature*）中提及了文学作品中各个成分相互间按一定关系而组成一个体系，每一个成分都有一定的结构功能，这种功能既与该成分的关系有关，又与整个体系有关。他认为，在文学翻译中存在着形式与功能背离的现象。

20世纪30、40年代是苏联的译坛活跃的年代，出现了一批翻译理论家，他们从不同的角度深入探讨文学翻译的种种问题。芬克尔（Donald Finkel）代表性论著《翻译理论问题刍议》联系哲学上的不可知论驳斥翻译研究中的不可译论。费道罗夫的《论文学翻译》论证了可译性原则。斯米尔诺夫（A. Smirnov）的《文学翻译的方法》从文学翻译的角度首次提出“等同翻译”的概念。他认为翻译过程有时需要牺牲、舍弃原文中的次要因素。

柴可夫斯基（Peter Ilyich Tchaikovsky）的《崇高的艺术》一书问世后，被视为苏联译坛文艺学派的代表作之一，此书立足于大量丰富的翻译实践，探讨了使翻译作品成为真正的艺术作品的途径。该书所谈问题都很实际。伊凡·卡什金从文艺学角度研究翻译问题，被誉为“代表俄国翻译史上整整一个时代”的理论家，1936年，他提出了“现实主义翻译”的理论，论证了小说的译者本质上应当是作家。

20世纪30、40年代，对翻译文学有理论贡献的还有日尔蒙斯金。他在1937年出版的巨作《俄罗斯文学中的歌德》中，不仅全面考察了德国文学巨匠歌德在俄国的评介、流传与影响，而且就文学翻译问题提出了精辟的见解。他是世界上最早把翻译文学作为一个专门的文学术语提出并加以界定的学者之一。

苏联翻译理论的文艺学派从三个方面对翻译提出了自己的看法：就翻译理论的性质来说，他们认为文学翻译是文学创作的形式之一，属于美学范畴；对于翻译的原则或标准来说，翻译要寻求的是艺术上的对应，语言上的对应必须服从于艺术上的对应；在翻译的首要因素问题上，都同意翻译单位是翻译的首要因素，首要因素是印象、是感情、是形象。

苏联杰出翻译理论家加切奇拉泽在他的三部专著《文艺翻译理论问题》《文艺翻译理论研究》《文艺翻译与文学交流》中提出的核心观点是，文艺翻译必须运用现实主义的方法。他继承了卡什金的观点，以列宁的反映论为基础，提出只有现实主义翻译理论才能正确地解决翻译中的各种问题。他认为，现实主义翻译是指译者根据现实主义的艺术规律，忠实地反映原作的艺术现实。翻译是原著艺术现实的反映过程，反映的是原著在内容和形式上的统一。这是文艺翻译的辩证法。

从一般翻译理论上看，苏联翻译研究文艺学派还有以下特点：

（1）明确地把他们的研究与语言学派的研究区别开来，强调文艺翻译研究的独特性。

（2）苏联文艺学派在构筑他们的翻译理论时颇多依赖哲学上的认知论，特别是列宁的反映论。

（3）苏联文艺学派明确地把他们的研究纳入文艺学的研究范畴，他们的研究明显具有文学研究的性质。

西方翻译的文艺学派主要是一批哲学家、语文学家、作家和诗人等对翻译的一些观点。他们对文学翻译进行了认真的探讨，他们关注的是译本，强调的是翻译的创造性，对直译与意译、死译与活译等问题进行了讨论，一般只关心译文的文学性和翻译的遣词造句等问题，对可译性与不可译性等问题发表了诸多见解，同时还讨论了翻译的目的和效果等问题。他们对翻译问题的见解开创了翻译研究的先河，为其他翻译流派的建立和发展奠定了基础。

第二节　翻译的语言学派

西方翻译学历来就存在着两条翻译传统，除文艺翻译理论线之外，另一条就是语言学翻译理论线，从古代的奥古斯丁延伸到20世纪的结构语言学，它“把翻译理论和语义、语法作用的分析紧密结合起来，从语言的使用技巧上论述翻译，认为翻译旨在产生一种与原文对等的译文，并力求说明如何从词汇和语法结构上产生这种语义对等”（谭载喜，1991：9）。

翻译的语言学派即根茨勒所说的翻译“科学”派。从历史的发展看，翻译语言学派批判地继承了19世纪施莱尔马赫（Schleiermacher）、洪堡（Wihelm von Humboldt）等人的语言学和翻译观。20世纪初，索绪尔（Ferdinand de Saussure）提出的普通语言学理论不仅为语言学的发展奠定了基础，同时也为翻译的语言学派的确立注入了活力，使翻译的研究深入到词、短语和句子的层次上，韩礼德（M. A. K. Halliday）的系统功能语法、布龙菲尔德（Leonard Bloomfield）的结构语言学、乔姆斯基（Avram Noam Chomsky）的转换生成语法等为翻译语言学派提供了理论基础。

从发展趋势上看，语言学翻译理论线已占据现代翻译理论研究中的主导地位。理论学家们认为，翻译应归属于语言学的研究范围，是应用语言学和比较语言学的一个分支，与语言学有着密切的关系。

西方译论的一个突出特点是：与语言学同步发展。一方面，语言学的发展所取得的成果为翻译理论研究开辟了新的研究途径；另一方面，诸多语言学派的形成也使翻译的语言学派众多。20 世纪以来，西欧和北美的语言学家从不同的角度研究语言，受地域和研究视角的影响，翻译研究先后形成了布拉格学派、伦敦学派、美国的结构主义、转换生成语法、交际学派、功能学派等。

翻译的语言学派的特点是有朦胧的学科意识，认为需要加强翻译的理论研究，使之成为一门“科学”，但并非使之成为一门独立的学科，并成为语言学的一个分支。这一学派的代表研究者有雅各布森、奈达、卡特福德、威尔斯、纽马克、莱斯、弗米尔等。

本节将分五个部分对这些流派及其代表人物的观点做简要介绍。

1. 布拉格学派与雅各布森

1926 年 10 月 6 日，布拉格语言学会（the Linguistic Circle of Prague）召开会议，布拉格卡罗林大学的英语语言和文学教授维纶·马泰休斯宣布该学会的成立，也标志着布拉格语言学派的诞生，其代表人物有雅各布森等。

布拉格语言学派是继索绪尔之后最有影响的学派。该学派的突出贡献是创立了音位学（phonology）。他们对语言的基本观点是：（1）在重视历时语言研究的同时，强调共时语言研究的首要地位，他们强调利用分析比较方法去研究当代语言；（2）语言是一个价值系统，不是千千万万个毫不相干的孤立现象的汇合。因此，要分析语言成分和其他成分的关系；（3）因为各种表达手段都适用于不同的交际需要，因此要研究分析实现各种功能的语体；（4）应从语言功能入手，然后去研究语言形式。

这一学派把对语言所持的观点运用到翻译研究上，他们对翻译的主要论点是：（1）翻译必须考虑语言的各种功能，如认识功能、表达功能、工具功能等；（2）翻译必须重视语义、语法、语音、语言风格及文学体裁方面的比较。

雅各布森，美国语言学家兼文论家、布拉格学派译理论家，是莫斯科语言学会创始人之一。1959 年，雅各布森发表了题为“论翻译的语言学问题”（*On Linguistic Aspects of Translation*）的论文，从语言学和符号学的角度，精辟地论述对语言和翻译、翻译的重要性及普遍性的问题。由于其论前人所未及，因而一直被西方翻译理论界奉为翻译研究的经典作品，是翻译研究中引用最多的文献之一。

在该文中，雅各布森对翻译理论做了详尽的论述，把翻译划分为三大类别：（1）语内翻译（intra-lingual translation）或重新措辞（rewording），即同一语言中用一些语言符号解释另一些语言符号；（2）语际翻译（inter-lingual translation），指两种语言之间的翻译，即用另一种语言的语符来解释一种语言的语符，也就是人们通常所指的严格意义的翻译；符际翻译（inter-semiotic translation），即通过非语言的符号系统解释语言符号，或用语言符号解释非语言符号。这三种类型的翻译，几乎包括了一切语言（和非语言）的交际活动。这样分类的目的在于说明，在语言学习和语言理解中，翻译起着决定性的作用。人们在学习和掌握语言的过程中，无论是本族语还是外来语，都有一个对他人所写的文章、所说的话进行理解的问题，也就是说是否能用相同的语言中的不同说法、不同的语言、不同的符号系统再现出原文或原话的内容。

雅各布森提出的翻译分类打破了翻译的传统框架，开阔了我们对翻译本质认识的视野。正是由于他对三种翻译活动的定义和区分，翻译的领域作为一个概念得到了扩展，翻译方法的研究开始进入了一个崭新的阶段。

2. 伦敦学派与弗斯、卡特福德和纽马克

伦敦学派是具有英国特色的语言学派，认为语言的意义是由语言使用的社会环境（the social context of situation）所决定的。在翻译研究领域，他们认为，译文的用词与原文等同与否取决于其是否用于相同的语言环境之中。

伦敦学派的创始人为弗斯（J. R. Firth）。有两篇文章集中反映出他的翻译理论，一篇为“语言学与翻译”（*Linguistics and Translation*），另一篇为“语言分析与翻译”（*Linguistic Analysis and Translation*）。弗斯着重谈到三个方面：（1）语言分析是翻译的基础；（2）完全的翻译不等于完美的翻译；（3）在任何两种语言的翻译中，一种语言的某些意义的表达方式不可能译成完全对等的另一种语言。

卡特福德是该学派中比较系统提出翻译理论的学者。任教于爱丁堡大学的卡特福德于 1965 年出版《翻译的语言学理论》（*A Linguistic Theory of Translation*）一书，为翻译理论研究开拓了新的途径。该作引起巨大反响。卡特福德称其理论为“描写性”翻译理论。他从翻译性质、类别、对等、转换、限度等方面阐述了“什么是翻译”这一中心问题：（1）翻译的性质。翻译是“把一种语言（原语）的文字材料转换成另一种语言（译语）的对等的文字材料”。（2）翻译的类别。就其程度而言，可分为“全文翻译”（full translation）和“部分翻译”（partial translation）；就其语言层次而论，可分为“完全翻译”（total translation）和“有限翻译”（restricted translation）；就语言结构的等级来说，可分为“级受限”翻译和“级无限”翻译，即传统意义上的“逐字译”和“意译”，而“直译”介于两者之间。（3）翻译的对等问题。一方面，翻译对等是一种以经验为依据的现象，是基于对两种语言的比较而发现的；另一方面，翻译对等的产生必须看译文和原文是否具有相同或部分相同的实质性特征。（4）翻译转换，是指把原文变成译文时偏离形式对应。翻译转换主要分为层次转换和范畴转换，其中范畴转换又可分为结构转换、词类转换、单位转换和系统内部转换四种。（5）翻译的限度，即不可译性的问题。翻译中有两类不可译，一是语言方面的不可译现象，有双关语、歧义语法等结构；二是

文化方面的不可译性是由于不同的社会风俗、不同的时代背景等非语言因素引起的。

纽马克是英国著名的翻译理论家和翻译教育家。1981 年，纽马克的第一部著作《翻译问题探讨》出版，立刻获得广泛赞誉。正是在这本书中，他提出了“语义翻译”和交际翻译的概念。他于 1988 年出版的《翻译教程》（*A Textbook of Translation*）获 1988 年英国应用语言学协会奖，1991 年出版的《论翻译》（*About Translation*）一书提出了全新概念“翻译关联法”。此后，他还分别于 1993 年和 1995 年出版了《翻译短评》（*Paragraphs on Translation*）和《翻译短评（第二集）》（*More Paragraphs on Translation*）。其中，前两本书被翻译成多种语言，且多次重印，影响深远，因此奠定了纽马克在英国翻译界的地位。

语义翻译与交际翻译是纽马克翻译理论的核心内容。语义翻译试图在译入语的语义和句法结构允许的范围内传达原著的确切上下文意义。语义翻译是追求译文全文与原文全文在所表达的意思上等值的译法，除了字、词、句等语言单位要求等值，语义翻译通常还需考虑不同的语境关系，以期达到在篇章层次上的等值。语义翻译是等值层次较高、难度较大的译法。而在日常翻译工作中，许多译者都倾向于采用交际翻译法，包括新闻报道、科技文献、公文信函、宣传资料、广告、公共场所的通知标语、通俗小说等，但是如果作者使用的特定语言与其表达的内容同等重要，那么最好采用语义翻译法，不管这类文章是政治的、宗教的还是文学的，在某一具体的文本中，有些像权威的语录、生动活泼新颖的比喻，只适用语义翻译法；相反，一些约定俗成的交际用语、已经众所周知的比喻则适用交际翻译法。交际翻译试图对译文读者产生一种效果，这效果要尽可能接近原文对读者所产生的效果。

3. 交际理论派与奈达

交际学派出现于 20 世纪 70、80 年代，以奈达和雷伯恩为代表，其理论渊源是信息论（又称通讯理论或交际理论）和社会语言学。该派认为：人类语言是一种复杂的信息系统；翻译则是一种特殊的信息传递活动，它同其他种类的信息传递一样，遵循着信息理论中的一些基本原则，如在信道接受力给定（亦即译语读者的接受能力一定）的情况下，为了降低信息的难度（高度），就必须用明显的形式表示出其中暗示的部分，因而增加信息的长度（宽度），故而译文常常会长于原文。社会语言学对于交际学派理论的贡献是区分了语言的不同功能。根据这种区分，判断译文有效性的标准便是它实现原文中相应功能的程度。交际学派深刻地分析了翻译中信息传递的种种困难，突出了接受者的重要性；它所提出的“翻译即交际”的命题已经广为人们所接受。它的欠缺在于没有研究不同话语层面上语言符号的特点，也没有很好地分析语言和文化间的深层关系。

语言学派和交际学派有时被统称为翻译中的科学派，因为它们采用了信息论和被认为是一门科学的语言学的描写与分析方法来解释翻译的过程以及处理翻译中的问题。

奈达是交际翻译理论的代表。他的翻译理论可归纳为以下五个方面。

（1）理论原则。所有语言都具有同等表达能力，而翻译的首要任务就是使读者看译文可一目了然。

（2）翻译的性质。按照奈达的定义，“所谓翻译，是指从语义到文体（风格）在译语中用最切近而又最自然的对等语再现原语的信息”。其中三点是关键：一是“顺乎自然”，译文不能有翻译腔；二是“最切近”，在“自然”的基础上选择意义与原文最接近的译文；三是“对等”，这是核心。所以，翻译必须达到四个标准：达意；传神；措辞通顺自然；读者反应相似。

（3）翻译的功能。从社会语言学和语言交际功能的观点出发，奈达认为翻译必须以读者为服务的对象。

（4）正确的翻译。翻译正确与否取决于译文读者能在什么程度上正确理解译文。

（5）语义分析。翻译的重要过程之一就是对原文进行语义分析。语义可分为三种：语法意义、所指意义和内涵意义。

奈达认为，一般意义上翻译过程包括以下几个阶段：分析、转移和重组（analysis, transfer, and reconstruct），即首先分析原作语言的信息，将其剖析成结构上最简单明了的形式，在此基础上转移，然后再重新组织成正常的译作语言。分析阶段包括三个方面，即各成分之间的语法关系、语义单位的外延意义以及语法结构和语义单位的内涵值。在转移阶段，将事件名词从一种语言转移成另一种语言时，一般先将它转换成动词形式；同理，通常先将抽象名词转换成形容词和副词。奈达认为，在将表层结构的各种表达形式转换成核心结构时，产生了四种基本的结构单位，即事物单位（thing）、事件单位（event）、抽象单位（abstract）和表示关系的单位（relation）。另外，奈达提出了限制和确立词汇单位在特定上下文含义的方法，即通过句法结构限定词义，以及通过语义结构辨别含义。词义相近的关系有三种，即邻近关系、内涵关系和重叠关系。

奈达强调，对原语语言进行分析时，不能局限于研究语言单位间的句法关系和这些语言单位的外延意义，文体风格在传达信息中具有更为重要的意义。在转移阶段，奈达就语言意义的非对应现象——喻体差异、喻体缺省、语义缺省等现象提出了翻译对策。翻译时应注意内涵结构和外延结构，为此奈达提出了转移外延内容的三种方法：全新组合、分解组合和综合组合。奈达认为，重组过程涉及两个主要范畴：形式范畴和功能范畴。前者要求根据文体风格和文学体裁进行重组，后者则要求译者关注读者的接受效果。由此可见，奈达所谓的翻译时对原、译语两种语言的语法结构、语义单位、文体风格进行分析，在传达风格、功能的基础上为处理语义非对应现象设定语义层面上的对策，其核心在于语言对比分析和寻找语义对应（谭载喜，2002）。

4. 德国功能主义流派

20 世纪 70 年代，德国出现了一派翻译理论——功能派翻译理论。功能派认为翻译（包括口、笔译）是一种行为。其理论的重点表现在三方面，即对翻译实质的阐释、对翻译过程参与者的角色分析和功能翻译原则的提出。

谈到功能派，就不得不提及三位功能派翻译理论杰出的贡献者，凯瑟林娜・莱斯、汉斯・威米尔、贾斯塔・赫兹・曼塔利（Justa Holz Manttari）。莱斯首先于 1971 年在她的著作《翻译批评的可能性与限制》（*Possibilities and Limitation of Translation Criticism*）一书中将文本功能列为翻译批评的一个标准，即从原文、译文两者功能之间的关系来评价译文。当时，莱斯的理论建立在对等理论基础之上。因此，这种关系实际上指的是原文与译文的功能对等。

莱斯的学生威米尔则突破了对等理论的限制，以文本目的（skopos）为翻译过程的第一准则，发展了功能派的主要理论——目的论（skopos theory）。威米尔所提出的目的论是功能派翻译理论中最重要的理论。skopos 是希腊词，意思是“目的”。根据目的论，所有翻译遵循的首要法则就是“目的法则”，即翻译行为所要达到的目的决定整个翻译行为的过程，即结果决定方法。这个目的有三种解释：译者的目的（如赚钱）、译文的交际目的（如启迪读者）以及使用某种特殊翻译手段所要达到的目的（如为了说明某种语言中语法结构的特殊之处而采用按其结构直译的方法）。通常情况下，“目的”是指译文的交际目的。那么，目的从何而来？“目的论”认为翻译过程的发起者（initiator）决定译文的交际目的。发起者出于某个特殊原因需要译文。在理想状况下，他会给出需要译文的原因，译文接受者、使用译文的环境、译文应具有的功能以及与原因有关的细节等所有这些构成了翻译要求（translation brief）。翻译要求向译者指出了需要何种类型的译文，而译者并非被动接受一切。他可以参与决定译文的目的，特别是当发起者因专业知识不足或其他原因对译文目的不甚明了的时候，译者可以与发起者协商，从特殊的翻译情况中得出译文目的。

除了目的法则之外，目的论还有两个法则：连贯性法则（coherence rule）和忠实性法则（fidelity rule）。连贯性法则指的是译文必须符合语内连贯（intra-textual coherence）的标准。所谓语内连贯是指译文必须能让接受者理解，并在目的语文化以及使用译文的交际环境中有意义。忠实性法则指原文与译文间应该存在语际连贯一致（inter-textual coherence）。语际连贯类似于通常所说的忠实于原文，而忠实的程度和形式则由译文目的和译者对原文的理解决定。

曼塔利比威米尔更进一步地拓展了功能主义翻译理论适用的领域。她的理论以行为理论为基础。针对包括文本转换在内的所有跨文化转换形式，而重点放在翻译过程的行为、参与者的角色和翻译过程发生的环境三个方面。

功能派认为翻译行为（translational action）和翻译（translation）是两个不同概念。翻译行为这个概念是由曼塔利提出的。功能派赋予行为（action）以特殊的涵义：行为具有目的性。功能派沿用了学者莱特（Geory Henrik Von Wright）对行为的定义：行为是有目的地把事物的一种状态改变或转化到另一种状态。如果涉及两个或两个以上的人，行为也可被称为相互行为（interaction）。曼塔利将“翻译行为”定义为“为实现信息的跨文化、跨语言转换而设计的复杂行为”。“而翻译只是以原语文本为基础的一种翻译行为。”具体一点说，翻译是一种转换，在这种转换中，交际性的语言符号或非语言符号（或两者兼有）从一种语言转换成另一种语言。如果说翻译行为指译者在跨文化交际中可做的工作，那么翻译就是他转换文本时所做的工作。

第三节 翻译的研究学派

在西方，更多的人现在已逐渐接受把翻译学看成一门独立的学科。但“翻译学”何时成立，各人的意见还不一致。根茨勒具体地把1976年比利时洛文会议的召开看作是翻译学学科成立的标志，但更多的人如贝克等人认为，翻译学之所以成为“学科”是20世纪90年代的事情。

“翻译研究派”最早几位学者霍姆斯、巴斯奈特和勒弗维尔都与荷兰、比利时有关，因此，人们常说，翻译学是从“低地国家”兴起的。在本节中，我们将重点讲述多元系统学派、描写学派、文化学派、综合学派等的翻译学研究。

1. 多元系统派与埃文—佐哈尔

多元系统理论是埃文—佐哈尔（Itamar Even-Zohar）于20世纪70年代早期在研究以色列希伯来文学的一种模型时，基于俄国形式主义与捷克结构主义，提出的一种普通文化理论。该理论认为，各种社会符号现象，应视为系统而非由不相干的元素组成的混合体，才能被充分地解释。这些系统各自有其不同的行为模式，却又相互依存，且共同构成一个有组织的“大多元系统”。因此，埃文—佐哈尔认为，各种符号现象，即文化、语言、文学与社会等由符号主导的人类交际形式，只有被当作系统而不是毫无联系的因素构成的混合体时，我们才能对其更充分对其理解与研究（Even-Zohar, 1990）。

后来这一理论被用于翻译研究。根据这一理论，一个民族的文学的文化地位决定翻译文学在文学多元系统中的位置，并在很大程度上决定着译者的翻译策略。埃文–佐哈尔概括了翻译文学在文学多元系统内处于中心地位的三个社会条件：（1）当某一多元系统还没有形成，也就是说，某种文学尚还“幼嫩”，尚处于创立阶段；（2）当一种文学（在一组相关的大的文学体系中）处于“边缘”位置，或尚还“弱小”，或两种情形皆有；（3）在一种文学中出现转折点、危机或文学真空之时。

根据多元系统理论，翻译文学在文学系统中的位置对于翻译的规范、行为模式、翻译方针都有影响。如果翻译文学处于中心位置，翻译与创作的界线就模糊了（diffuse）。在这种情况下，翻译就参与创造新的、一级（primary）模式，译者的任务相应地就不是仅仅在本国的文学形式（repertorie）中寻找现有的模式，而是乐意打破本国的传统规范。此时，译文更倾向于采取异化的翻译，译文在充分性（adequacy）方面接近原文的可能性更大；在文学多元系统处于稳定状态，即翻译文学处于边缘位置时，翻译文学的行为就截然不同，此时，译者的任务就是为外国文本寻找最佳的现存二级模式，译文也更倾向于采取归化手段，追求译文的可接受性，其结果导致译本的充分性不足。

2. 描写学派与图里

吉迪恩·图里是以色列特拉维夫大学的教授，当今世界著名的翻译理论学家，他发展了特拉维夫学派著名学者埃文—佐哈尔提出的多元系统理论。在《描述翻译学及其他》一书中，图里系统地阐述了描述翻译学（Descriptive Translation Studies）的理论构架和方法论基础。

图里认为，描述翻译理论以检验目的语文本在目的语文化中的吸纳程度为重心，利用归纳和统计方法对个案文本进行比较分析，总结出规约翻译行为的经验变量或经验规范，进而订立阐释这些变量内在关系的法则。

图里提出的描述翻译学以规范为基础，以法则为导向，其目的在于借助源语与译语文本对比分析出规约翻译行为的普遍法则。这与过去以过程为基础，以应用为导向的翻译研究形成了本质的区别。

传统翻译是建立在对“同等”作用抽象的同一性上，图里的理论则建立在差异性上，认为“每个语言系统和文本传统，无论是在结构还是在用法准则上，都与其他种类相异”。如果说被目标文化完全接受是一极，与原文本完全一致是另一极，那么图里则认为翻译应该始终居于两极之间。没有哪篇译文能完全被目标文化接受，因为译文总会给系统带来新的信息以及陌生的形式；也没哪篇译文总会给系统带来新的形式；也没有哪篇译文跟原文完全一致，因为文化准则总会使原文文本结构发生迁移。任何一篇具体的译文永远也不可能兼顾两极，达到两个抽象的理想准则。

图里认为译文本身并不具有“固有的”同一性，译文总是受各种各样的社会文学因素的影响，从而具有多种的同一性，具体情况视特定时期影响翻译的因素而定。图里成功地使翻译理论突破了“忠实原文”的框架，突破了原文本与译文本之间具有单纯统一关系的理论模型，使翻译成为一个相对概念。与之相适应，翻译理论的作用也发生了变化，不再寻求一种用来评介译文的理论体系，转而着力建立一个阐释决定译文形成过程的模型。

图里的理论引入了文化—历史因素，并将其称为“翻译准则”。翻译准则是图里理论的中心，影响着翻译过程的每一个阶段，在两个具有等值潜势之间发挥协调作用。因此，只研究单一的文本是不够的，有必要对不同历史时期的译本进行研究，以辨明一般趋势。

作为描述翻译研究的代表人物，图里所提出的描述翻译学的理论和方法论框架对翻译研究有着不可估量的影响。根茨勒认为，图里的理论主要对翻译研究有以下贡献：第一，摒弃了规范翻译研究中源译语文本“一对一”的对应关系，打消了源译语文本在文学/语言对等上的可能性；第二，将存在于译语文化系统中的文学倾向引入翻译作品产生的研究中；第三，打破了人们对源语信息有固定认识和翻译表述的观念；第四，将源语文本和译语文本置于源译语文化间交织的符号网络中（Gentzler, 2004: 131）。描述翻译研究作为现今国际翻译研究的中流砥柱，对翻译研究做出了重大贡献。

3. 文化学派

20 世纪下半叶是一个翻译研究走向多元化的时代，传统的翻译研究的语言学派似乎自 20 世纪 90 年代逐渐式微，取而代之的是当前占据主流的翻译研究文化学派。1990 年，巴斯奈特和勒弗维尔合著的《翻译、历史与文化》（*Translation , History and Culture*）问世，正式提出了翻译研究的“文化转向”观念。其后他们又出版了多种专著、论文集，集中反映了他们的思想观点，勒弗维尔的《翻译、改写以及对文学名声的操控》（*Translation, Rewriting and the Manipulation of Literary Fame*）即为这方面研究的著作之一。作为文化学派的代表之一，勒弗维尔把翻译置于文化的大背景下进行考查，关注文化语境、历史规范等更为宏大的课题，指出翻译不仅仅是语言层面上的转换，更是译者对原作进行的文化层面的改写。在书中，作者引进了改写这个重要概念，指出在不同的历史条件下，改写主要受到意识形态和诗学两方面的限制。改写者往往会对原作进行一定程度的调整，以使其与改写者所处时期的主流意识和诗学形态相符，从而达到让改写的作品被尽可能多的读者所接受的目的。

文化转向为理解翻译的性质提供了新的理论阐释，拓宽了翻译研究的视域。在书中，勒弗维尔着重探讨了意识形态和诗学形态等文化因素对改写（主要是翻译）的制约，指出翻译是译者对原作所进行的文化层面的改写。可见，在文化派学者看来，翻译并不仅仅指语言间的文本转换，而是一个不同文本、文化之间相互协商的过程，是一个以译者为中介而进行各种交易的过程。这一研究范式将翻译研究从审美层次和语言层次提升到了文化层面，更加确切地反映出翻译活动的跨文化性质，扩大了翻译研究的视野。正如作者所言："翻译研究现在已经意味着与翻译有任何关系的任何东西。"文化派认识到文化对翻译的制约作用，将翻译的研究重点从原作转向了译作，从作者转向了译者，对翻译和译者的地位和作用提出了新的认识，拓展了"文化与翻译互动的新空间"。

4. 综合学派与斯奈尔—霍恩比

斯奈尔—霍恩比在《翻译研究：综合法》（*Translation Studies: An Integrated Approach*）中详尽阐述了她的翻译观，即翻译研究的综合法。其独特的视角、与众不同的见地使其成为斯奈尔—霍恩比在翻译界的成名作。著名的翻译理论家奈达曾对此书做出评价："斯奈尔—霍恩比在这方面从卓有成效的角度来加以讨论，因为它们为解释笔译和口译的方方面面提供了基本的观点。"（田德蓓，2001）在《翻译研究：综合法》一书中，斯奈尔—霍恩比全面考察了翻译研究的历史和现状，客观分析了各种翻译理论，并博采众长，提出了将翻译研究作为一门独立学科的见解；倡导以格式塔心理学（gestalt psychology）整体理论为基础的翻译研究的综合方法；并以全新的视角看待文本在文化语境中的作用，提出了翻译是一种跨文化活动的观点。斯奈尔—霍恩比对于翻译研究的独特见解对拓宽翻译工作者的视野，引发他们对翻译研究的进一步审视和思考，提供了巨大的参考价值。

斯奈尔—霍恩比提出，应该把翻译研究从语言学或比较文学的范畴下脱离出来，并把它看作一门独立的学科。斯奈尔—霍恩比认为，翻译研究不仅仅涉及语言学和比较文学，还涉及多种学科，如心理学、哲学、人种学等。语言学注重的是语言本身的理论和描述，比较文学注重的是对文本的分析和描述，但是翻译研究注重的却应该是再创作各类具体文本的理论和描述（田德蓓，2001）。翻译研究旨在寻找翻译的共性，揭示翻译活动的客观及内在规律，也即超越国界的普遍规律。翻译研究不能只停留在语言转换、文本研究的层面，而更应着眼于各类文本的分析和研究，并充分考虑文化背景的作用。翻译研究虽然与许多学科密切相关，但它既无法归于任何一门学科，也不能为任何一门学科所替代。既然以往的翻译研究理论都不能满足翻译研究的需求，那么翻译研究就很自然地脱离出来形成一门独立的学科。

第四节 翻译的解构主义流派

受逻各斯中心主义（logocentrism）影响的解构主义的翻译观认为，原文有固定确切的意义，原文作者是原文的主体，因而在翻译中，译者必须仰视原文及其作者，将其作为翻译中的本原，把再现原文当做中心任务，以求得译文与原文之间的等值。

解构主义（deconstruction）起源于20世纪60年代中期，其代表人物是德里达（Jacques Derrida）、福柯（Michel Foucault）及后期异军突起的巴特（Roland Barthes）和克里丝蒂娃（Julia Kristeva），他们将解构主义引入译学，试图打破形而上学和概念化的方法，宣称译者是创造者，翻译文本是创造的新生语言。其中，尤其是德里达解构主义的翻译观给翻译研究注入新的活力并开拓了新的视野。

解构主义翻译观认为，语言学解构很大程度上来自错综复杂的艺术符号活动，且不甘于被这种系统性、整体性和科学性的规范的管束，并且力求与之决裂，胀破其外壳，甚至反过来以片段、碎片和开放性与它抗争。那么，就翻译来说，解构主义翻译观提出如下见解：原文取决于译文，没有译文原文就无法存在，原文的生命不是取决于原文本身的特性，而是取决于译文的特性。文本本身的定义是由译文而不是由原文所决定的。德里达等解构主义者甚至认为“翻译文本书写我们，而不是我们书写翻译文本”。

在本节，我们将集中讨论德里达、本雅明（Walter Benjamin）和韦努蒂的翻译思想。

1.“异延”解构主义翻译思想与德里达

德里达认为解构主义与翻译息息相连，对于翻译过程中不可捉摸的现象，德里达提出了“延异”（difference）这一概念。在“哲学的边缘”（*Margins of Philosophy*）的论文中德里达杜撰了一个新词difference，“延异”被规定了两个含义：一是指差异或区分，即to differ（衍生于拉丁动词），二是指延期或推迟，即to delay，前者指空间模仿，后者指时间概念。德里达有意改变一个字母（difference—différance）意在表明，语言中任一要素都不是自足的，必与其他要素相关，但又彼此有别。例如，所指与能指相关，能指并不就是特定能指的能指，所指也不一定先于能指存在，两者的联系是有差异和不确定的。德里达相信这一新词最能体现索绪尔关于语言是一套差异的系统理想，而翻译体现了能指和所指之间的差异。

就翻译来说，德里达认为原文信息和编码并不重要，重要的是译文的不同表达形式和相互联系。从传统意义上看，德里达的“翻译理论”并不是一种理论，它既不具有规定性又没有提出一套转换模式。它暗示人们应更多地思考语言之间的联系，如标记、印迹、契合，而少考虑复制、再现等传统术语。因为在翻译过程中，语言在转换之间会产生千丝万缕、藕断丝连的关系。消解不是终极目的，因为通过消解文本的过程，翻译又回归到事物命名的起点，意义发生偏离的轨迹（path）更加清晰显露。长期以来，翻译研究无视“延异”“播散”“错位”“偏离”等可能性的存在，使解构主义的翻译观在译界略显陌生。

2.“纯语言”的解构主义翻译思想与本雅明

解构主义者认为文本是一个无中心的系统，没有终极意义。他们消解作者的权威地位，认为文本提供的是多种意义的可能性，否定文本的封闭性。解构主义被引入翻译理论后，逐渐形成了解构主义翻译流派。该流派主张用辩证、动态发展的哲学观看待翻译，否定原文意义和结构的固定性，强调原文与译文、作者与译者相互依存的关系。他们认为，原文的生命取决于译文的特性，文本本身的意义由译文决定。解构主义翻译流派超越了微观的翻译技巧研究，从更高的角度审视了翻译。

1923 年，德国犹太裔思想家本雅明（1892—1940）在自己翻译的法国诗人波德莱尔（Boudelaire）诗集的《巴黎画景》（*Tableau Parisiens*）中写了一篇题为“译者的任务”（*The Task of the Translator*）的序言。在这篇序言中，本雅明阐述了他的“纯语言”（pure language）的语言哲学观。“译者的任务”正式发表是在 1995 年，当时并未引起学界的足够重视。

20 世纪 70 年代，斯坦纳（George Steiner）在《通天塔之后：语言与翻译面面观》（*After Babel: Aspects of Language and Translation*）中将本雅明的翻译思想与歌德、弗兰兹・卡夫卡（Franz Kafka）等的不可译论相提并论，认为这种思想源于欧洲 14 至 17 世纪传统语言学理论中的神秘主义（蒋骁华，1995）。解构主义思潮在西方兴起后，人们发现他的一些观点早在 20 年代本雅明的“译者的任务”中就已论述过。随着本雅明的翻译思想变得引人瞩目，“译者的任务”一文开始成为西方解构主义翻译理论的源头，本雅明也因此成为解构主义翻译理论的奠基人之一。

本雅明在“译者的任务”一文中提出了“纯语言”概念，认为纯语言抽象地潜在于所有自然语言之中。对于“纯语言”概念，本雅明解释道，“all suprahistorical kinship of languages rests in the intention underlying each language as a whole—an intention, however, which no single language can attain by itself but which is realized only by the totality of their intentions supplementing each other: pure language."（李文革，2004：295）

在这里，本雅明指出，各种语言之间的超历史的"亲缘关系"（kinship）存在于每一种语言整体意指（intention）中。然而，任何一种语言都无法单独体现这种意指，只有通过各语言的意指相互补充才能完整地体现出来，即：纯语言。本雅明认为语言之间不是形同陌路，而是密切相关的，他强调人类诸语言之间具有亲缘性，即各语言间的类似性（likeness）。然而，任何一种语言都无法充分地表达，而只能部分地表达它的意指。各种语言之间的主要关系是通过一种特殊的会聚而表现的。语言的一切超历史的亲缘关系以作为整体的每种最深层的意指为基础。在"纯语言"这一"意指集合"（the totality of their intentions）里，每一种语言的"意指方式"（mode of intention）相辅相成，相互补充。在这里，本雅明指出语言既有差异又相互补充的特：各语言之间的差异造成了不同的意指方式，而只有当所有的语言互补集合形成整体时，意指才能完整地表达出来。

本雅明认为，各语言之间具有可译性，而不同语言的密切关系正是由译文体现出来。翻译提示了原文语言的不完整性，而译文语言可以以其独特的意指方式补充原著语言的意指方式。翻译清晰地表达了原著语言所暗示的不同语言之间隐秘的亲缘关系，给人们指出了通往各种语言相互融合的途径。为此，译者应冲破母语的束缚，跨越语言之间的界限，尽可能地接近"纯语言"。从这个意义上说，好的译文应该尽量表现语言之间的差异性，使读者对语言之间的差异有更深和更准确的认识，并通过译文感觉向纯语言趋近了一步。因而，只有通过翻译来使这些"不完满"的语言相互补充，我们才能更加接近"纯语言"。

3. 解构主义翻译策略与韦努蒂

意大利裔美国学者韦努蒂是继德里达之后解构主义翻译理论的重要代表人物。韦努蒂以当代英语翻译史为鉴来反对译者的"隐身"，提倡翻译的主体性，凸显译者身份。他坚持批判西方翻译传统中占主导地位的以目的语文化为归宿的倾向，明确提出了反对译文通顺的解构主义翻译策略。

1992 年，韦努蒂编撰了翻译论文集《对翻译的再思考》。在该书的序言中，他提出了许多被忽视的问题，主要包括翻译和译者的边缘地位及原因，呼吁人们对翻译行为进行重新思考。此书的出版使得韦努蒂声名鹊起。1995 年，他又发表阐述二百多年来西方翻译史的力作《译者的隐身》，这是 20 世纪末备受关注的异化翻译理论代表作。该书描述了英美文化中译者的处境和行为，追溯从 7 世纪就开始形成的英语翻译中的透明话语史，揭示了作为通顺翻译起源的各种不同的文化权。韦努蒂的异化翻译理论最终的目的是要让读者去反思翻译中的民族主义暴力，从而在创作和阅读译本时产生一种期盼，即希望去感受语言和文化上的差异。解构主义重新改写了西方翻译史，否定了西方中心主义或称欧美中心主义的观点，提倡各民族文化和语言的平等关系。这就很自然地把翻译研究与权力、意识形态、殖民主义联系起来，把翻译看作是一种政治行为。当然，这并不是要把英美文化作为种族歧视的对象，以此来提出每一种外国文化的价值，其关键是要思考如何在理论的、批评的和文本的层面把翻译作为差异来加以研究和实践，而不是当下所流行的一味强调同质性。

韦努蒂对翻译研究的贡献是多方面的，根茨勒在《当代翻译理论》一书中对他的贡献有如下评价："他批判了美国文学翻译中的人文主义观念，揭示翻译如何有助于培育本土的信仰和思想观念，提供了一系列新的概念、方法和策略，用于分析和创造翻译文本。"在当代英美翻译流派中，奈达的翻译理论是典型的归化翻译理论。奈达认为，动态对等的翻译的目的就是追求语词的完全自然，实质就是要消除语际交流中语言和文化的差异。韦努蒂一针见血地指出："这里所谓的交际，既缘起于目的语文化又受制于目的语文化，其实是一种利己的解说。因此，这种交际与其说是信息的交流，不如说是为了自身目的的对外国文本的挪用。"

奈达以交际为出发点的翻译理论并没有充分考虑翻译过程内在的源于民族中心主义的篡改。奈达提出要在译语读者中产生"与源语读者相同的反应"，其实否定了不同语言和文化间的差异，是一种文化暴力。

韦努蒂给异化翻译的定义是："异化翻译中的'异化'一词并不是指对存贮于外国文本中的精髓的一个透明的展示，而是有其本身的价值，它是一种战略建构，其价值是依当下目的语的情形而定的。异化翻译展示外国文本的不同，但只是通过破坏流行于目的语中的文化符号来做到这一点。异化翻译必须偏离本民族语言的规范，培育一种相异的阅读经历，比如，选择翻译某个被本土文学常规所排斥的外国文本，或者是使用边缘化的话语来翻译。"异化翻译旨在反对翻译理论与实践中的民族中心主义、种族主义和文化帝国主义，是出于民主化的地缘政治关系的考虑。韦努蒂认为，提倡异化翻译而反对英语翻译传统中的归化原则并不是为了摒弃文化政治议程，这种提倡本身就是一种议程。他采用了刘易斯的"妄用式忠实"的说法，刘易斯使用这个概念来指称一种"另类的激进的文学翻译方式"。韦努蒂认为，翻译对原文的再现不可避免地带有解释的因素，因而总是有得有失。这种翻译策略可以被称为是一种"抵抗"，不仅仅是因为它避免通顺，更是因为它向目的语文化发出挑战。

解构主义学派代表着一种崭新的翻译流派，从翻译的本位论意义来看，解构主义的翻译理论向我们展现了一个研究翻译的崭新视角，进而也丰富了我们现有的翻译理论和对译学的认识。其观点对翻译理论和时间的启示还有待于从更深入、更广泛的角度来加以探讨和研究。

从西方翻译理论的发展路线可以看出，西方翻译理论大致可概括为三条基本文线：（1）语文学和文艺学译论，其代表是西塞罗（Marcus Tullius Cicero）、贺拉斯（Quintus Horatius Flaccus）、多雷（Etienne Dolet）、德莱顿（John Dryden）、歌德、泰特勒、利维（Frank Raymond Leavis）等；（2）诠释学和语言学译论，其代表是奥古斯丁、伊位斯谟、施莱尔马赫、洪堡、巴托、穆南、卡特福德等。（3）跨文化交际学译论，其代表是奈达、霍姆斯、巴斯奈特、斯奈尔—霍恩比、贝尔曼等。这三种译论的彼消此长、相互影响、互为补充构成了西方翻译理论流派纷呈的繁荣局面，推动了世界翻译活动的蓬勃发展。

思考题：

1. 奈达“等值理论”的核心是什么?
2. 布拉格学派关于语言的基本观点是什么?
3. 谈谈诺德对规定性翻译研究和描述性翻译研究的看法。
4. 试论韦努蒂对翻译中归化与异化的观点。

第四章

翻译的过程

研究翻译过程时，我们首先有必要就“过程”与“程序”这两个词做一点说明。在我们所接触的外文资料中，如法文的有关研究成果中，一般用processus一词指“过程”“进程”等。与之相关的用procede一词，具体的含义为“程序”“方法”。总的来说，前者指抽象意义的整个过程，后者是指比较具体的一个步骤或一种方法、手段。在中文的相关资料中，我们常可见到“过程”与“程序”两种用法，有时可以互相代用。董史良在为《中国翻译词典》所写的“翻译过程”这一条目中称:“翻译过程系指翻译活动所经过的程序。”也就是说，两者之间的差别，主要在于“过程”为统称，而“程序”一般指具体步骤。

应该说，“过程”是指翻译的动态意义，有广义和狭义之分。狭义的过程，是指翻译者对具体文本的转换活动过程。具体地说，就是在翻译者选择了一个要翻译的文本之后，将该文本由原语向目的语转换的过程。而广义的过程，则不仅包含狭义的语言转换活动，还包括文本的选择、文本的生成和文本生命的历程等过程。因此，在本章的讨论中，我们将不局限于狭义的翻译过程，而是对广义过程中出现的一些翻译现象予以关注并加以分析。

首先我们讨论狭义的翻译过程。

狭义的翻译过程大致可以分为三个阶段，即理解、表达和校对。在翻译实践中，理解是表达的前提，表达是理解的具体化、深刻化。理解和表达并非截然分开的两个阶段，译者在理解的同时，也在考虑如何遣词造句，如何再现原文的风貌。

第一节 理解阶段

1. 理解概述

在翻译的三步骤中，理解是最为复杂、最为困难，也是最为关键的。理解是表达的前提，没有准确透彻的理解，就不可能有准确透彻的表达，因此，翻译首先要理解过关。

那么，在阅读理解阶段，译者要做哪些工作，做到何种程度呢？从理论上讲，译者对原文的理解是没有止境的，应该是越深刻、越透彻越好。法语翻译家傅雷说："任何作品，不精读四、五遍决不动笔，是为译事基本法门。"（罗新璋，1984：695）如果说译者因为时间限制，对原文不能像傅雷那样"精读四、五遍"，至少也应阅读三遍：第一遍粗度原文，掌握全文大意，对一些疑难词句做上记号；第二遍细读原文，逐词、逐句、逐段地仔细研究，解决一些疑难问题；第三遍诵读原文，以便"见树见林"，将全文精神"融会于心"。在这里，译者对原文的理解决不能满足于一知半解，甚至模棱两可、似是而非；理解不深不透，势必会将疑难留给读者，这样的翻译译犹不译。例如：

(1) My life has been lived in the healthy area between too little and too much. I've never experienced financial or emotional insecurity, but everything I have, I've attained by my own work, not through indulgence, inheritance or privilege. (C. Carroll: *Dreams Are the Stuff Life Is Made of*)

译文 我一生都处于不多不少的中间地带。我从未经历过经济或情感不安定，但是我所拥有的一切，都是我自己奋斗得来，而不是通过纵欲、遗产或特权。

这是一个"夹生饭"式的译文，虽然不能说完全不着边际，但是诸如"一生都处于不多不少的中间地带"和"通过纵欲"之类的译笔，着实让读者感到困惑。究其原因，主要是没有吃准 lived in the healthy area between too little and too much 和 through indulgence 的意思。其实，area 在此指的是生活境况，healthy 意为 in a good condition，而 between too little and too much 指的是物质条件既不过于贫乏，又不过于丰富。而把 through indulgence 理解成"通过纵欲"也有很大问题，根据上下文看，此处不是指叙述人纵欲，而是指受人溺爱、恩惠之意。因此，这段话可以译为：我一生都处于优裕的境地，既不太穷又不太富，从未经历过经济或情感危机，不过我所拥有的一切，都是自我奋斗得来，而不是受人溺爱、继承遗产或享受特权所致。

译者在没有吃准原文意思的情况下，强作解人，甚至期望借助翻译技巧来弥补理解之不足，这绝不是翻译的“正道”。无数的实例都证明，一旦理解出现问题，任凭译者多么善于表达，也很难做出正确的传译。翻译技巧越高明，可能错得越离奇，也越有欺骗性。例如：

(2) The commuter dies with tremendous mileage to his credit... (E. B. White: *The Three New Yorkers*)

译文上班族的人死去时有跨越千山万水的辉煌记录……

要正确理解这句话，关键是要吃准 to his credit 这个短语的意思。根据词典的释义，to one's credit 有两个意思：一是 bringing honor to（给……增光）；二是 to/in one's name, belonging to（属于某人名下，归某人所有），如“He is not yet 30 years old, but has already 5 books to his credit.”（他还不到 30 岁，却已出版了五本书。）显然，这句话适用的是第二个释义：住在纽约郊区的上班族，每天早上乘公交车到市里上班，晚上再乘车回家，因而“一生中有着惊人的行程”（大致可以这样翻译）。译者没有仔细研读原文的意思，而是抓住 dies、tremendous mileage、credit 几个词的字面意思，望文生义，随意发挥，把美国一个为了养家糊口而终身在一条线路上来回奔波的上班族，描绘成了一个中国工农红军式的英雄人物，完全歪曲了原意。

要解决理解问题，译者首先必须抱着严谨的科学态度，对原文进行一丝不苟的语义分析。这就是说，译者遇到难以理解的地方，首先要运用自己的原语语言知识，借助词典的帮助，通过词义、语义辨析和语法分析，捕捉原文的确切意思。例如：

(3) “Turn off the fence,” he requested, “and I'll slip him under the wires.”

I flipped the switch. John sneaked the calf between the wires, and the little one scamped to its mother. (J. Donaldson: *To Know What's Happening, Just Ask the Neighbors*)

译文 “关上栅栏，”他要求说，“我把它从电网下放过去。”

我关上了栅栏。约翰把小牛从电网间递了进去，小家伙蹦蹦跳跳地朝妈妈那儿跑了过去。

这个译文读上去倒也顺畅，似乎没有什么问题，但是跟原文一对，问题就来了：turn off the fence 是“关栅栏（门）”的意思吗？那为什么不用 close，而用 turn off 呢？而且，下一段紧接着说 flipped the switch，说明这里要关的是“（电）开关”，而不是“门”。再看看词典的释义，turn off 系指“disconnect；stop the flow of；switch off”（切断，关掉）。通过以上分析，我们可以得出结论：这里要关的是栅栏的电开关，因而这两段话可以译为：“关上栅栏的电开关，”他说，“我把小牛从电线底下塞过去。”/ 我赶忙关上开关。约翰悄悄把小牛从电线之间塞进去，小家伙蹦蹦跳跳地奔向妈妈。

2. 造成理解困难的原因及注意事项

要正确、透彻地理解原文并不是件容易的事，其原因是多方面的。

2.1 双语能力的局限

在外语方面，可能有不认识的词语、不熟悉的句式、不明确的语法关系，或没有足够的语境；在母语方面，可能缺乏必要的思维训练、知识欠缺、不具备融会贯通的能力。比如：

(1) Evolution is a conservative process, wasting little of value.

(2) When the history of the Nixon Administration is finally written, the chances are that his Chinese policy will stand out as a model of common sense and good diplomacy.

(3) I soon perceived that she possessed in combination the qualities which in all other person whom I had known I had been only too happy to find singly.

(4) Time goes fast for one who has a sense of beauty, when there are pretty children in a pool and a young Diana on the edge, to receive with wonder anything you can catch!

以上四个句子，在理解上可以说都有一定难度。例（1）的句型和用字都十分平常，但可能要求译者有相关的知识储备及推理与联想的能力；例（2）对于划短线句子的理解，可能需要相关的背景知识；例（3）的关键在于结构，要分清楚各部分间的关系，否则就无法下手；例（4）的困难在于缺乏上下文，因此就更需要分析句法关系，当然对字词的理解也不能掉以轻心。

2.2 专业知识的局限

翻译工作所涉及的知识，有一般性知识，还有各行各业的专门知识。俗话说，隔行如隔山。因此，早有学者指出，翻译要做得好，译者必须是个“杂家”。但要做个“杂家”，却是说来容易做来难。

在这里举一个保险行业方面的例子。《中国翻译》杂志 1986 年第 6 期有一篇题为“如何翻译工程合同中 subject to 引出的短语和类似从句”的文章，其中有这样一个例句：

Subject to the Contractor’s responsibilities and liabilities under the contract, the Contractor shall bear the amount of the retained liabilities (excess) stated in Appendix 12 in cases where the Contractor is responsible for the loss, damage or injury.

原译文是：

承包方必须根据本合同规定的承包方责任和赔偿责任范围，在承包方对灭失、损坏或人身伤害负有责任时，承担附件 12 中所述的保留责任部分金额（免赔额）。

一年后，《中国翻译》杂志 1987 年第 6 期，刊有另一篇文章，题为“谈谈工程合同翻译的严肃性和缜密性”，对上述译文提出了疑问，指出：“既然免赔，那承包方还有什么负担呢？”并将原文改译如下：

在承包方应对设备的丢失、损坏或损伤负责的情况下，承包方应根据本合同规定的承包方应负的责任和赔偿义务负担附件 12 中所说的残余赔款额（即超额部分）。

通过对比以上两例可得知，上述两个译者的主要分歧在于对 excess 的理解。亚当（J. H. Adam）1982 年编的《朗文商务英语词典》（*Longman Dictionary of Business English*）、中国香港万源财经资讯公司 1985 年出版的《商用英汉辞典》（薛立亚、张慧敏主编）、中国对外翻译出版公司 1986 年出版的《英汉经济综合词典》（黎孝先主编）、中国台湾五南出版社 1990 年出版的《简明商务词典》（*A Concise Dictionary of Business*）对该词的解释基本是一致的，其中以《商用英汉词典》的解释最为详尽：

excess（扣除免赔额）：在海上货物保险中，规定保险人对于承保货物的单独海损超过约定限度（比率）时，仅就超过部分予以赔偿者，称为 excess 或 excess franchise。例如，一批货物保险金额为 US$10,000，而约定适用 3% 的 excess 时，假如损害金额未超过 US$300（3%），保险人不予赔偿，假如损害金额为 US$480，保险人仅对超过 US$300 的部分损害 US$180 予以赔偿，并不是对 US$480 全部损害予以赔偿。因为这种赔偿条件系将免赔额（franchise）予以扣除后赔偿，所以在美国又称为 deductible franchise 或 deductible。例如：average payable in excess of 3%（海损超过 3% 始予赔偿）。

Franchise（免赔额、免赔限度、免赔百分比）：在海上货物保险中，规定保险人对于损失之逾越约定限度中，始就全部损害予以赔偿（换言之，损害之未达约定限度者，保险人不予赔偿）。其界限称为 franchise 或 non-deductible franchise。再者，货物损害虽逾越约定限度，但保险人就逾越的部分损害予以赔偿者，即称 deductible franchise 或称 excess，或以 excess（deductible）表示。假定一批货物投保金额为 10 000 美元，而约定适应 franchise 3% 时，如损害金额为 350 美元，保险人即按全部损害金额照赔。假设使用 excess 3% 时，保险人仅赔偿 50 美元。这里将两者差异比较如下：

损害额	Franchise 3%	Excess 3%
US$200(2%)	不赔	不赔
US$300(3%)	赔偿 US$300	不赔
US$350(3.5%)	赔偿 US$350	赔偿 US$50
US$500(5%)	赔偿 US$500	赔偿 US$200

根据以上的解释，我们就可以得出结论，第一个的翻译确实有错误，它把 excess（扣除免赔额）当成了 franchise（免赔额）。可是第二个的批评也是不准确的，“免赔额”在特定的情况下还是要“赔”的。综合以上两个译文，再改译如下（见下页）：

根据本合同规定的承包方责任和赔偿义务，承包方在对设备的灭失、毁坏或破损负有责任时，必须承担附件12中所述的剩余赔款额（即扣除免赔额）。

2.3 思维与文化差异

我们从小到大受同一文化的熏陶，对周围发生的一切，不拘大小，司空见惯，习以为常，久而久之，便形成了某种思维定式。但是，翻译面临的是另一国的文化，所接触的事物和人们的生活方式与自己有着很大的不同。因此，在两种语言的转换过程中，每当语言A与语言B表达方式不一致的时候，就可能造成译者理解的困难。例如：

（1）我们希望产品的图案和色彩能照顾到欧洲人的心理。

（2）本协议及附件用中英文书就，两种文字具有同等法律效力。

对于上面两句汉语的翻译，有人就有可能这样翻译：

（1）We hope that the design and color of the products would suit European psychology.

（2）This Agreement and Appendix are rendered in Chinese and English. Both languages shall possess the same legal validity.

上面的翻译中，将“心理”理解为psychology，假如译者稍加推敲就会发现这样的翻译只是简单的字字对应，望文生义。“两种文字”译成了both languages，表面上看来是翻译正确了，但是却犯了逻辑不通的毛病。想想看，我们能说哪种“文字”享有更高或较低的法律效力吗？请看下面的改译：

（1）We hope that the design and color of the products would suit the European taste.

（2）This Agreement and Appendix are rendered in Chinese and English. Both texts shall possess the same legal effect.

如果将上面两个改译的句子回译成汉语，taste原来指的是人的“偏爱”和“情趣”，texts指“文本”；“法律效力”也应该改为legal effect较为合适。字面不相当，但是意义却是相同的。

再来看看英译汉的翻译，white wine很多人把它译成了“白酒”，而事实上却是“白葡萄酒”。在英语中，wine传统意义上是指以水果为原料酿造的酒，比如apple wine、cherry wine。如果在wine之前没有冠上某一水果的名称，则是专指葡萄酒。dry white wine，不是“白干”。“白干”者，白酒也，因无色、含水分少而得名。但是英语中的dry，如果用来指“酒”，并非“含水分少”的意思，否则，下面国外某酒厂的广告标题就让人莫名其妙了：

What is it that makes Sainsbury's
Manzanilla
Such a dry sherry?
Water, of course.

既然是“干”（dry），怎么能因为有“水”（water）呢？原来 dry 是与 sweet 相对，用英语解释就是 lack of sugar。dry white wine 就是“不含糖分的葡萄酒”。这样，上面的广告就这样译：

是什么使得 Sainsbury 酒厂的
Manzanilla 葡萄酒的
口味那么纯正自然呢？
那当然是水了！

我们知道，酒厂广告的一个共同特点就是强调“水”好。“酒”好，即因“水”好，所以，好酒者买酒时必要看准酒的产地。dry white wine 的汉语名叫“干白葡萄酒”。说实话，这是个“将错就错”的意译名，致使许多中国人都不明白它的真正含义。在商务印书馆 1989 年出版的《现代汉语词典》补编已经将“干酒”（即“干白葡萄酒”的简称）列为一个词条，释义为“一种不含糖分的酒，多用葡萄酿成”，这显然是从英语翻译过来的。像 white wine、dry white wine、dry State 这类“简单”的词组，之所以给理解带来困难，关键就在于译者不熟悉原语的文化。

第二节　表达阶段

1. 表达概述

我们要求，应该把忠实和通顺作为翻译的标准。译者在表达阶段的任务，一言以蔽之，就是要把自己所理解的内容，忠实而通顺地传达给译语读者。当然，要使译文百分之百地忠实于原文，并跟原文同样通顺，那是很难达到的。但是，译者不能因此而放松争取忠实和通顺的努力。凡是认真负责的译者都应该以忠实、通顺为己任，在表达中要力求做到：一是对原文意义或信息的传达要尽可能准确、尽可能充分，二是译文要尽可能自然、尽可能通顺。例如：

(1) So now the only Chinese words she can say are sh–sh, houche, chr fan, and gwan deng shweijiyan. How can she talk to people in China with these words? Pee–pee, choo–choo train, eat, close light sleep. (Tan, 1989: 289)

译文一　所以，至今她所仅能够说的中国话不过是：嘘嘘、火车、吃饭和关灯睡觉。她怎么能拿这些和中国的人们谈话呢？

译文二 现在，她会说的汉语有“sh-sh（是是）”，“houche（胡扯）”，“chr fan（吃饭）”，“gwan deng shweijiyan（关灯、睡觉）”。会这几句话怎么跟中国人交谈呢？

译文三 她唯一能讲的中国话是“谢谢”，“关灯睡觉”，“火车”和“吃饭”。可在中国，靠这些“关灯睡觉”中国话，怎么行呢？

这是美籍华人作家谭恩美的小说《喜福会》（*The Joy Luck Club*）中的一段话。故事中的女儿要到中国度蜜月，母亲担心她汉语太差，只会说 sh-sh、houche、chr fan 和 gwan deng shweijiyan。作者用汉语的英语拼音，但拼法与汉语常规拼法不一样。为了帮助英语读者理解其意义，作者紧接着用英语做了解释：Pee-pee（尿尿）、choo-choo train（火车）、eat（吃饭）、close light sleep（关灯睡觉）；其中“关灯睡觉”没有采用标准的英语 turn off the light and sleep，而是大胆地使用了中式英语 close light sleep, 从而生动地刻画出移民母亲的语言特色。再看三位译者在翻译这段话时，不仅没有传达出原文采用的杂合语言和非标准英语的特色，还出现了明显的错误解读：如把 sh-sh（尿尿）译成“是是”（译文二）、“谢谢”（译文三），把 houche（火车）译成“胡扯”（译文二），都造成了原文意义的扭曲。显然，正是语言的杂合造成了这段话丰富的语义内涵，当然也给译者带来了巨大的挑战。译者有没有可能准确而充分地将这丰富的意义和信息传达出来，从而使译文读者得到原文读者得到的感受呢？我们认为办法还是有的，那就是：其一，对植入的四个汉语词的英语拼音采取“零翻译”（因为作者紧接着就做了意思解释）；其二，对原文的中式英语采取翻译加注的办法。这样一来，可以得到以下译文：

现在，她会说的汉语只有 sh-sh、houche、chr fan、gwan deng shweijiyan 几个词语。光拿这几个词语怎么跟中国人交谈呢？撒尿、火车、吃饭、关灯睡觉。（注：“关灯睡觉”的标准英语应是 turn off the light and sleep，但作者刻意向标准英语挑战，使用了中式 close light sleep。）

严格说来，中式 close light sleep 给原文读者造成的感受，汉语是无法回译出来的，加注只是一种补偿手段，以使译文跟原文在信息量的传达上尽量接近，通过保留原文的双语混合特征，让译文读者也能大致体会到中式英语对英语读者所具有的“陌生化”体验。

上述译例说明：译者要推出高水平的译作，就要透彻理解原作，并在表达阶段尽可能准确地再现原文的意思，尽可能充分地传达出原文的信息，而在达到这个目的的同时，又不能损害译文的可读性。这无疑是一个极其复杂的过程，要完成这样一项任务，译者需要考虑众多因素，处理众多矛盾。比如说，你想力求“忠实”，又怕引起“不顺”；你想力求“通顺”，又怕引起“不忠”；你想传达“异国情调”，又怕造成“翻译腔”；你想避免“翻译腔”，又怕丧失“异国情调”；你想紧跟作者，又怕失去读者；你想照顾读者，又怕背叛作者……总而言之，矛盾重重，左右为难。所以有人说，一篇文章由一百个人来译，定会译出一百个样来。

为了“忠实而通顺”地传达原作内容的任务，译者在表达阶段要着重解决好以下几个环节：

第一，要正确处理忠实与通顺的关系。忠实和通顺是辩证统一的关系，二者密不可分，互为依存。翻译中光讲忠实不讲通顺，译文搞得拮据聱牙，读者怎么能看懂原文作者所要表达的意思呢？反过来，翻译中光讲通顺不讲忠实，结果意思没有弄准确，译文再通顺也是徒劳。因此，译者在表达的过程中必须“统筹兼顾”，一方面要准确、充分地传达原文的意义，另一方面又要使译文通顺流畅，符合译语规范。但是，有些译者由于不能充分认识翻译的复杂性，不了解忠实与通顺的辩证关系，因而在表达时容易出现两种片面化倾向：一种人只顾忠实而忽视了通顺，容易产生生硬拗口甚至晦涩难懂的译文；另一种人只顾通顺而忽视了忠实，容易导致走腔变调甚至背离原义的翻译。例如：

(2) The next year there were many victories. The mountain that was beyond the valley and the hillside where the chestnut forest grew was captured...（E. Hemmingway: *A Farewell to Arms*, Ch.2）

译文一 第二年打了好几场胜仗。山谷后边那座高山和那个有栗树林的山坡，已经给拿了下来……

译文二 第二年打了许多胜仗。山谷和长着栗树林的山坡后边的那座高山已经给攻打下来了……

这是美国著名作家海明威的代表作《永别了，武器》第二章开头的两句话。其中第二句只要略作分析，就可以看出：本句的主语是 the mountain，谓语动词是 was captured，而 that was beyond the valley and the hillside where the chestnut forest grew 则是 the mountain 的定语从句。照此一分析，我们就可以发现，译文一和译文二都存在明显的缺陷。译文一读起来倒是通顺，但是意思译错了：本来是“那座山”被攻下来了，译者却译成“那座高山和那个……山坡”（都）“给拿下来了”，这自然是翻译中最忌讳的理解错误。再看译文二：“山谷和长着栗树林的山坡后边的那座高山已经给攻打下来了”，结构累赘不说，意思也不清晰，读者搞不清“给攻下”的究竟是“山谷”和“那座高山”，还是“山谷和……山坡”后边的“那座高山”。既然这句话在翻译中如此棘手，译者就应特别小心，想方设法处理好准确和通顺的关系，请看这个译法：第二年打了不少胜仗。位于山谷和栗树坡后边的那座山给拿下来了……译文在行文上做了两处调整，一是增添了“位于”二字，二是把“长着栗树林的山坡”简化成“栗树坡”，这样就显得简明清晰多了。

第二，要正确处理内容与形式的关系。翻译的任务是传达原作的内容，但内容又往往是由形式来体现的，特定的形式往往表示特定的内容。因此，一个严谨的译者不仅要会移植原作的内容，还要善于保存其原有的形式，力求内容和形式浑然一体。所谓的“形式”，一般包括作品的体裁、结构安排、形象塑造、修辞手段等，译文中应尽可能将这些形式体现出来，借助“形似”更加充分地传达出原文的内容，取得“形神皆似”的效果。例如弗朗西斯·培根（Francis Bacon）的著名散文“论读书”（*Of Studies*）:

(3) Studies serve for delight, for ornament, and for ability. Their chief use for delight, is in privateness and retiring; for ornament, is in discourse; and for ability, is in the judgement and disposition of business. (F. Bacon: *Of Studies*)

译文一 读书足以怡情，足以博彩，足以长才。其怡情也，最见于独处幽居之时；其博彩也，最见于高谈阔论之中；其长才也，最见于处世判事之际。（王佐良译）

译文二 读书为学的用途是娱乐、装饰和增长才识。在娱乐上学问的主要的用处是幽居养静；在装饰上学问的用处是辞令；在长才上学问的用处是对于事物的判断和处理。

译文三 求知可以作为消遣，可以作为装饰，也可以增长才干。当你孤独寂寞时，阅读可以消遣。当你高谈阔论时，知识可供装饰。当你处世行事时，正确运用知识意味着力量。

弗朗西斯·培根是一个善写警句的散文家，文字紧凑，又有一点古奥。20 世纪 50 年代，王佐良用浅近的文言翻译了其中的数篇，取得了意想不到的效果，成为译界津津乐道的经典之作。王佐良之所以能取得这般成功，是因为他从内容到形式力求最大限度地接近原作——用译者自己的话说，他在翻译中“一切照原作，雅俗如之，深浅如之，口气如之，文体如之”（王佐良，1989：3）。请看 *Of Studies* 头两句的翻译。原文第一句是三个简洁工整的排比结构：serve for delight，for ornament，and for ability，王译采用了同样简洁工整的排比结构：“足以怡情，足以博彩，足以长才。”相比之下，另两种译文就有欠工整，头两个作用“娱乐（消遣）、装饰”用的是二字结构，后一个作用“增长才干”却用了四字结构，有损“声美”和“形美”。第二句 their chief use for 后面跟着三个同样工整的排比结构，王佐良的译文版本分别用代词“其”引领不同的中心词，无论形式还是意义都与原文相对应，取得了形神皆似的效果。相比之下，译文二用“学问的用处”来指代 their chief use for，接连重复了三次，使译文显得啰唆，有悖原文的简洁风格。而译文三则用三个“当……时”引导了三个独立句，独立句后半段也不对称，显得比较松散。王佐良的成功经验告诉我们：好的译文应该是对原文从内容到形式的准确再现。

第三，要正确处理克己意识和创造意识的关系。有人说，译者犹如“戴着手铐脚镣跳舞”，这是个非常形象的比喻。又是“手铐”，又是“脚镣”，可谓“双重束缚”！而译者所面临的，也同样是“双重束缚”：一方面，他不能脱离原文的意思和风格；另一方面，他不能违背本国语言的规范。译者是在翻译，不是在写作，他必须以原作者为主，充分尊重原作者的创作，而不是以自己为主，随心所欲；与此同时，他必须尊重本国的语言规范，使自己的译文通顺达意，既传达原作的“异国情调”，又不带有令人头疼的“翻译腔”。实践证明，要真正做到得作者之“志”，传原作之“神韵”，译者必须：（1）克制自己的个性；（2）克制自己的语言定势；（3）克制自己的创作欲望，而尽量向作者靠拢，向原作靠拢。

2. 表达阶段注意事项

2.1　重视上下文，避免孤立处理词句

初做翻译的人，往往容易看一个句子译一个句子，遇到生词，也只是在句子的语境下考虑词义。然而，译到后面，才发现前面的翻译有问题，又得重新来翻译，这不但浪费了时间，对自己的自信心也是一种打击。也有人逢山开路，遇水搭桥，筚路蓝缕地翻译下来，但是却前言不搭后语。正确的方法是，应该考虑词与词、词与句、句与段、段与段、段与篇章之间的关系。因此，在开始翻译之前，通读全文是最要紧的，往往通读一遍还不够。只有这样，才能从大处着眼，小处着手，前后贯通。在翻译完成后，还应从词、句、段中跳出来，通读几遍译文。比如，看看选词用字是否有失分寸？词句表达是否合乎习惯？叙事状物是否有违情理？起承转合是否通顺自然？有时，从单个词或句子看，译文似乎不错，但是从整体上看，却显得貌合神离，经不起仔细推敲。正所谓“只见树木，不见森林”。因此，在精打细敲之后，进行全文的加工润色是十分必要的，这好比画家作幅巨画，画上几笔，总要抬起头来，或是后退几步，审视整个画面，然后再在什么地方添加几笔。如果一味低头描绘，画中的一草一木可能惟妙惟肖，但最后的作品可能并不动人，因为画面缺乏总的氛围。而翻译也是同样的道理。

2.2　从情景出发，摆脱表层结构的束缚

做翻译的另一个常见毛病，就是习惯于“对号入座”。这种习惯一方面来源于词典释义（如果是双语词典，上面已经标注了“对等”的词语，好记便用；如果是单语外文词典，也会下意识地在大脑里转换成母语中某个“相当”的词语）。比如，我们见到good，就将它与“好的”画等号，见到better，就将它与“较好的”或“更好的”画等号，见到best，就将它与“最好的”画等号。实际上，词典释义与行文翻译往往相去甚远。例如：“Any experience is good.”这句英语译作“任何经历都是好的。”自然不能算错，但显然不如译做“凡是经历都很珍贵。”。又如：“Honesty is the best policy.”译作“诚实是最好的策略。”，这也能看懂，但是用简洁的中文则应该是“诚实为上”。再看看“我们破例给2%的佣金，不能再高了。”这句汉语中间没有任何“好”字，却可能译为：“We will give a 2% commission as an exception. This is the best we can do.”

“对号入座”的另一个来源是因为受某些语法、用法类书籍的影响。比如，我们从一开始就被告知：“so... that... ”相当于“太……以致……”，“too... to... ”相当于“太……而不能……”，“as... as... ”相当于“像……一样”，“more than”相当于“比……更”。这样的典型结构还有很多。多年下来，待外语学到一定程度，这些“对等”结构在大脑中安营扎寨，直至根深蒂固，因此翻译时到处都是诱惑。有一个例子可以说明这个问题：“He was so angry that he counldn’t speak.”，对这句最不伤脑筋的译法就是逐字翻译：He= 他，was= 是，so= 那样，angry= 愤怒，that= 以至，he= 他，counldn’t= 不会，speak= 说话。连在一起就是：“他是那样的愤怒，以至不会说话。”但是，正确流畅的汉语则应该是：“他气得连话都说不出来。”

要克服“对号入座”，摆脱原文表层结构的束缚，除了可以通过学习翻译技巧外，还可以借助改变思维定式的一些训练。这里介绍两种训练方法，一是“回避法”（乔海清，1993），二是“情境法”。

回避法主要针对的是单个词语的处理。具体地说，就是每当看到一个词语，最早出现在脑海里的译文，尽可能避免使用，而是尝试从不同角度切入（如语体有雅俗之分，语气有强弱之别，色彩有褒贬的差异，句式有陈述、感慨、正说、反说等等不同）。例如：

（1）In fact, ...（尝试不使用“事实上”）

a）原来……

b）说白了……

c）归根到底……

d）不瞒你说……

e）你有所不知……

（2）Fortunately, ...（尝试不使用“很幸运”或“幸而”）

a）还好……

b）好在……

c）巧得很……

d）真运气……

e）谢天谢地……

（3）The best opportunity（尝试不使用“最好的机会”）

a）大好时机

b）形势再好不过了

c）机不可失，时不再来

可见，思维定势打破了，表达的潜力是很大的，以上同一词语或句子的不同译法，在潜在的语境中都是可能的表达，即使在同一语境中，也未必是（或更准确地说，往往不是）最早想到的译法是最巧的译法。

情境法，该方法主要针对的是表层结构。心里明白，却表达不出来，一般都是原文的表层结构在作怪。余光中提供了一个很有趣的例子："Don't cough more than you can help."（余光中，1999：145）这句话怎么译成汉语呢？是"不要比你能忍的咳得更多"呢？还是"不要咳得多于你能不咳的"呢？但这两者都不像地道的汉语，因为怎么念都别扭。仔细想想，不就是"能不咳，就不咳"嘛！难道这样简单的话我们都不会说吗？但翻译时往往就是这么奇怪，话虽简单，有时就是怎么也绕不过来。遇到这种情形，行之有效的方法，就是在吃透原文的意思之后，要设法将原文的词、句结构暂时抛之脑后，再想象一下，在同样的情景下，我们平常是怎么说的，然后用自己的话写下来。例如：

(1) Nothing **except** a battle lost can be half so melancholy as a battle won. (*The Duke of Wellington*)

译文　都道战败苦，谁知战胜惨！（许渊冲，1998：353）

(2) These **alterations** of mood were the **despair and joy** of Ethan Frome. (Edith Wharaton: *Ethan Frome*)

译文　他这种一会儿一个情调，叫伊坦时而灰心时而高兴。（吕叔湘，1992：55）

(3) did not want a ring, but Mother presented this one to me with **such** affection **that** I saw no way to get out of accepting it . She put it on my finger and kissed me. (Clarence Day: *Life with Father*)

译文　我是不要戴戒指的，可是母亲的盛意真实叫人难以拒绝。她把戒指给我套在指头上，又亲了我一下。（吕叔湘，1992：407）

第三节　审校阶段

1. 审校概述

在翻译的过程中，再细心的译者也难免不出疏漏，再有功力的译者也难以一挥而就，做到"一字不易"。因此，审校也就成为确保译文质量的最后一道"工序"。

纽马克主张，译者应根据文本的难易度，花费翻译所用时间的 50% ～ 70% 来审校自己的译文（Newmark，2001：37）；即使在考试的时候，如果考试时间为三个小时，译者至少应留出 35 分钟进行审校（Newmark，2001：221）。

我们认为，译者翻译完之后，至少需要审校两遍：第一遍，对照原文校对，检查有无疏漏、误译之处；第二遍，脱离原文审校，检查有无生硬拗口之处。如果所译文本比较重要，而译者又有充裕的时间，最好再审校一遍，通过大声朗读来检查译文是否畅达自如。无论两遍还是三遍，审校的目的无外乎两个：一是检查译文是否精确（accurate），二是检查译文是否自然（natural）、简练（economical）。

译者要对照原文逐词、逐句、逐段地检查译文，看看有没有漏译的地方，并将漏译之处补译出来。我们之所以把检查有无遗漏列为重点审校内容之一，一是因为译者由于疏忽或精神疲劳等缘故，经常会出现漏译，或是漏掉重要词语，或是漏掉整句话，甚至整段话。这类问题不纠正过来，势必影响意义传达的准确性和完整性。二是为了发现误译，纠正误译。实践证明，无论是初学者还是经验丰富的译者，都可能在以下问题上出差错：一是年月日，二是数量词，三是人名、地名，四是代词，等等。所以，在译者审校的时候，但凡遇到以上各类词语，只要不厌其烦地对照原文检查一番，时不时地会有意想不到的“收获”。审校的第三个作用是检查译文有没有费解和文字生涩的地方。一般说来，译文费解大多数是误译造成的，而文字生涩既可能是误译所致，也可能是文字表达不到位所致。

2. 审校步骤及注意事项

2.1 审校内容

审校一般可分四个步骤。

第一步，检查是否有错漏。较长的文本，有经验的译者会在原文的段首标上序号，然后在译文的段首也标上序号，这样就不容易遗漏段落，没有特殊原因，译文不要轻易改变原来的段落，如要改变，最好也在初次审校后进行。

第二步，检查是否有逻辑问题。比如，文中是否有不相干的句子，是否有前后矛盾，或是否有不合常理或看不明白的地方。逻辑问题几乎总是理解问题，个别情况属于原文本身的毛病。若是后者，可考虑根据文本的性质或翻译的目的使译文合理化。

第三步，设法消除英译汉中的欧化结构。这是一项艰巨的工作，对译者的要求很高。但也不是不可作为，除了上节重点讨论的两个方法外，还有一些行之有效的方法。首先要了解英文与中文的基本不同点。比如：（1）英文重形合（即句子各部分的关系主要依靠有形的连接，如英文中有大量的 that、which、where、when、if、and、of、in），中文重意合（主要依靠词序和意念的连贯，散而不乱）；（2）英文句子一般不能缺少主语，中文句子称为“流水句”，其显著特点就是多个分句可共享一个主语；（3）英文句子称“绵长句”，习以为常的是环环相扣的后置修饰语，中文句子则基本为前置修饰语，结构简洁；（4）英文大半名词前要用冠词，非 the 即 a，而中文里完全没有冠词的概念；（5）英文里的名词有单复数的形态之分，中文里的单复数多数情况只靠意会，不必明示；（6）英文里大量使用被动语态，中文虽有被动语态，但远不如英文用得那么广泛，且表达方式更为多样化。了解了这些基本特点，在审校时才能对症下药：设法删减连接词语（比如少用“如果”“和”“当……时候”及类似结构）；设法删减主语；设法删减“的”字结构，学会化整为零；设法删减“一个”“一种”“那个”（即冠词）；设法删减“们”字；设法删减或替换“被”字。如能满足上述条件，译文便能朗朗上口。

第四步，加工润色，文学翻译尤其重要。常听人说，好的文章是改出来的，翻译也不例外。认真的译者，文稿在排版阶段还在修改，有了这种精神，才能不断超越自己。

2.2　审校方法

审校可分初校和复校（复校又可分二校、三校等，视文本性质而定）。初校的目标是消除错漏，复校则致力于行文流畅，文学翻译更追求色彩的斑斓，但两者并不是截然分开的。以下是两点建议：

第一，抛开原文校对。这是初校和终校不可缺少的环节。背后的理念是：译文必须独立成篇。换言之，它必须是不依赖于原文而独立存在的，因为一般的译文读者是看不懂原文或无须对照原文的。因此，主体准确和传神比细节真实更为重要。实际上，翻译中的多数毛病在不看原文时就可以发现。抛开原文审校的理想方法，就是朗读。所谓朗读，就要读出声音来，在朗读的过程中，哪里拗口，哪里声音不对，哪里语气不合，都能逐一发现和纠正。如果时间允许，初校之后，先放上一段时间，再进行校对，这样更容易发现问题。往往译者原来觉得不错的句子，重读后，又觉得不满意了，再次加工，译文质量可大大改观。

第二，请别人校对。自己写的东西，最终是给别人看的。自己觉得翻译明白清晰，没有问题，并不完全等于别人的感觉也是如此；角度不同，知识储备不同，见解有时会很不一样。因此，请别人审校时，最可能发现问题。哪怕是不同意别人提出的看法，都不会有坏处，只会使自己考虑得更周到，因而使译文更严密完整。如果是英译汉，可以请中文写作经验多的人帮助审校。如果是汉译英，在定稿前，最好能请母语是英语的人看看，译文是否地道，他们最有发言权。

第四节 广义的翻译过程

广义的翻译过程超过了从语言到语言、从文本到文本的过程。理论界对于广义翻译过程的研究从广度和深度上来说，都不及对狭义翻译过程的研究，而且古今中外的学者多是从实践角度出发对其进行经验性的探讨。较为具有代表性的是美国翻译家奈达的观点。奈达自幼笃信基督，立志做一名传教士。他于1943年在密歇根大学获得语言学博士学位后，便到美国圣公会（Anglican Church）供职，并于1946年起担任《圣经》翻译部的执行秘书，对《圣经》有很深的研究，特别是通过组织《圣经》的翻译，积累了大量经验，在“《圣经》翻译出版的程序”一文中，除了狭义的“翻译程序”，他对广义的“翻译过程”也做了明确的规定。

奈达认为：“翻译程序远非只是指具体翻译某一文本时一步一步的过程，它还包括许多需要事先加以考虑的因素，如原语文本的性质、译者的能力、翻译过程的方向（如从习得语译成母语或从母语译成习得语）、译文所针对的读者类型、出版商和编辑的类型、译文的发行和译者可能使用的译文方式。”以《圣经》的翻译过程为例，要采取的程序很多，但就整个过程而言，涉及十个方面的基本程序，这就是他所明确的十个不同而又互为联系的部分：（1）不适合的翻译程序；（2）译前准备；（3）翻译小组的结构；（4）审稿结构；（5）辅助人员；（6）翻译程序，即各种翻译队伍中所采取的一般程序和特殊程序；（7）对译文进行检验；（8）校对清样；（9）行政管理工作的程序；（10）译本出版以后的工作。奈达指出，这十个方面并非适用于每一个《圣经》的翻译工作者，但却涵盖了翻译各阶段的工作。的确，上述的十个方面不仅涵盖了狭义的翻译，而且还包含了有关翻译的出版及文本流传的广义过程。第一个方面看似与翻译过程无关，但实际上，若细细领会奈达在文中所提出的观点，即他指出“天真幼稚的”翻译方法、拘泥于规划的翻译方法和任意改编的三种典型的翻译方法是“不适合的翻译程序”，我们便不难看到其良苦用心：要翻译，须先行确立一种正确的翻译观念和翻译方法。如果说第一条涉及翻译观和翻译方法，那么奈达所提出的第十条则将文本流传和读者的接受纳入了翻译过程的考察视野，这是极有见地的。尤其是读者的反应与译文的不断修订、文本的新生命过程与翻译没有“定本”的观点，都是需要我们认真思考的。显而易见，有关《圣经》翻译工作的程序并不完全适用于其他类型的翻译工作，但是，不可否认的是，其中提出的一些工作程序，如翻译小组的结构、审稿人员和辅助人员的结构、清样的校对、行政管理工作等方面，对翻译、审稿、辅助、校对和管理人员的条件、职责与工作方面都有严格的界定，且与具体的翻译过程环环相扣，为翻译工作的严密进行与翻译质量的提高提供了保证。而“译前准备”更是从理论和实践两个方面提出了译者所要考虑的问题和必须解决的具体问题，如“读者需要什么”“读者能够接受什么”，从读者的需要和接受来考虑制定翻译的方案，是一项涉及译本生命流传的重要工作。至于具体的准备工作，奈达认为最为基本的一条是“制定或修订翻译工作所必须遵循的基本原则”，大到选择何种文本，小到怎么处理修辞疑问句或怎么处理标点与分段等，都要做到心中有数，有章可循。

从以上的简单介绍我们已经可以看到，奈达对《圣经》翻译工作程序的总结不仅仅是具体工作步骤的实践规范，更是一种有关如何翻译的理论参照。从奈达所谈《圣经》的翻译程序，我们很自然会联想到译经大师玄奘所主持的“译场”的严密分工与翻译步骤。据《续高僧传》记载，玄奘对译经的过程及分工非常严格与明确，包括译主、证义、证文、度语、笔受、缀文、参译、刊顶、润文、梵呗和监护大使等 11 项。光是对译文的校对工作就涉及多道程序。道宣在《续高僧传·卷第四》“唐京师大慈恩寺玄奘传”中记载：“既承明命，返迹京师。遂召沙门慧明、灵润等以为证义。沙门行友、玄赜以为缀缉，沙门智证、辩机等以为梵文，沙门玄摸以证梵语，沙门玄应以定字伪。”陈福康认为，玄奘“能从不同的层面，缀文、参译、刊定、润文，从而保证文字的纯正与流畅。而且，又把证义、证文放在纯粹的文字功夫之前，首先保证了翻译的准确性。所以，这是非常值得我们研究和借鉴的”（陈福康，1992：43-44）。对比奈达的《圣经》翻译程序和玄奘的“译场”分工，我们可以发现两者之间有许多共同点。而这些共同点的存在并非偶然，它们在一定意义上反映了翻译的具体工作程序存在的必要性和合理性。

从实践的角度，翻译过程可视作一个文本的语言转换所经历的具体而微的一系列程序或步骤，而这些程序或步骤的制定，则又需要以一定的翻译观为基础。不可否认，上文所简述的几个比较有典型意义的翻译程序，大都涉及集体性的翻译，翻译对象要么是宗教典籍，要么是重要的文学著作。集体性的翻译在协调、组织、沟通上需要做出周密的计划，严格的翻译程序便显得特别重要。就单个译者独立进行的翻译而言，实际上在整个翻译过程中也同样要经历诸如译前准备、研读、理解、阐释等重要阶段，虽然具体的方法对每一个译者来说也许并不雷同，但其中所要面对的基本问题则是同样的，对这些基本问题的探讨，一方面拓展了翻译理论研究的范围，另一方面，对翻译实践本身也具有明显的指导价值。

从一部书的翻译到翻译文本跟读者见面，开始其新的生命历程，绝不仅仅是一个简单的语言转换过程，它涉及文本的选择、文本的研究、文本的理解与阐释、文本的生成、文本的接受等紧密相连、环环相扣的过程。

思考题：

1. 简述狭义翻译过程和广义翻译过程的内在联系及不同之处。
2. 一般来说，狭义的翻译过程分为三个阶段，简单阐述这三个阶段的内容，并思考在这三个阶段中，译者会面临哪些问题。
3. 在表达阶段，译者常常会因自身的思维定式，而把原文翻译的不中不洋，试用本章介绍的方法，谈谈如何纠正自己的思维定式。

第五章

影响翻译的因素

翻译活动是一项复杂的文化活动，其过程会受到诸多因素的影响。本章将从三个方面重点讨论影响翻译的因素，即文化背景知识、政治因素和意识形态、译者翻译动机及翻译观念。

第一节 文化背景知识

语言与文化的密切关系注定了翻译与文化的密切关系，翻译是把一种语言转换成另一种语言。不言而喻，两种语言转换的过程中必然涉及两种文化。翻译实质上是不同文化间的交流。我国著名学者王佐良教授在谈到文化与翻译的关系时认为，翻译工作者处理的是个别词，但面对的却是两种文化。Mary Snell-Hornby 明确指出，翻译是一种跨文化的活动（白靖宇，2010：97）。

翻译，不仅是一种跨语言的活动，它更是一种跨文化的行为。翻译难就难在对文化背景知识的理解与翻译上，翻译问题不单单是语言问题，在很大程度上，它与文化因素、背景知识有重大关系，受它们的影响和制约，因此，译者除了要通晓两国的语言，更要熟悉两国的文化，只有这样，才能更好地做到使译文在语言和文化上的等值。

影响翻译的文化背景知识包括许多种类，如动物、颜色词在中西语境中的不同含义，典故在文化中的特殊地位等，这都是译者在翻译时无法回避的文化因素。

1. 动物在中英文化的不同含义

动物的文化意义是指功物形象的比喻和象征意义。由于地域差异，不同民族对同一动物形成了不同的观念和审美情趣。这种差异反映了不同的民族心理，形成了特定的文化。下面我们就这一问题进行讨论。

由于人类生活的生态环境相似，中英两国人民从动物的基本属性去认识动物，自然会产生相同或相似的联想，赋予动物词汇相同的文化内涵。例如，公鸡（cock），中英文中都表示“骄傲”。英语里说 as arrogant as a cock，汉语是“骄傲得像只公鸡”。尽管文化内涵相似，但是其意义的侧重点稍有不同。从根本上讲，东西方对狗的感情色彩是一贬一褒，分别代表着“下贱”和“忠诚”。在汉民族传统心理中，狗是一种下贱的动物，常用来比喻卑鄙丑恶的人，引起“卑贱、恶劣”等联想。但是在英语中，狗还有其不同于“下贱”的深层贬义隐喻意义。一些人用 dog 指品质很差的物品，这是一种正式用法。例如“The film must be a real dog.”（这部电影肯定很糟糕）。当然，狗（dog）在英语民族里也被视为一种爱畜、宠物，常当作“人类忠诚的朋友”。英语谚语里有“Love me, love my dog.”，译成中文是“爱屋及乌”。汉语中“猪”给我们的印象常是“愚蠢、笨拙、脏乱，好吃懒做"，猪集"懒、笨、馋"于一身，借此喻人具有刻毒之意，其用语不胜枚举。西方人也给 pig 以丑恶的形象。a pig 意为"a greedy, dirty or bad-mannered person"（贪婪、肮脏或无礼貌的人），以表明 pig 的形象不佳。另外，称某人为 pig-headed（顽固的），指此人拒绝改变对某事物的看法，即使明显有错误也要坚持。骄傲的公鸡、忠诚的狗、蠢猪体现了英汉两个民族关于动物方面的文化相似性。

在英汉两种语言中，由于英汉两民族长期生活在不同的文化背景中，自然而然地对同一动物词产生不同的联想，赋予动物词汇更丰富的文化内涵。

熊在中国人和英国人头脑中产生的联想意义更是大相径庭。在英语口语中，bear 可形容有特殊才能的人，如"He is a bear at math."（他是个数学天才）。但中国人一谈到与熊有关的词汇就会想起"窝囊、没本事"等文化内涵，如"瞧他那个熊样儿""真熊"等表述。

不同的动物词在英汉文化中具有相似的文化内涵，即中英文中用不同的动物词来表达同样的意思。虽然两种语言中所用的动物词不同，但它们的比喻意却是相似的。比喻"胆小"，我们立刻会想到中文的"胆小如鼠"，而英语却用"rabbit, chicken, pigeon"来类比，如"as timid as a rabbit, chicken-hearted, or pigeon- hearted"。比喻"着急"，汉语用"热锅上的蚂蚁"，英语却用 like a cat on hot bricks（热砖上的猫）。比喻"说大话"，汉语说"吹牛"，可英语中却用 talk horse。汉语一般用牛来形容力气大，而英语要用 horse，如"He is as strong as a horse."。比喻"顽固"，英语用 as stubborn as a mule（顽固得像头骡子），而汉语通常说"犟得像头牛"。形容一个人蠢笨，汉语一般用"猪"来指代，如蠢猪、笨得像头猪等，而英语却用 ass（驴）来表达这个意思，如 make an ass of oneself（干蠢事）。中文常用"猫哭老鼠"来形容虚伪和伪善，英语中相似的表达法是 shed crocodile tears（流下鳄鱼的眼泪）。汉语中，人们把老虎看作百兽之王，人们常用"虎"形容勇猛威武，而英语中，雄壮威猛的形象当首推 lion，如 as bold as a lion。以上数例旨在说明中英两种语言中的不同的动物词有着相同或相似的文化内涵。正是文化差异导致了语言表达上的不同。

上述部分涉及了同一动物词、不同动物词在英汉中的异同。使我们能够了解一些英语、汉语的特点和各民族的习惯。语言与文化息息相关，由于英汉民族文化上的差异，生活环境、经历、价值观和民俗心理的不同，造成动物词蕴含着不同的文化内涵，在理解上都存在着一定的差异。因此，这要求译者具备相关的背景知识。

2. 颜色词在中英文化中的不同内涵

汉英语言中表示颜色的词语非常丰富，它们不仅有自身的基本意义，还有涵义深广的象征意义。随着各种文化的不断交融与渗透，在一种文化中同一颜色词的象征意义呈现多样性和复杂性，其中既有基本象征意义，又有辅助象征意义。颜色词的基本象征意义是在社会的发展、历史的沉淀中约定俗成的，是一种永久性的文化现象，由于各民族不同的文化历史背景、宗教信仰、思维方式、审美观和生活环境，因此，颜色词更具丰富的文化内涵。本文将从中西文化对比的角度着重分析颜色词的基本象征意义在两种文化中的异同，最后，在分析的基础上，提出适当的翻译策略和具体的翻译方法。

由于人类文化存在着共性，且文化间有相互渗透、趋同的现象，不同民族常常会赋予某一种颜色词以相同或相近的基本象征意义，如黑色、绿色等。

2.1 黑色

在中西文化中，黑色的基本象征意义大致是相同的，主要象征着魔鬼、邪恶与不幸等。在中国的传统文化里，黑属五色之一。据中国五行学说记载："五色谓青、赤、黄、白、黑，据五方也。"古人认为东方的青色象征万物生长，南方的红色象征万物茂盛，西方的白色属秋，北方的黑色属冬。秋收冬藏，农事虽得到收获，但气候日趋肃杀，万物渐次凋零，人们的活动半径也越来越小，因而，人们逐渐产生悲凉与哀伤的情绪。黑色既是中国人眼中宇宙的颜色，也是中国人赋予鬼的色彩。地下冥间漆黑一片，鬼魂自然就生活在其中，给人以阴险、毒辣和恐怖的感觉。正是由于上述原因，在中国传统文化里，黑色主要象征着不祥、邪恶及反动等。如称阴险狠毒的人是"黑心肠"（evil mind），不可告人的丑恶内情是"黑幕"（inside story of a plot），反动集团的成员是"黑手"（evil backstage manipulator），称杀人劫货、干不法勾当的客店叫做"黑店"。

与"死亡、邪恶"的意思相对，黑色也象征庄重、威严和尊贵。black suit（黑色西装）、black dress（黑色礼服）是西方人最为崇尚的传统服装。在庄重的正式场合，达官贵人、商界巨贾、名流学者等都喜欢身着黑色服装。交响乐的演员几乎都是黑色西装，以显示庄重和肃穆；法官身披黑装，以体现法律的尊严。随着改革开放的不断深入，西方的这些服饰颜色在我国也开始流行起来。从这个意义上讲，英语的 black 与汉语的"黑"所指相同，语义吻合。

在西方，有关黑色的颜色词及短语的社会文化意义主要受其传统绘画艺术的影响。古希腊和古罗马画家常用色彩表达宗教信仰，黑色是地狱、罪恶和死亡的象征。如达·芬奇（Leonardo da Vinci）在他的《最后的晚餐》（*The Last Supper*）中用象征罪恶的灰黑色描绘犹大（出卖耶稣的叛徒）的面孔。这种色彩的象征寓意渐渐地影响了英语中黑色词的价值取向，使英语中许多含黑色（black）的词语带有消极的语义，例如，魔王撒旦被称为"黑暗王子"（the prince of darkness），再如 a black villain（大坏蛋、恶棍）、black words（不吉利的话）、a black letter day（倒霉的日子）等；black sheep 的字面含义为"黑色绵羊"，源于远古英国人认为"黑羊"是魔鬼的化身，由此引申为"群体中的败类”，相当于汉语的“败家子”“害群之马”。西方人用 black Friday（黑色星期五）来描述所谓“倒霉的凶日”，这种用法来源于西方的一些神话传说。这种用法来源于西方的一些神话传说。对基督教徒来说，星期五是个悲哀的日子，因为这是耶稣基督被钉在十字架上的日子。据传说，亚当和夏娃偷吃禁果，被赶出伊甸园是在星期五，他们死亡之日也在星期五，所以，自古西方都认为星期五是个不吉利的日子。

另外，黑色还象征着气愤和恼怒，如 black in the face（脸色铁青）、to look black at sb.（怒目而视）等。

2.2 绿色

绿色位于光谱的中间，是平衡色，象征着和平、友善、希望和生机等，代表着赞美和褒义，无论是在汉语或英语中，绿色的这一基本象征意义都是一致的。如世人公认的和平的象征是一只口衔绿色橄榄枝的鸽子，绿色使人联想到大自然的和谐与宁静，“绿色食品”是当今各国商家宣传其产品最具魅力的一招。

在中国传统文化里，绿色在五色中排行第一，象征着万物生长，给人以清丽恬静的感觉。古人由此联想到青春韶光，故常用绿字来描写年轻貌美的女子，如“红男绿女”，以及将“绿窗”指代闺阁。在现代汉语中，“绿洲”“绿野”“绿油油”等都使人联想到生命和生机。在英语中，a green winter（温暖的冬天）、a green old age（老当益壮）、in the green wood（在青春旺盛的时代）、keep the memory green（永记不忘）等都是一些美好的字眼。

另外，英语中的绿色有许多引申义。英语中的绿色常用以表示“嫉妒、眼红”之意，如词组 green with envy（十分嫉妒）、green as jealousy 等。在莎士比亚的著名悲剧《奥赛罗》（*Othello*）中有 the green-eyed monster（绿眼怪物，喻指“嫉妒”）这一词组。因此，汉语中的“眼红”在英语中应是 green-eyed；而医学上的“红眼病”在英语中是 pink eyes。

在美国，纸币是绿色的，因此，美国人常用 green 代称“钱财、钱票”或“有经济实力的”。

例：In American political elections, the candidates that win are usually the ones who have green power backing them.

译文 *在美国竞选中获胜的候选人通常都是些有财团支持的人物。*

英语中的绿色还通常用来表示没有经验、缺乏训练、知识浅薄等。如 green hand 表示“新手”，greenhorn 表示“没有经验的人”或“新到一个地方不了解当地习惯的人”。

以上就几种常见的颜色在中英文化的异同分别做了介绍，颜色词的基本象征意义因民族的文化历史背景、宗教信仰、思维方式、审美观和生活环境等的不同而具有很大的差异性。由于中国经历了几千年的封建社会以及近代以前教育和科技的相对落后，在这一时期，颜色的生成与天象、鬼神等联系在一起，具有强烈的神秘色彩，后来又与政治挂钩，有相当强烈的政治化和神秘化倾向。而西方颜色词的基本象征意义除了带有较强的宗教色彩外，更多得益于西方民族的开放及科学、教育的普及，少了神秘而多了理性。一个好的译者，必须了解这些差异且能够在翻译中灵活运用，译出其潜在含义。

3. 英语典故对翻译的影响

语言是人类用来表达思想、传递感情的交际工具。语言的起源是丰富多彩的。语言中的词汇与民族文化息息相关，而词汇中的成语则是词汇中对民族文化的发展和变化最为敏感的部分。有一部分成语出自寓言、传说、历史事件或宗教中的人物或事件，这类成语称为典故成语。本小节将就一些英语典故成语的起源、发展以及理解翻译做简要介绍。

英语成语范围广泛，源远流长。有的源自寓言神话，有的源自风俗习惯或宗教信仰，有的源自文学艺术，还有的源自航海或军事用语，等等。这些典故经常见诸文学艺术作品和报章杂志，至今仍具有丰富的生命力。

3.1 希腊罗马神话对典故成语的影响

英语的诗歌、戏剧、雕刻、绘画以及风俗习惯都与希腊罗马神话有关。可以说，希腊罗马神话已渗透到英语文化的各个领域。从下面的几个例子中我们将会看到希腊罗马神话的故事和传说为英语留下的形象生动、寓意深远的成语典故。

between Scylla and Charybdis（进退维谷，腹背受敌）

这个典故源于希腊神话：Scylla（锡拉）是块巨大的岩石，位于意大利的墨西拿（Messina）海峡的 Charybdis（卡里卜迪斯）大漩涡对面，船只经过这里的时候，水手要避开锡拉岩石，否则可能被卷进卡里卜迪斯旋涡。故此比喻进退维谷。这句成语多在文学作品中使用。如：The pirates had to fight and be killed or give up and be hanged; they were between Scylla and Charybdis.（这群海盗不是在战斗中被杀死，就会在投降后被绞死；他们真是面临绝境）。

3.2 伊索寓言对英语典故成语的影响

《伊索寓言》（*Aesop's Fables*）具有很高的艺术价值，被誉为西方寓言之父，被翻译成多种文字，对西方乃至全世界的哲学思想和文学艺术具有深刻的影响。英语中很多典故、谚语、习语都源于《伊索寓言》。

blow hot and cold（动摇不定，反复无常）

这个典故出自《伊索寓言》中的“人与山林小神”，讲一个人冬夜在山林中迷路，碰到一个山林小神（stayr），领他回到自己的小屋。路上这个人不断向手上呵气，山林小神问他干什么，他说手冷麻木了，呵气取暖。到家后，山林小神给他端来一碗热腾腾的粥，那人端到嘴边又吹气。山林小神问他又干什么，他回答说粥很烫，想把粥吹凉。

山林小神对他说："你嘴里的气既吹热又吹冷（blow hot and cold with the same breath），这样的人我不接待，你走吧。"这个典故原用来比喻避免与性情模棱两可的人交往，现在常比喻动摇不定，反复无常。如：My relationship with them blew hot and cold. Sometimes we met every day; sometimes we did not see each other formonths.（我和他们的关系反复无常，有时我们天天见面，有时好几个月也不见一次。）

3.3　宗教信仰对英语典故成语的影响

宗教是人类思想文化的重要组成部分。不同的宗教是不同文化的表现形式，反映出不同的文化特色和不同的文化背景，体现了不同的文化传统。在欧洲封建社会里，基督教起着特别重要的作用，《圣经》对英国的社会思想和文化产生了极为深远的影响。

make bricks without straw（做无草之砖）

该成语源出《圣经·旧约·出埃及记》（*Book of Exodus*）第五章：摩西受上帝之命，成为在埃及做奴隶的以色列人的领袖。他向埃及国王提出要带以色列人离开埃及。埃及国王不允，认为是以色列奴隶闲着没事干而闹事，遂下令不给以色列奴隶提供柴草，要他们自己寻找草梗去生火烧砖，但每天要上交的砖的数量不得减少，结果造成以色列奴隶和埃及奴隶主之间的矛盾加剧。后来人们用 make bricks without straw（做无草之砖）来形容"做吃力不讨好的事"，或"根本做不到的事"。例如：The cleverest housewife can't cook a meal without rice, just as Israelites couldn't make bricks without straw.（巧妇难为无米之炊，正如以色列人难做无草之砖。）

3.4　文学作品中的人物对英语典故成语的影响

英美文学作品中的许多人物已成为具有某种固定特征的人的代名词，就像 a Cleopatra（克娄巴特拉）指绝代佳人——这是莎士比亚戏剧《安东尼和克娄巴特拉》（*Antony and Cleopatra*）中的人物；a Shylock（夏洛克）指贪婪、残忍、追求钱财、不择手段的守财奴——这是另一部莎士比亚戏剧《威尼斯商人》（*The Merchant of Venice*）中的人物；a Sherlock Holmes（夏洛克·福尔摩斯）指有非凡才能的侦探或敏锐精明的人，这种人善于通过仔细观察、科学分析和逻辑推理来追捕或解决疑难问题——夏洛克·福尔摩斯是柯南·道尔（Arthur Conan Doyle）著名侦探小说中的主人公。

英语文化中的典故、习语、成语都有其丰富的文化背景，作为译者，我们不仅要知其然，还要知其所以然，才能真正做好翻译工作。

4. 地域文化对翻译的影响

自然环境对翻译的影响也是巨大的。一个民族长期生活在一个地方，便会形成与此地域相一致的对事物的看法，会形成独特的审美情趣和思想意识。例如，英国是一个典型的海洋国家，因而与海洋有关的比喻成语和谚语也特别多，不少汉语中的比喻、成语或谚语译成英语时，其喻体往往取自与海洋有关的东西，如“守口如瓶”，译成英语为 as close/dumb as an oyster；“未雨绸缪”译为 cast/lay/have an anchor to windward。

“西风”一词在英汉文化中的意义迥然不同。在英国，北大西洋的暖流带来的是人们对春天的期盼。由大西洋吹来的西风给英伦诸岛送去了温暖的风，英国浪漫主义诗人雪莱（Percy Bysshe Shelley）就曾写有一首脍炙人口的《西风颂》（*Ode to the West Wind*）；而东风来自欧洲大陆北部，故而寒冷。而中国正好相反，中国西靠高山。东临大海，东风吹来，无比舒心，常常有“东风送暖，大地回春”之说，而来自西伯利亚的西北风则凛冽无比，刺人肌肤。

另外，由于生态环境的差异，各个民族对事物的看法也不同。汉语说“雨后春笋”，译为英语却变成了 spring up like mushrooms，这两种说法都反映了各自的生态特性。汉语形容“多”时常常用“多如牛毛”，而英语中却说 plentiful as blackberries，它出自“黑莓遍地，俯拾皆是”的生态环境。又如，中国自古以牛耕为主，久而久之，人们就形成了对牛的热爱与赞誉，人们常常把那些勤勤恳恳、任劳任怨的人比作老黄牛，鲁迅先生有句话叫“俯首甘为孺子牛”。而英国多用马耕，因此马在英美文化中是勤劳和吃苦的象征，如 to work like a horse（拼命工作）。由此可见，在翻译过程中，我们还要对地域文化有所了解。

随着时代的进步、科技的发展、生活和社会环境的变迁，英汉两种语言也不断丰富和发展。语言之间的差别，不但表现为语言符号的不同，而且强烈表现为对客观世界的看法不同。语言是文化的载体，文化又靠语言来发展。所以，翻译并不是简单地涉及两种语言的转换，而是一种再创造的活动，是一种深层的文化交流活动，是一种促进双语社会、政治、经济和文化进步的活动。这也就是我们常说的，“翻译，是沟通东两文化交流的桥梁和纽带”。就其性质而言，“翻译是一种跨文化、跨学科、跨语言、跨时代的信息转换活动”。所以，掌握中英两种文化有时比掌握语言本身更重要。要想做好中英翻译工作，中英文化背景知识是关键。

第二节 政治因素和意识形态

翻译的发展历程证明，翻译不可能在“真空”里进行，它多少会受诸如政治、权力之类因素的影响。我国每一次翻译高潮的兴起和沉寂都充斥着与政治、权力的顺应或冲突关系。

1. 政治因素影响翻译策略的选择

法国翻译学者贝尔曼指出，翻译策略是在意识形态的驱动下做出选择的。在政治敏感的社会里，对政治敏感性内容的翻译往往弃“信”而投“不信”，采用改变原语语义以满足当时政治需要的翻译策略。

一方面，出于政治的考虑，对遇到可能引起麻烦或纠纷的内容，译者或者加以删除，或者进行淡化，一般都会自觉地避免译入那些有可能触犯政府或主流政治的言论或描写。具体表现为，个别之处按下不提，装聋作哑一番，或只是轻描淡写，敷衍了事。这在古今中外翻译界可谓司空见惯。

19 世纪末，福尔摩斯的探案故事被译介到中国，可其中不少细节被做了删改。例如，原文中的福尔摩斯在起居室内练习射击，在墙上用子弹砌成 VR 两个字母（VR 代表 Victoria Regina，当时英国国君是维多利亚女王）的一段内容在译文中被删除。在英语文化环境里，福尔摩斯如此练习射击只表示他有点怪脾气，或者说性格独特。而英国社会对怪人或性格独特的人，不仅宽容，而且还甚至有几分羡慕。但福尔摩斯的如此做法在当时的中国文化环境里是难以想象的，因而构成了社会和政治问题。因为用国君的名字练习射击，与当时的国体不符，简直是大逆不道，故译者隐而不译。

另一方面，出于某种政治心理或为了达到某种政治目的，如果需要，译者也会竭尽渲染之能事，浓墨重彩地突出与政治意识形态相吻合的部分，甚至无中生有地添加，借以突出政治性内容。如 20 世纪初，中国正处于封建与民主的十字路口，是政治非常敏感的时代，代表封建的保守思想和代表民主的激进思想之间的斗争非常激烈。为了表达自己政治意识的需要，代表进步思想的苏曼殊和陈独秀不惜在《惨世界》中另设了一个“男一号”。此人姓明名白，字男得，暗表“难得明白”。译者借他之口对中国的封建价值观进行了猛烈的抨击：“那支那国孔子的奴隶教训，只有那班支那贱种奉作金科玉律，难道我们法兰西贵重的国民也要听他那狗屁吗？”他还说：“世界上物件，应为世界人公用。”并主张“索性大起义兵，将这班满朝文武，拣那些黑心肝的，杀个干净。”陈、苏的这种极端做法表明，在翻译过程中，政治的干预往往是在所难免的。只是在不同的社会和不同的时代，这种制约所表现出来的强度会有很大的不同。一般说来，一个社会中的政治形式越敏感，涉及政治的翻译所受到的压力就会越大。

2. 政治因素影响翻译题材的选择

尽管影响翻译取材的因素很多，如文化成见、审美习惯等，翻译动机和目的也直接影响着对作品的选择，但政治因素的影响几乎是决定性的。早在 19 世纪末，我国近代思想家、政治活动家梁启超就在他的著作《变法通议》中专辟一章详细讨论翻译，并将

“择当译之本”提升至“强国第一义”的地位。在他的倡导之下，大量西方法律、政治、历史、教育、农学、商务等学术著作先后被引入中国。

3. 政治因素影响译者的选词

译者的选词指译者对原文中某个特定词语的诠释，即译者是如何选择特定的目的语词汇来解释原文中某个特定概念的。在翻译过程中，译者往往会遇到这样的情形：原语中某个概念在译语中可能会有不止一种解释，上下文是译者决定取舍时的关键参照因素。除了语境、社会文化环境之外，译者所处时代的社会政治背景对译者的选词则起着至关重要的作用。

如果我们比较一下分别诞生于20世纪30年代（李霁野译）和90年代（黄源深译）的《简·爱》（*Jane Eyre*）的两部中译本，就会发现李的版本中包含较多政治色彩较浓厚的革命性词语，例如“反抗”“斗争”“革命”等词多次出现在译文中；相比较而言，黄的版本的语言总体上则平和得多。如第三卷第六章中无任何意识形态含义的torpid faculty、wakeup，李霁野分别把它们译成了政治色彩较浓的“心智十分麻木不仁”和“觉悟”。而黄源深则将torpid faculty译成“官能都很迟钝”，wake up译成“蜕变”。通过对原文的分析我们发现，李霁野对这两个短语的翻译显然是错误的，但他不可能不理解原词的意思，也就是说，是李霁野有意篡改了原作者的意思。他的这种误译与当时的社会政治背景有密切的联系。在20世纪30年代，中国人民正在与旧的社会制度进行不屈不挠的斗争，为的是建立一个全新的社会。当时的文学作品，包括翻译作品，大都是为了服务于这一革命目的。当时的许多作家和翻译家都用笔作为革命的武器去唤醒中国民众的灵魂，使更多的人加入革命行列中来。鲁迅先生是这一运动的领袖，他的许多文学作品带有明显的政治倾向性。李霁野作为鲁迅的追随者和亲密朋友，深受鲁迅先生的影响，以至于在翻译关于描写农村人的段落时，也模仿先生描写农村人士所用的典型用语，选择了诸如“心智十分麻木不仁”和“觉悟”这样的词汇来翻译原文中毫无意识形态意义的词语。20世纪30年代所产生的许多译作中都包含了相当多的诸如“觉悟”“革命”“反抗”之类的词汇。而黄对这些词汇的解释符合20世纪90年代中国读者的情趣。那时的中国正处于经济蓬勃发展时期，政治环境稳定，生活丰富多彩。这足以证明当时的政治环境对译者选词的影响。

不同时代的译者对同一词汇的大相径庭的解释说明，译者所处时代的社会政治背景影响着译者的选择。译者通常是带着某种预想或偏见走近原文的，而这种预想或偏见正是译者政治倾向的反映，译者的政治倾向可以解释为什么译者会有意将原文中的一个中性词解释成译文里具有明显政治倾向性的词汇，甚至有时候原文中的同一个词在译文里也会有完全相反的含义。

4. 政治因素影响评判译文的标准

在论及评判翻译准确性的标准时，威廉·斯奈德（William H. Snyder）指出，社会和政治压力是影响译文评判标准的最为“丑陋”的障碍。如马丁·路德翻译的《圣经》被同时代的政治敌人诬陷为“魔鬼之作”，因为他想用通俗、朴实的德语进行翻译，以便让普通人能够读懂《圣经》，使他们能够直接与上帝对话。他的这一动机被教会视为危险之举，因为在教会看来，“使普通人与上帝直接对话”意味着由不够资格的人来解释《圣经》。而马丁·布伯（Martin Buber）出于对犹太民族语言的热爱，力图使其《圣经》译文的语言形式与希伯来原文保持一致，以便传达希伯来原文那种优美的韵律和情调。他的这一做法触犯了当时纳粹政府所奉行的反犹政策，其译作也因之而受到无辜的批判。其实无论从翻译技巧还是译本的文学价值来看，路德和布伯的译本都堪称优秀之作，但两部作品问世后却均因当时的政治环境而受到批判，政治对翻译标准的制约由此可见一斑。

勒弗维尔和巴斯奈特是将“意识形态”引入翻译研究领域的肇始者。意识形态确实在很大程度上影响了并正在影响着翻译的几乎每一个方面，这种状况还会不断持续下去。但勒弗维尔和巴斯奈特从一开始就将这种影响绝对化，其理论赞同者也推波助澜，进而使这一“绝对论”观念波及全球译界。我们认为意识形态对翻译的影响是相对的、在一定程度上的。不少中外例子都可以证明这一点。“绝对论”是一种新的教条，会在这一问题上僵化我们的思维；“绝对论”与其提倡者欲提升翻译和翻译文学地位的理论企图是背道而驰的。我们应清醒地认识到这一点。将“意识形态”引入翻译研究的最大好处是我们多了一个新的、有效的研究视角，可以让我们将研究焦点从文本内转向文本外，从注重忠实原文转向探讨译文的变形，从语言对比研究转向翻译文化研究。

第三节　翻译动机和翻译观念对翻译的影响

在影响翻译实践的诸多因素中，最活跃且起着决定性作用的，是翻译的主体因素，而译者的翻译动机和翻译观念，作为翻译主体因素的重要组成部分，影响着从翻译文本的选择到翻译策略的选定的整个翻译过程。

1. 翻译动机

回顾中国翻译史，特别是近一个世纪以来的翻译史，我们可以看到，在各个不同的历史时期，翻译总是与社会变革或思想文化运动紧密地结合在一起，一些具有代表性的翻译家，以他们在明确的翻译动机推进下所进行的翻译活动，起着推动社会变革或思想文化运动的积极作用。我们知道，翻译作为一种跨文化的交流活动，具有很强的目的性，这里必然涉及"为什么翻译"的根本问题。对具有历史使命感的翻译家来说，只有明确了"为什么翻译"这一根本问题，才能做出"翻译什么"的选择，而这两个问题一旦找到明确的答案，如何翻译的问题便能在原则上得到解决。在这个意义上说，翻译家的翻译动机对他们选择什么文本来译，采取怎样的策略来进行翻译，具有直接的决定作用。我国近代思想家、政治活动家梁启超的翻译活动就是一个很好的例证。

19 世纪末，梁启超曾在《变法通义》中专辟一章详论翻译，把译书提高到"强国第一义"的地位。而就译书本身，他明确指出："故今日而言译书，当首立三义：一曰，择当译之本；二曰，定公译之例；三曰，养能译之才。"（郭延礼，1998：227）梁启超所言"择当译之本"，便是"译什么书"的问题。他把"择当译之本"列为译书三义之首，可以说是抓住了译事之根本。选择什么样的书来翻译，这取决于多方面的因素。其中最主要的，便是翻译的目的或动机。梁启超把翻译当作强国之道，目的在于推行维新变法。他认为，以前的国文馆和江南制造局翻译馆译的大都是兵学著作，这无助于解决中国的强国大事。在他看来，要强国，当务之急要多译"西方法律、政治、历史、教育、农学、矿学、工艺、商务、学术名著和年鉴等书"（郭延礼，1998：227）。在他的倡导之下，一批批外国社会科学著作先后被介绍到了中国。显而易见，梁启超的选择不仅仅是一般意义的翻译选择。推行维新变法，改造旧中国的明确目的是其"择当译之本"的出发点。

翻译动机作为影响翻译的重要因素，所起的作用是许多翻译家本人也充分意识到的。翻译家对翻译有着不同的理解与认识，对从事翻译工作也有着不同的动机，而"求真"与"求美"则构成了翻译动机的基本之源。在学习巴金的译文和有关翻译的论述时，我们深切地感受到巴金对自己的翻译有着明确的认识。他认为自己不是严格意义上的翻译家。他说："我记得有一位外国记者问过我：作家一般只搞创作，为什么我和我的一些前辈却花费不少时间做翻译工作。我回答说，我写作只是为了战斗，当初我向一切腐朽、落后的东西进攻，跟封建、专制、压迫、迷信战斗，我需要使用各式各样的武器，也可以向更多的武术教师学习。我用自己的武器，也用拣来的别人的武器战斗了一生。在今天搁笔的时候，我还不能说是已经取得多大的战果，封建的幽灵明明在我四周徘徊！即使十分疲乏，我可能还要重上战场。"（许钧：2004）在这段话中，我们可以清楚地看到，翻译对他而言是一种武器，一种手段，而战胜黑暗，求得光明，便构成了他从事翻译工作的动机。

2. 翻译观念

译者作为翻译的主体，在整个翻译过程中始终起着决定性的作用，而上文中我们所探讨的翻译动机则是直接制约译者行为的因素之一。与之紧密相关的，还有译者的翻译观念。所谓翻译观念，即是译者对翻译的认识，它直接体现了译者对翻译活动的理解，也制约着译者的价值取向及翻译方法。应该说，译者进行翻译活动，都是为着一定的目的，其动机将有形或无形地始终影响着译者在整个翻译过程中的选择与取舍，而与翻译动机同时起作用的，还有不可忽视的翻译观念。

我们知道，翻译不是一种纯粹的个人活动，因为翻译直接涉及交流的双方，它不是一种单向的行为。在这样一种事关交流双方的活动中，任何一个译者都或多或少地会意识到自己的责任，对他所担负的翻译行为有一个起码的认识，并且会基于自己的认识与责任，为自己的翻译活动建立某种原则。而译者对翻译活动有否正确的理解，则是非常重要的。

作为一个译者，他或她对翻译的理解与认识不是静止不变的，会因时代或社会、文化语境的变化而变化，在这个意义上，一个人的翻译观也是在不断变化、发展的。许钧教授曾以自己为例谈到翻译观对翻译的影响，他说："在 20 世纪 80 年代初，当自己刚刚涉足翻译时，对翻译的认识还是比较幼稚的，应该说，当时的翻译观基本囿于'语言转换'的范围，因此，翻译时关注的是'语言的忠实'和'形式的对等'。二十年来，随着自己对翻译的思考的不断深入，自己的翻译观也由纯粹的'语言转换'观发展到了今日的'文化交流观'，把翻译活动理解为促进不同民族对话、思想交流的文化活动。特别是在世界化和经济一体化进程不断加快的今天，如何通过翻译活动来维护文化多样性，便成了自己思考翻译活动的本质与作用的一个基本点。"（许钧，2004）

翻译观的确立不仅仅对拟译文本与翻译策略有重大的影响，对译者的具体的翻译方法和处理原则也有直接的影响。1995 年，国内翻译界曾围绕着《红与黑》（*The Red and the Black*）的汉译问题有过一场深入的大讨论。冯亦代曾以"一九九五年翻译界的一场大辩论"为题，对这场讨论的始末、参与讨论的各家的主要观点与分歧及讨论的重要性做了详细的介绍与评述（冯亦代，1998：113），并就翻译问题提出了自己的六点看法。这场讨论涉及了文学翻译的许多重要问题，其中便有我们在此讨论的翻译观念对翻译家实践的影响的问题。《红与黑》的汉译实践也从另一个角度证明了这样一个事实，那就是在不同的翻译观的指导下，译家采取了不同的翻译方法，出现了不同的实践，产生了风格殊异的译文。以翻译家许渊冲为例：许渊冲对翻译有明确的认识，在他长达半个多世纪的丰富的翻译实践中逐渐形成了自己的翻译观，并提出了系统的翻译思想。就翻译观而言，其基本点便是译家对翻译的本质的认识。早在1999年，许渊冲就以十分明确提出了这样的观点："翻译是两种语言的竞赛，文学翻译更是两种文化的竞赛。"（许渊冲，1990）在《红与黑》的"译者前言"中，许渊冲又重申了这一观点。正是基于这一观点，即把翻译理解为竞赛，而这一竞赛是在两个层面展开：一是语言的竞赛，二是文化上的竞赛。应该说，许渊冲在对翻译的认识中，能紧紧抓住语言与文化这两个本质的方面是非常有见地的。因为翻译活动是以语言符号系统转换为手段的，而在民族语言的背后起着支撑作用的便是民族文化。在许渊冲看来，围绕着"翻译是两种语言的竞赛"这一基本观点，实际涉及的有许多理论与实践的问题，如翻译的标准、翻译的方法，等等。许渊冲认为，在两种语言的竞赛当中，译者要充分"发挥译文语言的优势"，也就是要充分发挥目的语的优势。

在历史的各个不同发展阶段和不同的文化语境中，人们对翻译会有不同的理解，因此，有可能会提出不同的翻译主张，奉行不同甚至对立的翻译原则。在中西翻译史上，还有许多与之相关的重要翻译现象值得我们进一步地考察与探讨。

翻译动机与翻译观念，作为翻译主体因素的重要组成部分，影响着有时甚至左右着翻译活动的进行，作为译者，应该给予高度的重视，以做好翻译工作。

通过以上的介绍，我们可以了解到影响翻译的因素是多种多样的，包括文化背景知识、政治因素和意识形态、译者翻译动机和翻译观念等。在翻译实践中，译者要充分意识到这些影响翻译活动的因素，并谨慎处理。

思考题：

1. 谈谈文化背景知识在翻译活动中的重要性。
2. 意识形态对翻译活动的影响主要体现在哪些方面？
3. 译者的翻译动机和翻译观念如何影响翻译活动？

第六章

译者的主体性

翻译是一种积极的再创作活动，译作的质量很大程度上取决于译者主体性的发挥。在翻译过程中，译者的角色是读者与再作者的结合。作为读者，他主动选择翻译材料，深入理解和阐释原文文本；作为再作者，他在关照译文读者的前提下，以原文为依据，将他的文学阅读经过语言转换并固化为译文。目前，译者主体性成为国内外翻译界关注的重点和研究的热门话题之一。在翻译过程中，译者是最活跃的因素，因此，正确、充分发挥译者的主体性作用是翻译成功的关键，也是翻译活动的魅力所在。

第一节　译者主体性的内涵

1. 译者主体性的定义

所谓主体性，是指主体的本质特性，这种本质特性表现在主体的对象性活动中。具体地说，主体性是主体在对象性活动中本质力量的外化，能动地改造客体、影响客体、控制客体、使客体为主体服务的特性。主体性包括目的性、自主性、主动性、创造性等，简言之，即主观能动性。主观能动性是主体性最为突出的特征。但主观能动性的发挥并不是没有任何规限和制约的。主体的对象性活动作用于客体，必然要受到客体的制约和限制，同时，主观能动性发挥还受到客观环境和条件的制约，因此，主体性同时还包含着受动性。受动性是能动性的内在基础，是主体之所以要发挥主观能动性的客观依据。因此，主体性如果只强调主观能动性而不讲受动性，就会出现任意性和盲目性，导致对象实践活动的失败。主体性的另一个重要特征是“为我性”。“为我性”体现了主观能动性发挥的方向性和目的性。主观能动性、受动性和为我性辩证统一于主体性之中。

对于译者主体性，很多学者都提出了自己的定义。例如，许钧认为狭义上的翻译主体是译者，而广义上的翻译主体则包括译者、原文作者和译文读者。查明建（2003）的定义更多的是关于文学翻译主体性，且他认为翻译主体包括译者、原文作者、译文读者，译者是中心主体。然而，在仲伟合（2001）的定义中，翻译主体性等同于主观能动性。

具体的翻译过程是翻译活动的重要环节，也是译者主体性表现得最为显著的层面。以文学翻译为例，在翻译过程中，译者至少需要表现出三种文学身份，即读者、阐释者和作者。

首先，作为读者的译者是最积极、最主动、最富有创造意识和钻研精神的。接受美学告诉我们，文学作品不经阅读就没有任何意义，也没有生命力，正是读者的阅读理解才赋予了作品以无穷的意义，其价值才得以从中体现出来。所以，他们之间的关系可以表示为：作家——原著——译者——译本——译文读者。由此可以看出，译者处于这个链条的枢纽地位，他发挥着积极的桥梁纽带作用。相对于他前面的原著及作者而言，他是读者；而相对于译本和译本读者来说，他又是作者。著名的翻译家叶君健先生在“关于文学作品翻译的一点体会”中曾说：“译者的个人因素在翻译工作中所起的作用是绝不能忽视的。”文学文本为读者提供了潜在的、更为广阔的审美和解读空间。译者需要调动自己的情感和意志，激活想象力和审美力，将作品“召唤结构”中的“未定点”“空白点”具体化，调整自己的“先结构”，与作品达到“视界融合”，从而实现文本意义的完整构建。译者是作为文本的读者身份对原文加以理解阐释的。译者既是原文本的接受者，又是原文本的阐释者。

其次，从译者的阐释者身份看译者的主体性。继充当了读者之后，译者就充当了作者的角色。翻译过程是一种文化内和跨文化交际行为，因为翻译担负着使一个文学作品生存和再生的重任。译作是原作的“来世”之作而又能延续原作的生命，而这一伟大任务是通过译者对原作的重新创作来实现的。和原作者相比，作为译本的作者，虽然不需要像原作者那样选取素材、谋篇布局进行构思，但译者所思考的问题、所描述的对象应该与原作者毫无二致。因此，此时的译者受制于各种各样的标准和规定，而这些标准和规定往往将译者置于一种尴尬的两难的处境。所以，译者是站在原作作者与译本读者之间，努力促进二者之间的对话。因此，译者在翻译活动中切不可忽视目标读者。历时地说，世界在发展，目标读者也在发生变化。他们想要了解原文的真相，反对对原文的任意增减、修改；共时地说，客观上，同一时代存在着不同的目标读者群。所以，充当作者的译者应采取不同的翻译方法进行翻译以满足不同的读者要求。这就要求在翻译时，译者除了要精通两种或两种以上的语言外，同时还应具有作家的文学修养、语言感觉、文字表达能力、洞察力和形象思维能力。因为只有这样，译者才有可能深刻地理解原作、把握原作的精神实质，把原作内容与形式浑然一体的艺术意境传达出来。

再次，译者需要发挥自己的文学鉴赏能力和文学批评能力，发掘作品的思想内涵和美学意蕴，分析作品的文学价值和社会意义。语言作为艺术表达的无限开放的潜在性，不同的译者对原著的阐释会有无限的视域，任何译者对文本的阐释都不会是终结的圭臬，而只能是特定历史条件下完成的一段理解过程。所有的译作皆生成于不同的历史环境下，皆以译者各自的阐释视角，以各自时代的读者为阅读对象，采取适合各自时代语言规范和普遍接受的形式而译出阶段性版本。

最后，作为作者的译者，在阅读和阐释时不可避免地会受到其本身所处的时代和民族文化传统以及个人阅历、修养、性格的影响。可见，译者的翻译无疑会或多或少偏离原著，打上自己时代、历史、民族乃至译者个人风格的烙印。进入到语言转换阶段时，译者主要集中于如何再现原作的思想信息、审美信息和语言风格特征，同时还需要调动作为读者和阐释者所获得的对作品的理解和审美感悟，使之有机地融入语言转换。如果说对作品的解读与阐释是一般性的文学活动，那么在语言转换中，译者的文学创造性则最为突出。译者不仅要传达原作内容的基本信息，而且还要传达原作的审美意蕴。越是优秀的文学作品，其审美信息和文化意蕴就越是丰富，翻译的难度也就越大，所以就越需要译者发挥创造性。

译者主体性中的"受动性"因素包括两种语言的特点、习惯、语言转换的客观规律、原作的语言、文化和审美的特征、译者所处的时代语境、特定时代的翻译观，等等。译者主体性中的"受动性"说明，译者具有主观能动性并不意味着可以毫无约束地任意发挥，应将严肃翻译与不负责任的胡翻乱译区别开来。

经过以上分析，对译者主体性可以界定如下：译者主体性是指作为翻译主体的译者在尊重翻译对象的前提下，为实现翻译目的而在翻译活动中表现出的主观能动性，其基本特征是翻译主体自觉的文化意识、人文品格以及文化和审美创造性。译者主体性不仅体现在译者对原作的理解、阐释和语言转换等层面上的艺术再创造，也体现在翻译的文本选择、翻译的文化目的、翻译策略以及译本序跋中对译作预期文化效应的操纵等方面。

2. 译者传统身份的辨析与定位

在讨论译者的身份问题之前，我们应该要明确两点。一是译者身份的确定或译者身份的正确定位是一个理论性很强且在实践上又争论颇多的问题，而确定译者的身份必然要涉及译者的作用与活动性质等因素，需要将其置放在一个超越文本语言转换层面的更广阔的空间中加以考察。二是译者的身份在翻译历史上经历了一个不断变化和不断丰富的过程，这既包括译者在读者与作者心目中的理想定位，也包含译者的自我意识与自我定位，还涉及在不同的理论指导下所形成的翻译观赋予译者的不同角色及对其性质的认定。

表面看来，翻译似乎就是不同语言之间信息代码的相互转换，比如机器翻译。但实际并非如此简单，因为翻译过程即是一个极其复杂的心理和思维活动的过程，有时甚至是一个思想交流和文化交流的过程。对原文或原作者的理解，译者必然会加入自己的理解或偏见，也就必然会把自己的历史性带进他的理解中去，这就体现出了译者的主体意识，这种主体意识将直接影响他对原文的理解和翻译，解释着因其偏见而有其自身独特的视界，而文本总是含有原作者自己原初的视界，这个原初的视界与读者现今的视界之间，必然存在着各种差距。任何读者都无法消除这种历史的差距，理解的出现就是这两种视界的交融，即"视界融合"。因此，我们也可以把翻译过程理解为原文作者视界与译者自身视界之间不断交融产生新视界的过程。在这个过程中，译者的主体性必然会有意识或无意识地体现出来。

在数千年的翻译历史中，由于翻译活动本身具有的一些特性，再加上人们对翻译的认识在很长一个时期局限于语言的层面，因此，无论在东方还是西方，译者普遍被定位于一个至今还难以摆脱的角色——仆人。译者不能够表达自己的想法，应完全客观地尽力将原文在译语中再现出来，在地位上处于附属、从属的位置，原作和原作者自然就是至高无上的。我们把“仆人”视为译者所担当的传统角色，首先是因为这一角色的定位是历史地形成的，且已经成为一种普遍的观念，深深地扎根于人们的头脑之中。其次，对于译者本人而言，由于传统的观念总是起着潜移默化的作用，凡从事翻译的工作者，特别是初涉翻译者，无不受到这一观念的影响，因而在翻译工作中自觉不自觉地将自己定位于“仆人”的位置。这些关于译者形象的比喻，既在一定程度上喻指了翻译的特点和困难，同时也隐含了翻译和译者的价值评价。

译者被定位为“仆人”，他所面对的主人首先是作者或作为作者化身的原作。这是译者的工作形式所决定的关系，因为译者在人们的眼里，无非是在“传达”发话者所说或作者所写的话语的意思；其次便是听者或读者，因为“传达”发话者所说或作者所写的话语的意思仅仅是一个方面，译者还必须让听者或读者明白、理解发话者或作者的意思。

译者不能自己作主，而必须同时服从两个主人：原文作者和译文读者。巴托认为译者的地位是次要的，原作者是主人，译者仅仅是奴隶，只能跟在主人的后面，忠诚地再现原作的精神与风格，不能改变原文。德莱顿把译者比作奴隶，认为“奴隶”只能在别人的庄园里劳动，给葡萄追肥整枝，然而酿出的酒却是主人的。这样，就更明确地昭示了译者的被动性，甚至非常尴尬的处境。

在传统译论中，译者的地位要低于原文、原文作者，译者除了被称为“仆人”外，还被称为“媒婆”“画家”“翻译机器”“隐形人”“传声筒”等。

如果说，对于作者，译者应该顺从、谦卑、忘我，而对于读者，译者应该持怎样的态度呢？杨武能对这一问题有自己独特的理解。他指出：“现代接受美学将读者纳入了文学研究的视野。作为文学活动重要的一支，文学翻译同样只有有了读者的参与才能最后完成。我们文学翻译家必须时时心中装着读者，必须满怀对读者的爱。这种爱首先表现为对他们尊重，为他们负责。这种爱也将成为一种力量的源泉，增强我们对自己事业的热爱，使我们在工作中更加一丝不苟，兢兢业业。”（杨武能，2002）从阐释学的角度看，一个文本的生命要得以延续，必须依赖于读者的阅读与阐释。在这个意义上，任何一个作者，都离不开读者。就译者而言，作为仆人面对作者时，他的基本任务是要正确理解并传达作者所言，而面对读者，则要让读者理解他所传达的作者之言。在这个意义上，译者之于读者的责任，是由译者所从事的工作性质决定的。

也正是因为译者服务于作者与读者这两个主人被普遍视为其天职，又被大多数译者所认同，所以，当人们进一步要求译者“隐身”，译作“透明”时，这一要求便又显得那么自然而且必要了。

要求译者“隐身”，或者要求译者做一个“隐形人”，这种说法在今天看来或许已经过时，在理论上更有值得商榷之处，但实际上“透明”有着相当大的市场，且在许多翻译者的脑中起着重要的影响。隐身或隐形，说到底，就是要让译者“不可见”。更准确地说，译者之隐形，是与要求作为仆人的译者“不能独自主张”的观念紧密相连的。译者要隐形，取决于以下三个条件，就是在传统的翻译理论中经常强调的三点：一是译者要在翻译中不掺入自己的主观色彩；二是译者要在翻译中不表现自己的个性；三是译者要一切以原文为归依，唯作者是从。

然而，随着翻译研究的深化，译者的“仆人”角色受到越来越多的质疑与批判。因此，从不同的角度来研究翻译，译者主体性才能从新的角度加以考察。下节将进一步探讨译者主体性的彰显。

第二节 译者主体性的彰显

过去，如果有人提出翻译的创造性和译者的主体性，就会被指责是对误译、滥译的怂恿。这实际上是将主体性理解为任意性，将创造性误认为是不负责任的杜撰。但是在传统翻译观统治的时代，进行译者主体性研究无疑要遭到翻译研究系统权力话语的种种责难。因此，翻译研究的文化转向，不仅拓展了新的翻译研究领域，也为翻译主体性研究提供了理论声援，支持了翻译主体性研究的学术“合法性”。

1. 译者主体性体现在翻译的文化目的上

翻译的目的是文化交流，为了达到这一目的，译者首先须竭尽全力使译文读者接受译作。正如顾客是商家的上帝，译文读者就是译者的上帝。本文所指译文读者，是译者的“意向读者”，具有社会性的抽象概念。原文读者与译文读者的不同，在于原文读者不是原作者的意向读者，而译文读者则可能是再作者（译者）的意向读者。拥有意向读者的译者在选定翻译对象之后，就要根据读者的语言习惯、文化传统及接受水平采取相应的翻译策略和翻译手法。说到读者的语言习惯，必须谈谈源语和目的语的比较问题。就英汉翻译而言，英语重形合，多复合句，因名词和名词化使用频率高而具有静态特征，多无灵主语，科技语言多被动句；而汉语重意合，多简单句，因动词使用频率高而具有动态特征，多有灵主语，科技语言多主动句。

译者在进行英译汉时，必须根据中国读者的语言习惯来斟酌字句，比如，在文化传统方面对中国读者的关照，人们常用对“性”的翻译策略的变化为例。处于开放的多元化时期的当代译者与保守封闭的封建时期的译者相比，对该问题采取的翻译策略是截然不同的。至于接受水平上对读者的关照，将深奥的国外名著译为浅显易懂、富有童趣的儿童读物也是一个很好的例子。比如，同样是 rich lady，在 20 世纪 40、50 年代，一般要译作“阔太太”，而现在就可能要译作“富婆”“富姐”了。

如杨宪益夫妇与霍克斯翻译的《红楼梦》的两个版本中的例子：

谋事在人，成事在天。

Man proposes, Heaven disposes.（杨译）

Man proposes, God disposes.（霍译）

原著中信奉道教的人在霍克斯的笔下变成了信奉上帝的人，这似乎有点滑稽，但仔细想想译者自身的文化背景以及他所面向的读者，这样译似乎更加合理，更易让读者所认可。霍克斯在译《红楼梦》时更强调的是它的趣味性，与霍克斯不同的是，杨译的目的则重在宣传中国的传统文化，让以英语为母语的读者对中国了解多一点，所以在翻译过程中尽量忠实于原作的形象，既不夸张也不过分强调创造性。因此，译者翻译的文化目的不同，他们所坚持的翻译原则也就不同，呈现在读者面前的译品风格也就不同。了解到这一点，我们对一个信奉道教的人突然变成一个信奉上帝的人就不会感到奇怪了。

2. 译者主体性体现在翻译文本的选择上

开译前，译者有挑选原作或原作者的权利。译者选择翻译文本并不是信手拈来的，而是经过慎重考虑的。面对形形色色的外来文化信息，译者通常会选择自己喜爱的或适合自己风格、个性和美学意识的文本进行翻译，宏观的文化氛围如译者所处的时代背景及当时的文化取向自然会影响译者的选择，如 19 世纪中叶清代的翻译活动就集中于科学、法律、历史、经济等方面。到了 19 世纪末叶，却兴起了翻译外国小说的热潮，主要是因为当时的文人志士提出救国必先强民，而教育民众的最好工具则是小说，但译者自身的文化取向与微观个人背景也会影响译者的选材——翻译出来，让其他中文读者分享自己喜欢的著作，分享自己选择的一种外国文化。

严复的翻译就更具代表性。19 世纪末叶，中国面临着弱肉强食的危险，“译才”之一的严复冷静地思索着该引进何种“格致新理”以“造福于民”的作品，本着译既能“关乎中国之贫富”又能“系乎黄种之盛衰”的选材倾向，严复把注意力集中到当时西方现实社会科学学术著作上，精心选择、精心翻译，介绍了能够启发中国民知民识的社会科学著作，如穆勒（John Stuart Mill）的《穆勒名学》（*A System of Logic*）、亚当·斯密（Adam Smith）的《原富》（*An Inquiry into the Nature and Causes of the Wealth of Nations*）、斯宾塞（Herbert Spencer）的《群学肄言》（*The Study of Sociology*）、杰文斯（William Stanley Jevons）的《名学浅说》（*Primer of Logic*）等。

在理解阐释过程中，译者会调动自己的情感、意志、审美、想象等文学鉴赏和文学批评能力去发掘作品中的思想内涵和美学意蕴，将作品中的“空白点”具体化，从而使得文本意义的完整构建得以实现。所以，对于一个真正有责任感、有“创作欲”的译者来说，选材是创作的第一步，因为翻译同样让译者具有“骨鲠在喉，一吐为快”的喜悦，有与原作的“共鸣”。因此，在选材时，译者必须既了解自己，又了解作品，比如说，不善说理的人不必译理论书，不会作诗的人千万不要译诗。从分析五四时期的文学翻译中，我们很容易就可以看到译者在选材时所体现出来的主体性：如郭沫若钟情于雪莱的浪漫；徐志摩迷恋于拜伦（George Gordon Byron）的浪漫；闻一多醉心于勃朗宁（Robert Browning）的十四行诗；梁实秋竭尽全力把莎士比亚推荐给中国读者。

由此可见，译者在以读者的身份阅读欣赏原作、理解原作者时，他不是一个被动接受者，而是一个能动的读者，表现出极强的主动性，他的阅读过程也就是他的创造过程。

3. 译者主体性体现在翻译策略上

译者翻译策略的选择受译文读者、翻译目的、译入语文化等因素的影响。接受理论视读者为评价译作的准则，译文只有被读者接受才能实现其价值。每一部文学作品都有其“潜在的读者”，既然翻译是一种创作，那么译者也就有其“潜在读者”。因此，译者为了实现其译作的价值，就必须关注其潜在读者的“期待视野”，相应地调整其翻译策略。

英汉两种语言文化背景不一，行文结构与遣词习惯相去甚远，翻译过程中这两种语言因碰撞而生出种种不可避免的矛盾，翻译过程就是两种语言矛盾的不断产生、不断调和或妥协的过程。讨论英译汉的过程，实际是在讨论英译汉时，译者使用何种策略来解决英汉两种语言碰撞所产生的矛盾。文化因素影响着译者翻译策略的选择。一种强势的、成熟稳定的文化会促使译者采取“归化”的翻译方法，否则翻译作品就很难被译入语文化接受；而一种相对弱势的、不稳定的文化则会欢迎“异化”的翻译方法。

例如：教以射覆为令。

译为：I taught her literary games in which the loser had to drink.（林语堂译）

可以看出，林语堂的翻译是有意为之的结果，采用了归化的策略，“射覆”是中国文化中特有的词汇，所谓“射覆”，就是在瓯、盂等器具上覆盖某一物件，让人猜测里面是什么东西。射覆是古代雅士日常生活中的一种高雅而有趣的玩乐方式。“射”是猜度之意，“覆”是覆盖之意。《汉书·东方朔传》：“上尝使诸数家射覆。”颜师古注曰：“于覆器之下而置诸物，令闇射之，故云射覆。”从以上记载来看，汉代时期皇宫中已经流行射覆游戏。射覆所藏之物大都是一些生活用品，如手巾、扇子、笔墨、盒罐，等等。这在英文中找不到相应的表达方式，所以译者以解释说明的方式向目标读者介绍中国的传统文化。

当然，译者的决策不仅仅取决于他/她的语言知识，其决策很大程度上也取决于特定的社会文化环境，译者在“再现”原作时的态度既被译者所属的历史时代、社会环境、文学氛围所制约，又被译者自身的文化态度所制约。社会文化因素和个人因素的交互作用，使得译者很难避免主观性的决定，译者本人的文化态度和审美意识等文化因素无疑要影响翻译策略。例如：20 世纪初叶，很多译者都翻译了拜伦的《希腊岛》（*The Isles of Greece*），由于各个译者的文化梯度不同，便有了不同的译文，以该诗第一段中的第一句为例，原诗为：

The Isles of Greece, the isles of Greece!

Where burning Sappho loved and sung!

Where Delos rose, and Phoebus sprung!

（1）梁启超译为：

咳！希腊啊！希腊啊！你本是和平时代的爱娇，你本是战争时代的天骄！撒芷波歌声高，女诗人热情好，更有那德罗士，菲波士荣光常照。

（2）马君武译为：

希腊岛，希腊岛，诗人沙孚安在哉？爱国之诗传最早。战争平和万千术，其术皆自希腊出。德类、飞布两英雄，溯源皆是希腊族。

（3）胡适译为：

嗟希腊之群岛兮，实文教武术之所肇始。诗媛沙浮尝泳歌于斯兮，亦羲和、素娥之故里。

特定方法总是与特定的目的相关。在“重制”拜伦的这首诗篇时，不同的译者采用了不同的翻译策略。梁启超要用他的元曲体来宣扬政见，马君武则采用七言古诗来哀叹民族的命运，而胡适则要用离骚体来进行语言文化比较。他们都以自己的文学观从不同的欣赏角度给译作涂上了浓烈的个人色彩，重塑了拜伦诗中的艺术形象和不同的拜伦形象。同一国家同一时代背景下，具有相同文化背景的三位译者，在翻译同一首诗时的不同处理方法，既显示了他们三人对中国新诗所呈现的不同文化心态，也表现了他们三人在个人气质和风格倾向上的不同，而这种不同在某种意义上也是个人文化修养及文化观念的不同。

4. 译者主体性体现在对作品的理解和阐释上

一般读者只求对作品有一个大致的把握和了解，而译者为了达到特定的目标，必须对作品有透彻、完整、深刻的理解和把握。一般读者，因为没有对作品传达的义务和责任，阅读的随意性比较大；译者不同于一般读者，他承担着对原作进行传达的责任和义务。他不仅要读懂原文，而且要读透原文，因此，译者阅读的难度大于一般的读者。对原文有很好的解读是完成一篇好译文的首要前提。在翻译过程中，作为翻译活动中主体与客体中的一极，译者在对原作品理解的基础上进行阐释，在译者阅读与阐释原文的阶段，译者同样通过自己认识结构和审美情感的选择和同化来解读原文，译者自身知识储备和语言能力、所处的历史时化、文化背景的差异会对文本产生相异甚至完全相反的理解和阐释。一千个译者，就有一千种译文，所言不虚，于此可见，译者的创意在翻译的表达阶段有着举足轻重的作用。

在翻译的阅读和阐释阶段，译者是原作的审美主体，同时，他的译作是译文读者的审美客体。作为原作的审美主体，他必须把自己融入原文，按作者的审美情趣去感知原文的美，努力在译作中再现原作者的审美情趣。他的前知识结构和审美情感包括译者的生平阅历、智能水平、审美经验、文化修养、知识积累、译者翻译目的的确定，等等。

在翻译时，译者首先得对原语的信息代码进行解码，然而译者自身的文化会影响译者对原语的理解，进而影响到对它的阐释。例如在翻译《红楼梦》这部小说的书名时，杨宪益夫妇译为 *A Dream of Red Mansions*，而霍克斯采用小说原来曾经使用过的书名《石头记》，译为 *The Story of the Stone*，因为 red 这一词在中国读者看来带有吉祥如意的意味，却使现代英语读者联想到暴力流血，因此霍克斯在小说中进一步躲避“红”字，以至将“怡红轩”译成 Nostalgia Studio，“怡红院”译成“怡绿院”(The House of Green Delights)，宝玉“爱红的毛病儿”干脆略去，以至于这些改动涉及了《红楼梦》的一个重要的思想内容，不能不影响读者的感受。

又如《水浒传》第二十四回中，潘金莲的一句“听你那兄弟鸟嘴，也不怕别人笑耻”有下面两种翻译：

(1) You listened to what your brother had said, but you are not afraid of people laughing at us. (Jackson)

(2) You just listen to your brother's dirty mouth, you don't care that others may laugh. (Shapiro)

这两种翻译都译出了原文的意思，但第二种翻译更好、更贴切，因为这是建立在一种对中国文化透彻了解基础上的翻译，将“鸟嘴”译成 dirty mouth，如实地再现了中国的俗文化，从侧面进一步认识潘金莲其人的修养如何。

5. 译者对作品语言层面的艺术再创造

翻译是译者作为翻译主体的创造性活动，必然依赖于一定的翻译环境，而该环境又是客观的，不以译者的主观意志为转移，理所当然地制约着译者主体性的发挥。语言是文本的载体，而翻译则是译者将作品从源语转化为目标语的活动。在这一过程中，源语文本和目标语文本都是通过语言表征出来。在承认客观翻译环境的前提下，作为翻译主体，译者必须通过认识和把握译者主体性的内涵，不断提高认识和运用译者主体性的能力，并按照其内在要求进行活动来达到自己翻译的目的。

如果说对作品的读解、阐释是一般性的文学活动的话，那么在语言转换过程中，译者的文学创造性则达到峰值。译者不仅要传达原作内容的基本信息，而且还要传达原作的审美意蕴。越是优秀的文学作品，其审美信息、文化意蕴也就越丰富，翻译的难度也就越大，这就更需要发挥译者的创造性。

许渊冲在其著作《翻译的艺术》译文中提到，译文对原文的忠实、译文语言的通顺、发挥译语优势这三点可以作为文学翻译的三个标准。虽然在翻译中没对发挥译语优势有严格的要求，但是这是一个使译文在表达上更易于被读者接受的好办法。发挥译语优势不能被说成是对原文的不忠实，而是通过有个性的译作即充分发挥译语的优势使译文更生动，表达更畅快，而且也易于读者了解原文文化和意图。同时，不同的文化能够得到更好、更广泛的传播和保留，也能达到统一。就拿王佐良先生翻译培根的一段译文来说吧。

Studies serve for delight, for ornament, and for ability. Their chief use for delight is in privacy and retiring; for ornament, is in discourse; and for ability, is in the judgment, and disposition of business. For expert men can execute, and perhaps judge of particulars, one by one; but the general counsels, and the plots and marshalling of affairs, come best, from those that are learned.

译文 读书足以怡情，足以博彩，足以长才。其怡情也，最见于独处幽居之时；其博采也，最见于高谈阔论之中；其长才也，最见于处世判事之际。练达之士虽能分别处理细事或一一判别枝节，然纵观统筹全局策划，则舍好学深思者莫属。

培根的这段文字在西方学校中已成为激励学生欣赏读书和以读书为乐的名言；在中国，这段文字经过王佐良先生的精彩翻译，也已成为激励中国学生乐于读书的至理名言。王佐良先生的成功不仅仅在于他对原文内涵的诠释，更在于他在翻译过程中所展现的精湛的文字表达能力和对汉语语言文字娴熟的驾驭能力。

总之，译者主体性是客观存在的，并且贯穿于整个翻译过程。只有尊重和坚持原作风格的前提下，译者的主体性才是可取的，否则就是胡翻乱译了。

第三节 影响译者主体性发挥的制约因素

作为翻译主体的译者，在翻译过程中确实可以发挥自己的主体性，但是如果译者的主体性就是一种纯粹的主体性发挥，那么译者的主体性就会沦为一种任意的发挥和创造，一种随意的翻译，那也就不是翻译。任何夸大译者主体性的翻译理论和实践都是不恰当的。要使译者的能动性得到最大限度的发挥，就不能忽视诸多制约因素，本节主要从主客观方面进行分析。

1. 客观方面

1.1 原作的制约

所谓原作的制约性是指原作文本的规定性。虽然译者在翻译过程中要发挥想象力和主动性，但是文本基本的框架仍然制约着译者主体性的发挥。译者可以根据自己的理解发挥主观能动性进行文本的填充空白，但是一定要忠于原作，不能脱离原作的基本框架，否则就是译者自己的一种文学的创造。

翻译是一种创造性的活动，但这是一种特殊的艺术创造。译者的创造性活动不同于作家的创作，是一种二度创作。也就是说，译者的创造性是受制约的。在翻译过程中译者主观能动性的发挥是在二度创作的范围内，而不是脱离原作随意发挥。虽然译出的作品可以有自己的风格和特色，在翻译方法上有各自的爱好和自由，在翻译过程中可以充分发挥自己的主观能动性，进行艺术的再创造，但是终归无法摆脱、也不可能摆脱原作的制约。

许钧先生在跟赵瑞蕻、杨苡夫妇做关于翻译创造性的访谈时曾说过："实现翻译创造性有一个前提，就是要充分联系作品表现的思想内容、文化背景，尤其是西方的宗教精神和人文精神。"（许钧，2001）可见，译者主体性限度首先体现在原作的制约上。

1.2 社会文化观念的制约

每一名译者受自身所处历史、文化、社会背景的影响总是携带着"一大堆熟悉的信仰和期望"去理解他所翻译的原文文本，一边置身于"一个熟悉的世界"，一边又面对着"陌生的世界"。一个译者首先是一个社会人，是一个在特定的文化背景下生活的人，他的翻译活动要受当时社会的经济条件及需求的制约。他的作品不可能仅仅满足于自娱自乐，而是要满足于社会的需要。在整个翻译的过程中，从文本的选择到出版的一系列过程中，都要受制于社会的需求及文化要求。因此，每位译者在解读原文时的理解方式以及对文本内容的理解就会出现不同之处。同一时代的译者因接受水平不同，对原作的理解存在差异；不同时代的译者因历史的局限性，其接受水平相差更远，天赋就更加不同。

翻译活动受制于社会的意识形态，是各种社会权力的一种折中。翻译不是在真空中进行的，总是要打上时代的烙印。不同的社会背景，会影响译者对于翻译文本的选择，甚至同一文学文本，译者基于不同的社会背景会采用不同的翻译策略。试看《红楼梦》不同英译本对"世人都晓神仙好"这句话的翻译：

All men long to be immortal.（杨宪益译）

Men all know that salvation should be won.（霍克斯译）

杨宪益把"神仙"译成 immortal，显然受道教"长生不老"的文化概念影响。而霍克斯将之译为 salvation，与深植于其思想中的基督教文化有直接的关系。

1.3 所译文本文体的制约

在不同文体的翻译过程中，诗词是世人自然情感、个人风格、语言特色和文化时代背景等的和谐统一体。译者欲成功地将一首诗词进行英译或汉译，必须充分发挥其主体性，融入原诗中去才能真正达到"视界融合"。反之，若不考虑上述因素只进行文字转换，必然会产生诗不像诗的译文。但是，有一百个译者就会有一百个哈姆雷特，每个译者的背景及情况等不同，在正常发挥其主体性，所得到的译文不可能相同，甚至完全不同。

以下是一段中文诗词的两个汉译英：

寻寻觅觅，冷冷清清，凄凄惨惨戚戚。

译文一

I look for what I miss.

I know not what it is.

I fell so sad and dreary.

So lonely, without cheer.

译文二

Search, Search, Seek, Seek.

Cold, Cold, Clear, Clear.

Sorrow, Sorrow, Pain, Pain.

这两段英译汉，第一首是翻译大家许渊冲先生的译作；第二首则是由一名外国译者所译。它们在形式和风格上完全不同，但都传达出了原词作者所寄予的孤单、冷清、凄凉的情感和氛围；它们在结构和措辞上都独具特色，一起放在读者面前均不失为成功的译作。

1.4 所处文化框架和模式的制约

在翻译过程中，译者不可能与他所处的文化框架和文化模式相隔绝，因此，译者对原语文本的解读、对信息的传递处处受到目的语文化强烈的文化过滤。

"老"在中国文化里是一种资历、尊严和权威的象征，所以汉语里有"倚老卖老""姜是老的辣""不听老人言，吃苦在眼前"的说法，中国文化里也有敬老的传统，当称他人为"老同志""老大爷""老板"等时，是对对方的尊敬。而"老"在竞争激烈的英美社会里即意味着失去竞争力，面临被淘汰的危险，所以英美人费尽心思借用其他词汇来委婉地表达"老"这个概念，如：a seasoned man（经受岁月历练者）、the advanced in age（年长者）、senior citizen（老年人）。

又如"美人"这一文化意象，中国社会在传统意义上被普遍接受和认同的美女形象，往往用"柳叶眉、杏核眼、樱桃口、瓜子脸"之类的词语来形容，与英语文化中所描绘的金发碧眼型的美女迥然不同，译者便会用汉语中形容美女的传统字眼来描绘西方佳丽，其目的是让译文的读者也能感受到同样的美感。

因此，译语文化框架和模式在译者对原语文化意象接受中起着强大的制约作用。

1.5 译文读者语言接受水平及审美期待的制约

对于译者与译文读者的关系，译界一般认为，奈达是最早将读者及读者对译作的反应纳入译论研究领域的学者之一。奈达认为，传统翻译理论把翻译的重点放在语言的表现形式上，而新的翻译理论则强调翻译的重点不应当是语言的表现形式，而应当是读者对译文的反应。奈达进一步提出，要判断某个译作是否译得正确，也必须以译文的服务对象为衡量标准。因此，译者在翻译过程中应考虑读者的语言接受水平，灵活处理语言文化差异和冲突，避免译文读者的文化误读。

如柳宗元的《江雪》:“千山鸟飞绝，万径人踪灭。孤舟蓑笠翁，独钓寒江雪。”

(1) 许渊冲先生的译文是：

From hill to hill no bird in flight,
From path to path no man in sight.
A lonely fisherman afloat
Is fishing snow in lonely boat.

(2) 文殊等人的译文是：

Not a bird is seen over mountains,
Nor a footprint on paths or tracks.
On a boat a man in straw raincoat and grass
Hat is fishing alone in a cold snowy river.

“蓑笠翁”是一篇之形象，实际上也是诗人的自我写照，是诗人不得于世而放浪于山水的个人追求。“蓑衣”二字给此处之渔翁以服装道具，更增其真实鲜明之感。第一种译文省略“蓑笠”二字使原诗形象的丰富性大打折扣，不利于英语读者对这首诗的深刻的中国文化底蕴的了解。第二种译文用 straw raincoat and grass hat 译“蓑衣”，虽欠准确，但这种处理文化负荷较重的语言的变通手法无疑有利于译文读者对诗的内涵的理解。20 世纪初苏曼殊与陈独秀用章回小说的笔法翻译的《悲惨世界》(雨果著)，每节多以“却说”“话说”开头，以“欲知后事如何，且听下回分解”结尾。如此翻译自然是为了迎合读者的审美期待，以免自己的译作因引进了有违目标文化图式而引起译文接受者的审美抵触。

2. 主观方面

2.1 译者对原文的理解

翻译重在理解，只有透彻地领会原作的含义，才能准确地向读者传达原作的精神底蕴。迦达默尔（Hans-Georg Gadamer）认为，理解就是一种“对话”，在这种对话中，文本向读者敞开，似乎“向理解者提出了一个又一个问题，而为了理解和回答文本提出的问题，理解者又必须提出已回答了的那些问题，通过这种相互问答的过程，理解者才能不断超越自己原有的视野”。（陈秀，2002：19–22）不同的译者对原文的理解不尽相同，于是就出现了同一原作由于译者理解的不同而产生的不同译文。

例如：Catherine caught and pursued it eagerly; then she put a few questions to me concerning the inmates, rational and irrational, of her former home.

译文一 凯瑟琳拿到了，热切地读着；然后，她时而清楚时而糊涂地问我几句关于

她以前的家的情况。(杨苡译)

译文二 凯瑟琳连忙捡起信，急切地看了一遍，接着对于老家那里有理性的人和没有理性的牲畜，向我提了几个问题。(孙致礼译)

杨译把 rational and irrational 理解成修饰“问”，孙译理解为修饰 inmates，并分别指出 rational 及 irrational 所具体指的对象，使译文合情合理。可见，不同的译者对原文的理解能力不同会导致不同的翻译结果。

2.2 译者的双语文化能力

译者的双语文化能力包括译者的双语语言知识和双语文化知识。译者在解读原文及再造译文的过程中两种语言文化结构相互作用，即在解读时有译语语言文化的形成过程，在表达时又有原语语言文化的渗透。译者在解读与表达过程中对双语语言文化的协调就是译者文化能力的表现，而这种能力的高低对译者翻译策略的选择有很大的制约作用。语言符号所蕴含的文化信息是最难翻译的内容，译者必须通过自身对两种文化的理解、感悟、对比、分析与掌握，才能准确翻译出原文的意思。

例如：

“I beg your pardon，” said Alice very humbly, “you had got to the fifth bend, I think.”

“I had not!” cried the mouse, sharply and veryangrily.

“A knot?” said Alice, always ready to make herself useful, and looking anxiously about her.“Oh,do let me help to undo it! ”(Lewis Carroll: *Alice's Adventures in Wonderland*, Chapter 3)

译文一

“请原谅”，阿丽思恭顺地说：“我想你是讲到第五个拐弯的地方了吧？”

“我还没有讲到？”耗子生气地尖叫说道。

“打了一个结！”阿丽思说，她总是乐于帮助别人，所以焦虑地看着周围。“啊，让我帮你把它解开！”(陈复庵译)

译文二

“对不住，对不住。你说到了第五个弯弯儿了，不是吗？”

那老鼠很凶狠地怒道：“我还没有到。”

阿丽思道：“你没有刀吗？让我给你找一把罢！”(赵元任译)

译文一按字面转换，使读者感到纳闷：怎么会突然冒出“一个结”来？译文二完全驾驭了语言，发挥了大胆的想象力，用“到”和“刀”谐音字来翻译，使读者体会到文字游戏的情趣。从例子可以看出，译者主体性的发挥受制于其本身的双语文化能力。

此外，译者本人自身的因素，如价值标准、生活经验、性格、学识水平以及情感意志，都会影响对原作的解读。

综上所述，译者主体性是翻译中的客观存在，译者在翻译过程中，作为读者、阐释者和作者这三种身份的结合，充分地表现出了译者的主观能动性。译者是翻译活动中的主体，正是译者主体性才使得原文本的内容、原作者的思想得到正确的传达和再现。但是同时必须注意到，译者主体性有着明显的限度，任何夸大译者主体性的翻译理论和实践都是不恰当的。要使译者的能动性得到最大限度的发挥，就不能忽视原作文体、文化差异、译文读者接受能力以及译者自身素质等诸多制约因素，即将能动寓于制约之中。也只有在这制约中，译者才能充分发挥其主体性，最终打开文化交流和文化互融的大门。

思考题：

1. 译者的主体性从哪些方面得到彰显?
2. 试论制约译者主体性发挥的因素。

第七章

语言、文化与翻译

语言是文化的载体。文化信息往往通过言语声音符号和文化符号的编码进入语言，在解读文化信息时，人们需要进行解码才能获得文化信息。在跨语言的文化交流过程中，人们需要进行解码才能获得文化信息。在跨语言的文化交流过程中，文化信息的解码则往往是由译者来完成的。语言是文化的载体，任何一种语言都不能离开文化而存在，都生长在一定的文化背景之上。因此译者在翻译时，不仅要完成语义信息的传递，还要完成文化信息的解码和再编码。

总之，文化、语言和翻译存在着密切的联系，相互依存，同时又给翻译带来一定的困难，只有熟悉和了解翻译处理中的文化内涵，灵活地运用恰当的表达，才能完成文化信息的正确传递。

第一节 语言与文化

在语言翻译过程中，首先就会遇到语言之间的差异。经典的语言相对论理论——沃尔夫假说（Sapir-Whorf hypothesis）认为，在不同的语言系统中，同一个词语的地位和功能可能是完全不同的。所以想了解某一种语言系统的某个词的含义，必须首先了解整个语言系统。语言相对论或语言差异不但会影响不同语言群体的认知系统，也会影响不同语言之间的互相翻译，甚至使得语言之间无法完全对等的翻译而语言之间的成功翻译，则会抵消语言相对差异所带来的不利影响。

1. 英汉两种文化间的差异在语言里的体现

1.1 数字范畴

对比研究表明，世界上大概没有哪种语言有像汉语那么多的以数字开头的词语，比如：含数字“一”的有“一目了然”“一败涂地”“一言半语”；含数字“三”的有“三言两语”“三心二意”“三姑六婆”，等等；含数字“五”的有“五光十色”“五颜六色”；含数字“七”的有“七上八下”“七手八脚”“七零八落”等；含数字“九”的有“九牛二虎之力”“九死一生”“一言九鼎”等。但是如果要将这些汉语的成语译成英语，那就很难做到忠实流畅了，比如将“七手八脚”译成 seven hands and eight feet；把“一目了然”译成 one eye sees it all clearly，这些译法都是错误的。翻译这些词语时一般都只宜意译。

1.2 颜色偏向

不同的民族由于宗教文化、历史背景和风俗习惯等方面的差异，颜色词语有时表现出各民族独特的个性，带有显著的文化烙印。汉英两个民族对颜色产生的联想意义各不相同，有时甚至截然相反。汉英两种语言中颜色词的这种不对等不仅表现在颜色概念意义上的差异，更体现于颜色词丰富多彩的文化内容。

例如：在英语国家中，黑色（black）表示悲哀与庄严，因此在正式场合或葬礼以穿黑衣服为宜；而在中国则以白色表示哀悼，故而将办丧事称作白事。另外，中国人对这些嫉妒他人的行为称为红眼病，而相对应的英语却是 green-eyed monster。总之，当某一颜色在不同语言中有不同含义时，我们不能认为哪一种语言内涵意义更合理，或是哪一种颜色的象征意义更准确，它是由英汉民族各自的文化背景所造成的，也正是文化差异在颜色词中的生动反映。因此，在翻译过程中，要先弄清颜色词的源文化和目标文化中的内涵，再选用合适的翻译方法，这样才能够准确地传递信息，从而才能有利于中西方文化的交流和发展。

1.3　日常生活和社会习俗

在称谓问题上，英文里的称谓比较笼统，不像中文的称谓，非得把身份分得一清二楚。如英文里的 uncle 一词对应中文里的“伯伯、舅舅、叔叔、姑父、姨父”等，此外，还有 sister、brother 和 cousin 等，在英文里对应的都不止一个。

在问候语的问题上，中国人习惯在见面的时候问对方“吃饭了吗？”“到哪儿去？”等，在我们的文化中，这是一种比较随和、友好和亲昵的问候方式。然而，如果将这两句话分别译成“Have you had your meal?”和“Where are you going?”，那么英美人就很难接受了。因为在他们的文化里，这样说是在干涉他们的自由。

还有一个很明显的差异就是问年龄。在西方国家，女性的年龄一般都是不公开的，这是她们的隐私。如果你问了，就会让她们觉得你很不礼貌。

因此，在翻译时（尤其在会话中或口译时），一定要考虑两种文化间的差异，切勿望文生义。

1.4　比喻性词语

由于社会风俗、文化传统、劳动方式的不同，其比喻的主体和客体之间各不相同，英语和汉语比喻的主体和客体一般各不相同。当然，也有相同的。如：英语中的“He is a fox.”就完全等同于汉语中的“他是只狐狸。”而英语中的“She is a cat.”就不能译成汉语的“她是只猫”了。因为西方人把“猫”比喻成“包藏着祸心的女人”。

另外，值得一提的是，汉语和英语在表达相同的喻义时，喻体却不一样。比如汉语中的“胆小如鼠”，其英译是 pigeon-hearted 或 chicken hearted；“缘木求鱼”其英译为 look for grass on the top of the oak；“海底捞月”的英译是 fish in the air。

1.5　审美习惯差异

不同的审美观、审美习惯会给翻译带来较大的困难，这也是文化制约因素中一个比较重要的方面。

中国人历来把“龙”视为权力、力量、吉祥的象征，古时有皇帝的“龙袍”“龙椅”“龙床”等，还有很多有关“龙”的成语，如“望子成龙”“龙凤呈祥”“龙飞凤舞”“龙腾虎跃”等。但是在西方国家中，龙（dragon）乃是一种恐怖的怪物（英语词典的释义是 mythical monster like reptile）。因此，在翻译时，就更应该注意英语和汉语文化的区别。

2. 文化交流对语言的影响

语言反映文化，它不仅是文化的载体，也是不同文化交流的工具。不同文化的交流和趋同必然首先反映在语言的融合趋势上，语言的融合又必然首先体现在语言的词汇层次上。通过译介新词术语、介绍和传播异族文化；通过这些新词术语的长期而广泛的流行与使用，逐渐融入本族语言的词汇中，从而成为本族主流文化的有机组成部分。

2.1 西方文化对汉语的影响

文化和语言的关系好比是内容和形式的关系，内容决定形式，形式反映内容。文化发展需要兼容并蓄不同民族的文化，语言发展同样需要融合不同民族的语言，汉语借用英语词语现象是语言、文化需求的必然产物。从这一意义上看，汉语借用英语词语实质上借的是英语文化。从中西文化交流的历史来看，西方文化对中国文化的发展产生了重要影响。

美国政治家、科学家富兰克林（Benjamin Franklin）在 1784 年写的论文《致青年商人》（*Advice to Young Tradesmen*）中有句名言："Remember, that time is money." 过去归化译为"记住，一寸光阴一寸金。"，而现在更常见的译法是"记住，时间就是金钱。"，它与"质量就是生命。"一起出现在许多公司或厂矿企业的宣传牌上。富兰克林的这句名言准确贴切、生动形象地反映了在西方市场和经济社会中商家群起激烈竞争的状况，揭示了市场竞争中优胜劣汰的市场规律，强调了市场竞争中时间和效率的极端重要性，这对于促进文明确立市场观念、增强竞争意识、提高效率、把握机遇，迎接市场经济的挑战具有一定的号召和警示作用。

从 20 世纪中叶到现在的百余年间，西方列强用坚船利炮打开了中国"闭关锁国"的大门，中国先进的有识之士远涉重洋，去西方寻求救国救民的真理，特别是"五四"新文化运动以后，中西文化的交流日趋频繁，通过文学作品和社会科学著作的翻译渠道，大量反映西方文化的新词术语逐渐进入中华文化之中。如西方文学作品中的"鳄鱼的眼泪（crocodile tears）""橄榄枝（olive branch）""特洛伊木马（Trojan horse）""酸葡萄（sour grapes）"等；如西方社会科学著作中的"民主（democracy）""科学（science）""社会主义（socialism）""资本主义（capitalism）""哲学（philosophy）""逻辑（logic）"等；又如反映西方科学技术发明成果的"电话（telephone）""电灯（electric lamp）""电影（film）""雷达（radar）""收音机（radio）""照相机（camera）""维他命（vitamin）"等，如今这些带有洋味的词语已成为汉语的语汇，提高了汉语的表达能力，还直接影响人们观念的更新和生活方式的改变，推动了社会文明的发展。

自改革开放的四十多年来，随着中西文化多方位、多渠道的接触与交流，反映当代西方文化的名词术语更是大量涌入中华文化和汉语中，成为人们日常生活中的常用词汇，如"超市（supermarket）""白色污染（white pollution）""绿色食品（green food）""网上购物（on-line shopping）""快餐（fast food）""麦当劳（McDonald）""可口可乐（Coca-Cola）"等；尤其是反映西方发达国家科学技术新成果的词汇更是层出不穷，令人目不暇接。以信息技术为例，有"电脑（computer）""因特网（Internet）""信息高速公路（information superhighway）”“电子商务（e-commerce）”等。

2.2　汉语和中国文化对英语的影响

在长期的中外语言文化交流中，以汉语言文化为主体的中国语言文化对外国语言文化当然也产生了很大的影响。在许多语言中，都可以看到汉语的身影。语言交流中，词汇当然首当其冲。在语言学上，本民族从外民族语言中借用的词叫“借词”，向外输出的词叫“贷词”。对语言现象的分析，不仅要分析借词，还要分析贷词，才能够全面地说明不同民族之间的交往及相互影响。

中国是一个文明古国，历史悠久，文化灿烂，曾为人类文明的发展做出过不可磨灭的贡献，只是由于人所共知的原因，近百年来无可挽回地衰落了。但近二十多年来，以儒教思想为代表的中国传统文化，重视人文价值，注重道德修养，提倡仁道、和谐，弘扬天下一家、天人合一观念，这些观念体现着世界文明进一步发展的趋势，可为人类文明的转型提供方向性的理念与思路。

据《文汇报》报道，在美国最大的连锁超市“沃尔玛”的冷冻柜中，开始出售上海冠生园冷冻食品有限公司生产的速冻“鲜虾炒饭”“蛋葱炒饭”“八宝饭”等，这是中国冷冻食品首次进入美国市场，因其味美可口、色泽鲜洁、包装精美、食用方便而深受顾客喜爱。美国顾客一面争着将它们放进超市的购物车内，一面欣喜地说：“Chinese Chaofan(中国炒饭)！”“Chinese delicacy(中华美食)！”“中华美食名扬天下，一盘‘中国炒饭’吸引了众多海外食客，以至于用英文和汉语拼音合成的‘Chinese Chaofan’成为一个新的英文名词。”该词虽然尚未被收入词典，但足以说明对中华饮食文化的一种认同，对英语语汇的一种渗透。

文化的交流总是双向的，双语双文化中的各方在影响的范围和力度上往往是不平衡的，在一定的历史阶段，某一方占主导强势文化的地位，另一方居次要的弱势文化的地位。从目前中西文化影响的力量对比来看，西方文化特别是英语文化对中华文化的影响明显要大于中华文化对西方文化的影响，这反映了西方先进的科学技术和强大的经济实力地位，因此，文化的影响力在相当程度上取决于物质文明的程度。

然而，中国文化源远流长，具有极其旺盛的生命力，中华文化同样不可避免地对西方文化产生影响，反映中华民族文化的词语也不可避免地会反映在英语的语汇中，如儒教（Confucianism）、道教（Taoism）、磕头（Kowtow）、丢脸（lose face）、纸老虎（paper tiger）、阴阳（yin-and-yang）、功夫（kungfu）等已被收入英语词典，作为正式词汇而成为西方文化的组成部分。

随着我国科学技术的发展，民族文化的振兴和综合国力的增强，中华文化对西方和世界文化的影响将会越来越大，反映中华文化的词汇也会越来越多地融入西方和世界文化和语言之中。

第二节 语言与翻译

现今存在的人类语言都是相互借鉴、相互渗透、相互补充，但不可能取而代之。可见，语言的生命就在于它具有为另一种语言所无法取代的特异性。

做翻译就要有语言功夫和写文章的本领，要懂得汉语和西方语言，这是个简单的道理。王佐良在《英国诗人选译集》中指出，翻译时用的“语言要设法接近原作，要保持其原有的新解和锋利”，“做翻译单有汉语功夫当然不行，还要外语好，要能深刻理解原作”。（王佐良，1995）汉语和西方语言有着完全不同的表达方式，词语内涵、语法结构等都迥然大异，形式和内容既统一又矛盾，译者用译文的形式正确表达了原文的内容就算达到了目的。

首先，语言是一种以交际符号出现的、独特的符号系统。而符号可以用来记录、保存和传递信息，也可以用来帮助人们学习和交流，还可以帮助人们继续创新和发展。语言间的差异首先体现在表象层面，包括在音、形和句法结构上的差异。

1. 英汉的表象层面的比较

1.1 从语音的角度看

汉语属于注音的释义文字，其音与义存在密切的联系。古时人们学习汉语时，首先要学习一些常用字的发音，然后对一些比较偏的字往往通过常用字注音的方法来学习。

而英语属于拼音文字，其音、形和义是分离的，一般词形和词义之间没有紧密的关系。任何语言都有着与其他语言不同的独特的语音系统。语言的发音能引起心理上的不同听觉效果，在心理上激发不同的反应，或柔和，或清脆，或苍劲，或凝重。汉语中的音主要通过平仄相间来实现语言的声音高低起伏和抑扬顿挫的美感。不同语言中发音相同的，含义往往不同，而含义相同的，发音往往不同。

如英语中的 go 与汉语的“狗”发音相似，但是意义完全不同。汉语中的“累”（读 lèi，是指因劳动或者活动消耗体力而造成的身体疲劳），与英语中的 lay（读 [lei]，意思是横躺、摆放、铺设等），虽然读音相同但意思却完全不同。而含义相同的，发音不同的，在英汉语中的例子也比比皆是。比如 castle in the air 恰好有一个对应的中文翻译：“空中楼阁”。in the air 与“空中”相对应，但一个是 castle，一个是“楼阁”，这反映出了中西方文化的差异。中国在建筑里讲究亭台楼阁，而在西方国家，一般都是古城堡。他们没有木制楼阁，只有石制城堡。

1.2　从字形结构上看

从字形结构看，汉语属于方块形表意文字。人们往往可以从汉字本身结构来推断出字义，例如："好"字是由"女"和"子"组成的，即阴阳协调谓之好，从字形就可以判断出其意义，因为在中国几千年来形成了"多子多福"的传统家庭观念，如果在一个家庭里既有子又有女，就是一个"好"的家庭。"森"表示林木稠密。还有如"众""品""鑫"等。

另外一类汉字不带表意成分，用象形、指事和会意三种方式来表意。

象形字是通过描摹事物的形状所造的字。如，"田"是被分割成一块块的，而"苗"是指长在田里的草或植物。

会意字是由两个或三个字组成的一个有意义的字。如"不"和"正"组成"歪"，"不"和"好"组成"孬"。

形声字是由表示意义的形旁和表示读音的声旁两部分组成。人们可以通过形声字的形旁取义，通过音旁读音，如"材""茅""园""匐""简""消""蓉"等。

英语术语字母组合文字，没有固定的词形，而只有字母所表示的形态，因此英语不可能像汉语那样有明显的对仗性表达的对联和诗词，也很少有汉语中常见的顶针、回环等修辞手法。因此，在翻译中就应转换表达方式，使译文读者更易理解和接受。

例（1）：他们"品"字形地坐了下来。

译文一　They sat down to form a design like a Chinese character "pin".

译文二　They sat down facing each other.

译文二没有直接用汉语拼音来处理，而是转换了表达方式，使得译文传递了原文的形象性特点，也便于译文读者理解和接受。

1.3　从句法结构看

在某种程度上讲，英汉互译的过程其实就是英语的形合结构和汉语的意合结构的相互转化过程，也是"静态"与"动态"的相互转化过程，以及人称和物称表达法的转化过程。

1.3.1　形合与意合

所谓形合，指的是句中的词语或分句之间用语言形式手段（如关联词）连接起来，表达语法意义和逻辑关系。

所谓意合，指的是词语或分句之间不用语言形式手段链接，句中的语法意义和逻辑关系通过词语或分句的含义表达。

英语重形合，汉语重意合，从语言学角度来说，这是英、汉语言之间最重要的区别。英汉语民族不同的思维模式可以解释英、汉语形合与意合的外在表现。

英语重形合，注重结构、形式，常常借助各种连接手段，因而很严谨；汉语注重意合，注重功能、意义，常常不用什么连接手段，因而比较简洁。

英语是突出主语的语言，注重显性接应，注重句子形式，注重结构完整，注重以形显义。英语常常综合运用关系词、连接词、介词或其他连接手段，把各种成分连接起来，构筑成长短句子，表达一定的语法关系和逻辑联系。英汉翻译中应当体现句法结构上英语重形合而汉语重意合的特点，使译文既忠实于原文，又顺畅、优美，符合目的语读者的思维方式。

例（2）：He boasts that a slave is free the moment his feet touch British soil and he sells the children of the poor at six years of age to work under the lash in the factories for sixteen hours a day.

译文 他吹嘘说，任何奴隶一踏上英国的土地就获得自由，而他却出卖穷人家六岁的孩子到工厂干活，每天十六小时，受尽鞭打责骂。（连淑能，2007）

而汉语是突出主题的语言，少用甚至不用形式连接手段，注重隐性连贯，注重逻辑事理顺序，注重功能、意义，注重以神统形。汉语的形合手段比英语少得多：没有英语所常用的那些关系代词、关系副词、连接代词和连接副词；介词数量少，大约只有30个，而且大多是从动词“借”来的。

1.3.2 物称与人称

英语和汉语的又一差别是英语的物称倾向和汉语的人称倾向，即英语较常用物称表达法，不用人称来叙述，而让事物以客观的口气呈现出来；汉语则比较注重主体思维，往往从自我出发来叙述客观事物，因而常用人称表达法。

例（3）：Dawn met him well along the way.

译文 拂晓时，他已经上路很久。

例（4）：A great elation overcame them.

译文 他们欣喜若狂。

英语的非人称代词 it 往往使句子显出物称倾向，汉语没有这类用法的非人称代词，因而常用人称，或省略人称，或采用无主句。

例（5）：It is a good horse that never stumbles.

译文 人有失足，马有失蹄。

1.3.3 静态与动态

从词类的使用上看，英语多用名词和介词，有静、虚和抽象的特点，因而英语是一种偏向于静态的语言；汉语多用动词，有动、实和具体的特点，因此汉语是一种偏向于动态的语言。

例（6）：The growing awareness by millions of people of their intolerable condition of life had prompted them to revote.

译文　千百万人民日益意识到自己的生活条件不堪忍受，这促使他们起来反抗。

例（7）：He urged upon citizens of the country the necessity of persisting in participation in political controversies.

译文　他敦促该国公民坚持参加政治斗争，认为这样做很有必要。

上面两个例子都显示出了英语是静态语言，汉语是动态语言。因此，在翻译过程中，掌握英语的“静态倾向”特征和汉语的“动态倾向”特征，敢于突破原文形式，转化思维方式，对提高译文质量大有裨益。

1.3.4　主语和话题

英语句子以主谓结构为纲，前后勾连，节外生枝，叠床架屋，使句子复杂而不流散，是一种“主语—谓语”的结构。在这种句子结构中，主语不可或缺，主语和谓语动词在人称和数上保持一致关系。而一些语言学家主张用“话题—说明”的结构来阐释汉语句子。

例（8）：树高千尺，叶落归根。

译文　Though a tree may be a thousand feet high, its leaves fall and return to its root.

例（9）：She was ready to tell everything in her power, but on this subject questions were in vain.

译文　她愿意尽其所能说出一切，但是关于这个问题，一切询问都无济于事。

一般情况下，在翻译过程中，汉语的“话题—说明”结构用英语常规的主谓结构来译，能够给人以类似汉语句子所提供的常规句式、正常语序的语感。但是如果汉语的话题有强调、对比、区别、承上启下等特别的修辞色彩时，则可灵活利用英语中有此种修辞色彩的对应形式来译。

1.4　从篇章结构看

研究汉语与英语在篇章结构上的差异对提高篇章翻译的质量有很大的帮助。英语是主语显著语言，它突出的是主语；除省略句外，每个句子都必须有主语。汉语则是主题显著语言，它突出的是主题而非主语。汉语篇章中的某些句子的主语可以省略，有的必须省略，否则读起来别扭。认清这一差别对篇章的英汉互译颇为重要。

下面的例子是杨宪益夫妇英译《老残游记》的一小段：

> 到了铁公祠前，朝南一望，只见对面千佛山上，梵宇僧楼，与那苍松翠柏，高下相间，红的火红，白的雪白，青的靛青，绿的碧绿，更有那一株半株的丹枫夹在里面，仿佛宋人赵千里的一幅大画，做了一架数十里长的屏风。

译文　When he reached the temple, he looked southwards and saw on the other side of the lake the Mount of a Thousand Buddhas. There were temples and monasteries, some high and some low, scattered among the grey pines and green cypresses: the red were as red as fire, the white as white as snow, the blue as blue as indigo and the green as green as emerald, while here and there were a few red maples. It looked like a big painting by Zhao Qianli, the Song-dynasty painter, only made into a screen a dozen miles long.

原文中的注意“老残”或“他”都已经省略，而在译文中，译者都逐一补出。末句“仿佛……”的不易看清，但从语境判断，此句写的是大明湖那媚人的风光。因英语句子不可无主语，译者便加上了It。可见，汉译英时须认准原文每个句子中被省略或未明说的主语，并在译文中妥帖地表达出来。

2. 语言的思维层面

语言是文化思想的传播手段或载体，文化必须通过语言来表达，没有语言就无法传达文化。例如：胡锦涛主席和布什总统在华盛顿会面后在记者招待会上进行的演讲。招待会上，先是布什总统发言，他在第一段里使用了这样的措辞：“I enjoy my visit with President Hu. He tells me what he thinks, and I tell him what I think. And we do so with respect. ”而胡锦涛主席是这样讲的：“我们进行了深入的交换意见。”他用的是委婉的外交辞令，而布什则是这样说的：“He tells me what he thinks, and I tell him what I think.”中国领导人的演讲中不会出现这样的表述，因为这不符合当时的场合，我们用的通常是四字的成语以及非常正式的表达方法。

再举个例子，一个外国专家在一次针对美国学生和日本学生的调查中，调查者给了这些学生三个单词：熊猫、猴子和香蕉，让他们指出这三个单词之间是否存在任何联系。日本学生的回答非常东方化，他们选择了猴子和香蕉，因为猴子吃香蕉，所以两者有联系。而美国学生选择了猴子和熊猫，因为它们都是哺乳动物。从这里我们可以看出不同的人会把不同的事物归入不同的范畴，而这又与他们的文化本身有着很大的关联。也就是说，一种思维可能是横向的，另一种则有可能是纵向的。所以在讨论文化的时候，思维方式非常重要。

这个例子可以告诉我们，语言和文化是密不可分的。在我们最初学习语言时，这一点并没有那么重要，但是如果我们继续学习下去，尤其当我们做翻译时，这一点就变得非常重要了。

2.1 整体思维和分析思维

中西方人的思维方式很不同，中国人重综合，重归纳，重暗示，重含蓄；西方人重分析，细微曲折，挖掘惟恐不尽，描写唯恐不周。这就形成了中西方两种鲜明的思维方式：整体思维（也叫综合型思维）和分析思维。

综合型思维是把事物的各个方面综合成统一整体进行思维的活动，人们凭借思维把事物的各个属性结合起来，然后得到一个完整的认识，形成了一个完整的概念。分析思维是指在思维活动中把对象分解成各个部分，逐个加以考察研究的逻辑方法。

其实，任何一个民族的思维方式，都不可能只有分析型思维或只有综合型思维，只是由于传统文化的影响，形成了“东方重综合，西方重分析”的思维习惯。

西方自文艺复兴以后，各门学科才逐渐分化开来，分析法才开始大行其道。在近代科学的发展过程中，虽然也采用综合法，但主要靠的是分析法。从某种意义上来说，没有分析型的思维方式，就没有现代科学，就没有西方社会今天发达的科学技术和经济繁荣。

而中国传统哲学主张“天人合一”“万物皆备于我”，从来不把人和自然对立起来，追求的是人与自然的和谐统一，是一种整体观念。我们也讲究悟性，要人从整体上把握一个事物，悟出其中的内在关系，悟出事物之所以为事物的道理。

运用到语言上也是一样，当句中有两个或两个以上定语共同修饰一个中心词时，汉语的叙事基本上是从大范围到小范围，由重要意义到次要意义；英语正好相反。

例（10）：许多科学家认为，只有人们的社会实践才是人们对外部世界的认识和真理性的标准。

译文　Many scientists hold that man’s practice alone is the criterion of the truth of his knowledge of the external world.

例（11）：我们游览了中国的三个美丽的城市。

译文　We toured three beautiful cities in China.

汉语这种从大范围到小范围，从小单位到大单位，从重要意义到次要意义的秩序正是中国人从整体到局部的整体思维方式在汉语表现手法上的体现。英语从小范围到大范围，从小单位到大单位，从次要意义到重要意义的秩序是西方人从局部到整体的思维方式偏向在英语表现手法上的反映。

2.2　抽象思维和具体思维

抽象思维是人们在认识过程中借助于概念、判断和对立的思维形式反映客观现实的过程。从总体上看，西方思维方式具有较强的抽象性。抽象表达法在英语里使用相当普遍。

例（12）：A high degree of carelessness, pre-operative and post-operative, on the part of some of the hospital staff, took place.

译文　医院某些医护人员在手术前后都非常担心。

具体思维是指头脑对形象思维分析的活动。它以形象的观点为依据，利用具体的形象素材来集中地再现客观存在，以反映基本的质与规律。

偏向具体思维的人在认识世界过程中的最大特点是注重直观经验，以感觉、知觉、表象为依据，进行类比分析，而类比分析则强调相对性、相关性。

汉语的一些词义概括的范围广，意思笼统，善于用形象手法表达抽象事物，追求语言的含蓄、凝练，讲究言外之意，弦外之音。与汉语相比，英语则在表明精确的概念和抽象的关系方面更为见长。

在翻译时，我们应遵循的原则是叙事转换。叙事转换是指词汇抽象概念与具体意义的相互转换。抽象和具体两种不同的思维方式在语言表达上往往导致两种不同的用词习惯，前者多用表示抽象概念的词来描述事物，阐述事理，后者却常用表示具体概念的词语描写事物。英汉翻译过程中常需要进行词语虚实意义的相互转换，但总的说来，英语中抽象名词的使用频率明显高于汉语，因此翻译时往往需要将英语中表示抽象概念的名词转换成汉语中表示具体概念的名词，以符合汉语的表达习惯。

例（13）：我唯一的资本是勤奋。

译文 Hardworking—My only means to success.

抽象名词均表示具有共相概念的事物或现象，这对于习惯抽象思维的英美读者来说，词义明确，措辞精炼；但对于习惯于具体思维的中国读者来说，则必须将这些抽象名词所表达的抽象概念具体化，才符合汉语读者的思维习惯和汉语遣词造句的行文习惯。

2.3 顺向思维和逆向思维

所谓顺向思维，就是指按事物发展的先后顺序来进行推理、叙述或判断；逆向思维，是指原语与译语从截然不同甚至完全相反的角度来传达同样的信息。

英语中用 back 指称过去的时间，而用 forward 指称未来的时间；而中国人的思维方式与此相反，用“前”指称过去的时间，用“后”指称未来的时间。如“惩前毖后”的英译成了 learn from the past mistakes to avoid future ones。又如“可是我们已说到故事的后面去了。”“故事的后面”不能直译成 behind the story，而应该译成 ahead of the story，这才符合英美人的思维习惯。

英语叙述和说明事物时，习惯于从小到大，从特殊到一般，从个体到整体；汉语顺序一般则是从大到小，从一般到特殊，从整体到个体。例如：写信时，中国人是按从大到小的顺序来写地址的，即国家、省、市、县（或区）、街道、门牌号、收件人。西方人却完全反过来，收件人写在最前面，地址从小到大排列。

2.4 主体思维和主客体融合思维

西方人重视自然客体，思维的目标往往指向外界，探求外部世界，整个思维是开放型的。中国人则受传统影响，重视人的伦理生活，思维往往指向自身，寻求人和自然的和谐。思维方式的这种差别反映在语言表达上，其明显的标志之一就是在描述实物和阐述事例的过程中，特别是当涉及行为主体时，汉语习惯于用表示人或生物的词作主语（或潜在的主语），而英语则常用非生物名词来作主语。

例（14）：Memoranda were prepared in advance of private meetings on matters to be discussed.

译文　在举行个别交谈之前，我已经就所有要讨论的问题预先拟好了备忘录。

例（15）：The mastery of a language is not easy and requires painstaking efforts.

译文　语言这个东西，不是随便可以学好的，非下苦功夫不可。

第三节　文化与翻译

翻译之所以不是想象中那么容易，是因为语言反映文化，并受文化的制约。翻译既要保持原文的特色，包括原文反映的民族文化特色，又要适应译文读者的接受能力，可谓两面受击，难上加难。研究翻译中处理民族文化特点的问题不仅能进一步深化翻译标准的内涵，从而更好地指导翻译实践，而且可以通过对比研究不同语言中反映出来的民族文化的差异，促进二者之间的相互影响，相互丰富。对于文化差异的译法，不论是英译汉，还是汉译英，对待原文应当以作者的民族文化背景为依据，要顾及同一语言不同民族在文化上的差异。

1. 英汉语文化差异的体现

著名的美国翻译理论家奈达在他的《语言、文化与翻译》（*Language, Culture and Translating*）一书中指出："语言在文化中的作用以及文化对词义、习语含义的影响如此带有普遍性，以至于在不仔细考虑语言文化背景的情况下，任何文本都无法恰当地加以理解。"（Eugene A. Nida, 1993）奈达认为，"翻译中出现的最严重的错误，不是因词语表达不当所造成的，而是因错误的文化假设所导致的。"（Eugene A. Nida, 1993）

例如：英语中有 bridal shower，如果不懂西方文化，就很可能把它译成"新娘淋浴"。而在英美国家，bridal shower 是指新娘在出嫁前家人为她举行的点心茶话会，一般只允许女性参加，新娘的女友们常常给她赠送一些小礼品。同样，如 bachelor's party，如果按字面意思翻的话，就会被翻译成"单身汉聚会"，而正确的翻译应该是"告别单身汉酒会”。

总而言之，英汉文化差异肯定会对翻译过程和译文的准确性产生重大的影响。下面主要从以下四个方面分析文化差异对翻译造成的影响。

1.1 观察和思维方式的差异

英汉两个民族，由于观察事物与思维方式上都存在着一定的差异，所以他们对同一事物往往会产生不同的语言表达方式。他们对颜色的观察和使用，就有许多不同的概念。汉语“红糖”，英语为 brown sugar（棕色的糖）；汉语中的“红茶”，英语为 black tea；而英语中的 black coffee，汉语为“不加牛奶的咖啡”。

此外，在逻辑思维上，英汉两个民族也存在着差异。如“Nobody could be too foolish this day.”，如果直译为“今天谁也不会太愚蠢。”，那就是误译。因为，从句法上看，它是一个双重否定结构，从思维方式上看，它是一种逆向思维。所以，正确的译文应该是：“今天，无论你出洋相到什么程度，都不算过分。”在这里，如果译者缺乏对英汉民族在观察与思维上差异的了解，就会导致错译或误译。

例（16）：The foreign aid to the country was believed to be nothing but a white elephant.

译文 那个国家得到的外援不但无益而且成了沉重的负担。

这里的 white elephant 指的是比其价值或效用所需费用庞大而不成比例者。

例（17）：A is half as much again as B. A is as much again as B.

译文 A 是 B 的一倍半。A 比 B 多一倍（A 是 B 的两倍）。

英语习惯上说“减少多少倍”，这跟汉语的表达方式很不同。英语说减少两倍，即是汉语说的减少一半；英语说减少三倍，即是汉语说的减少三分之二。这种情况显然是由于英汉思维方式不同而造成的。

1.2 词意与文化意象的差异

在特定的语境中，词具有不同的联想词义，而文化意象则是不同民族或社团文化中约定俗成的认知图式。英汉两个民族由于生活环境与生活经历不同，在词义联想与文化意象上必然存在一些差异。例如：英国人见到 Union Jack 一词，就会联想到他们的“米字旗”，美国人看到 Stars and Stripes，就会联想到他们的“星条旗”或“国歌”。

1.3 宗教信仰差异

中西文化中不同的宗教信仰和历史典故必然会浸透在各自的语言表达中。众所周知，英美人大多信奉基督教，中国人则深受儒教、道教和佛教的影响。但是，中西方各宗教有什么差异，很多人都说不清楚。比如说，基督教和中国的宗教都有魔王，但前者的魔王是撒旦，后者的魔王则是阎（罗）王；都有地狱，但前者有“地狱的最底层”，而后者则有“十八（层）地狱”，这些都是不得混淆的。

例（18）：The two gigantic Negroes that now laid hold of Tom, with fiendish exultation in their faces, might have formed no unapt personification of powers of darkness.

译文　这时，那两个高大的黑人把汤姆一把抓住，脸上流露出魔鬼般的喜悦神色（那模样活像是阎罗王再世）。

这里，译者把基督教的魔鬼撒旦，改换成佛教中主管冥界的阎罗王，这种“张冠李戴”的结果，势必使读者感到困惑。

例（19）：Mary crossed her finger during the race so that Tom would win.

译文　比赛时玛丽为汤姆祈祷，但愿他能赢。

西方基督教徒的一个重要仪式就是进行祈祷，祈祷时往往用指头交叉在胸前点三下。因此英语 cross fingers 就是“祈祷上帝保佑”的意思，中国人往往用“拱手作揖”来表示良好的祝愿，英译为：with hands clasped。

1.4　地域政治和社会生活差异

不同的民族因所处的地理位置不同、物质环境与生活经历不同以及社会宗教文化的哲学渊源不同，必然存在各自独特的民族个性，使语言富有浓厚的民族色彩。

例（20）：You are American, aren’t you?

—As apple pie.

译文　你是美国人，不是吗？地道的美国人。

这里的 apple pie 是美国人最爱吃的一种食品，回答的人用“苹果馅饼”这个词来比喻自己是个“地道的美国人”。

例（21）：No one is certain how much energy The Big Apple consumes, but the amount must be enormous.

译文　谁也无法肯定纽约市消耗多少能量，但能源消耗量肯定是巨大的。

这里的 The Big Apple 大写时指纽约市，涉及美国地理知识。

2. 翻译时文化背景知识的重要性

翻译之所以不那么容易，是因为语言反映文化，承载着丰厚的文化内涵，并受到文化的制约。语言一旦进入交际，便存在对文化内涵的理解和表达问题，这就要求译者不但要有双语能力，而且还有双文化和多文化的知识，特别是要对两种语言的民族心理意识、文化形成过程、历史习俗传统、宗教文化以及地域风貌特征等一系列互变因素均有一定的了解。文化底蕴在翻译过程中起着重要作用。有人说，“十六七岁可以出来一个写作天才，但是一个人不到五六十岁是成不了翻译家的”。这句话也同样告诉我们，成为一名翻译是需要多年的文化积淀，不是聪明就可以做到的。一名合格的译者所要具备的知识不仅要专，而且要博，要成为一名“杂家”。平时多留心各方面的知识，切忌投机取巧，有侥幸心理，认为这个不需要了解，那个用不到，方到用时才知道知识少。当然，一个人的经历毕竟是有限的，但我们至少可以对自己所从事的业务范围之内的事情了解得精一些，广一些。

总之，翻译是一门综合性的艺术。译者除了要掌握好所译外语外，还必须掌握好译入语，提高译入语水平；同时对涉及的两种语言中所包含的文化背景知识也要有相当的了解。语言是交流的工具，也是主观世界反映客观世界的媒体。英汉语言之间的差异必然决定了英汉两个民族在文化上的差异。

2.1 不了解背景知识而产生的误译

2.1.1 不了解相关的历史背景知识导致的误译

英汉两种文化差异很大，在翻译时，应多了解原语的相关的历史背景知识。

例（22）：Keep on your shirt on.

译文（误） 把衣服穿上。

译文（正） 别发脾气，镇定点。

在美国的拓荒时代，男人们遇到有争议的事情，往往以摔跤的形式来裁决是非。摔跤前，总是先脱去外套和衬衣，一方面是因为大家穷，不想衣服被撕破，另一方面是因为脱去了上衣，双方抓扯起来就没那么容易。如果有人站出来劝架，他就会说“Keep your shirt on!”，意为“Don't fight!”，现在引申为“别发火。”

例（23）：He had never been a coward facing the strong enemy. He decided to throw down the glove.

译文一 他从来就不是懦夫，面对强大的敌人，他决定扔掉手套。

译文二 他从来就不是懦夫，面对强大的敌人，他决定迎接挑战，决一雌雄。

欧洲古代盛行以决斗来解决纷争，挑战者把手套掷于地上，即为要求战斗的“战书”，后来人们用 throw down the glove 表示“挑战，准备决一雌雄”。

2.1.2 不懂源自神话、传说、寓言以及某些文学名著的典故而导致的误译

例（24）：The US government expresses the fear that retaliatory operation abroad could open a Pandora's box of terrorism in America.

译文一 美国政府表示担心，在国外采取报复行动可能在国内打开恐怖主义的潘多拉的盒子。

译文二 美国政府表示担心，在国外采取报复行动可能在国内打开灾祸之源——潘多拉的盒子，恐怖活动猖獗起来。（注释：“潘多拉的盒子”源自希腊神话。普罗米修斯盗火给人类后，主神宙斯图谋报复，命火神赫菲斯托斯用黏土做成美女潘多拉，送给普罗米修斯的兄弟厄庇米修斯做妻子。潘多拉貌美性诈，私自打开宙斯让她带来给厄庇米修斯的一只盒子，于是里面所装的一切祸患一齐飞出，只有希望留在盒底。人间因此充

满了各种灾难。)

译文一基本属于照原文字面的直译，不仅意义不明，甚至可能使读者误解“潘多拉的盒子”是恐怖主义分子的什么东西。译文二采取了加增补的译法，通过注释的方法把基本的意思述说清楚，然后又增加了一条注释，使读者了解了这句话所包含的语言文化信息。

2.1.3 不懂某些习语的特定含义、望文生义导致的误译

例（25）：The Greens are leading a cat-and-dog life.

译文 格林夫妇过着猫吵狗闹的日子。

译文中“过着猫吵狗闹的日子”既移植了原文的喻体，又揭示了原文的喻义。

在英语中，类似的容易引起误译的习语还有很多。如“pull somebody's legs”不译为“拖后腿”，而是表示“开玩笑”（不带恶意）；move heaven and earth 不译为“翻天覆地”，而是指“你死我活的斗争”（强调残酷无情）；touch and go 不译为“一触即发”，而是“有危险但幸而脱险”；eat one's words 不译为“食言”，而是“承认某事说错了，并收回说过的话”；let the cat out of bag 不是“让猫从袋子里钻出来”，而是“泄露秘密”。

2.1.4 不懂源于日常生活的俚语、俗语而导致的误译

例（26）：Last week he looked as though he was at death's door. Today he looks like a million dollars.

译文一 上个礼拜他看起来像要死了的样子，今天看上去像个百万富翁。

译文二 上个礼拜他看起来像要死了的样子，今天看上去容光焕发，满面春风。

Look like a million dollars 意为“be in high spirits, appear healthy, happy and lucky”（情绪高涨，容光焕发，满面春风）。

类似的俚语、俗语极其丰富，富有活力，它具有形象生动、鲜明简练、幽默诙谐、富于表现力的特点。如美军把飞机叫做 bird，地面雷达称 big eye，炸弹称为 a ball of fire；英国人把“官样文章”称为 red tape，此外英国人把戴红帽子的车站搬运工称为 the red cap，把服务员称为 the brass button，因为他们制服上的纽扣是铜制的。

以上四个方面足以证明文化背景知识的欠缺给翻译带来的困难是一个十分突出的问题。因此解决好翻译中的文化差异问题是保证译作成功的关键。

2.2 翻译时文化词语的转换策略

英汉语中许多单词、短语或句子所表达的意义在翻译时往往会使译文读者无法获取与原文读者同样多的信息量，有时甚至导致读者看不懂，弄不清，尤其在涉及重要历史事件、历史人物、寓言或典故和某些特定的习语时，勉强译过来后，把原文的一些特色，诸如比喻、人物形象、宗教色彩等漏译了，导致译文读者误解或不知所云。因此，翻译时要适当做些调整。下面介绍在翻译过程中对文化词语进行转换的三个主要策略。

2.2.1 移植法

所谓移植法，顾名思义，就是将原文的形象化语言从内容到形式如实地移植到译文之中。

使用这种方法的条件是，原语中比喻的喻体能够引起汉语读者相似的联想和概念，或是汉语中有的，或是汉语读者能够领悟的。保留住原文中的形象化语言，就等于为中国读者保留下了解英美语言文化的机会；同时，新鲜形象的不断引入也有利于提高汉文化对异域文化的解释和消化能力。因此，对于英语中文化内涵丰富的词语，但凡有可能，应尽量保留形象的移植译法，使之成为汉语中的"新鲜血液"。不过，由于英汉两种语言在语言文化上的差异，有时仅仅采取直译法还不能完全达意，而必须进行一定的增补。"增补"有两种做法：一是在译文中补充隐含意义，二是给译文增加注释。

对译文读者比较生疏、陌生的东西，加上必要的补充或注释，把背景知识恰如其分地介绍进来，进行"文化补遗"。

例（27）：The record of waste and mismanagement is seen by some lawmakers as the Pentagon's Achilles'heel.

译文一 五角大楼的浪费和管理不善记录在案，有些立法者将其视为美国国防部的致命弱点。

译文二 五角大楼的浪费和管理不善记录在案，有些立法者将其视为美国国防部的阿喀琉斯的脚踵。（注释："阿喀琉斯的脚踵" 典出希腊神话。阿喀琉斯是荷马史诗《伊利亚特》中的英雄。出生时曾被母亲抓住脚踵在冥河中浸过，凡神水浸泡过的地方，刀枪不入，只有脚踵当初没被神水浸到，成了他唯一的致命弱点，最终因脚踵受伤而死。）

译文一采取意译的办法，将 Achilles'heel 译作"致命弱点"，读者可以轻易理解。相比之下，译文二采取移植手法来传译该典故，并在后面加了注释，读者读起来自然要费点力气，不过费力也有好处，可以从中增长见识，从而起到"益智"的作用。

译者采取移植法的时候，还要注意吃透原文的意思，表达时切忌生搬硬套，以免引起歧义。

2.2.2 借用法

所谓借用法，就是借用汉语现成的俗语来传译英语的俗语。这种译法主要用于两种情况。

一是英语中不少表达方式在意思和形象上同汉语的表达方式非常相似，或非常相近。

例（28）：a bolt from the blue——晴天霹雳

castle in the air——空中阁楼

like father, like son——有其父必有其子

walls have ears——隔墙有耳

habit is second nature——习惯成自然

这些英语习语跟后面的汉语习语都是“形同意同”，将它们拿来互译，可以说是形神皆备，通顺晓畅。

二是英语中许多表达方式虽然在汉语中找不到“形同意同”的对等表达方式，但却可以找到“形异而意同”的表达方式，这时也可以借用这些现成的表达方式来传译。

例（29）：have an axe to grind——别有用心

leave no stone unturned——千方百计，想方设法

great minds think alike——英雄所见略同

sprit is willing, but the flesh is weak——心有余而力不足

但是，译者采取借用法的时候也需要警惕：有些英语习惯说法同汉语的一些习惯说法在形式上非常相似，但它们只是“形似而意不似”，若生搬硬套，有时会弄巧成拙。

2.2.3 意译法

所谓意译法，是指根据原文的大意来翻译，不作逐字逐句的翻译（区别于“直译”）。通常在翻译句子或词组（或更大的意群）时使用较多，意译主要在原语与译语体现巨大文化差异的情况下得以应用。从跨文化语言交际和文化交流的角度来看，意译强调的是译语文化体系和原语文化体系的相对独立性。大量的实例说明，意译的使用体现出不同语言民族在生态文化、语言文化、宗教文化、物质文化和社会文化等诸多方面的差异性。意译更能够体现出本民族的语言特征。有一些富有文化特色的表达方式，由于英汉语言文化的差异，既不宜采取移植法，也难以采取借用法，而只能采取意译法。

例（30）：要我投票赞成他们援助，除非太阳打西边出来。

译文 They will be ice-skating in hell the day, when I note the aid for them.

例（31）：天有不测风云，人有旦夕祸福。

译文 The weather and human life are both unpredictable.

在此句中，若直译成 Storms gather without warning in nature and bad luck befalls men overnight，单看英文就有点不知所云了，因此，翻译时，有时候只能用意译。

例（32）：After seven straight victories, the team met with its Waterloo.

译文 连胜七场之后，这个球队终遭失败。

meet one’s Waterloo 是一个如今很多中国人都熟悉的典故，源自拿破仑率军在滑铁卢惨遭失败的故事。其意义是“失败;（尤其成功之后）遭到决定性的惨败”，但是在翻译这句话时，译者没有必要再去展现原语的文化内涵，直接传达其语义即可。

综上所述，人类的交际离不开语言，而语言是文化的载体，使用不同语言的人们要交流，势必需要翻译。翻译文化为我们反思一个世纪以来中国现代性的追求，提供了丰

富而鲜活的思想材料，我们不仅可以从中考察中外文化碰撞、协商、对话、选择性接受过程中的诸种复杂性，更能帮助我们更深刻地认识全球化语境中中国当代文化的内涵和特质。

思考题：

1. 英汉两种文化间的差异在语言里体现在哪些方面?
2. 在思维方面，英汉两种语言主要有哪几个方面的差异?

第八章

翻译的分类

关于翻译的分类，早在汉代佛经翻译之始，我国就存在“直译”与“意译”之争，并一直持续到现在。所谓直译就是在译文语言条件许可时，在译文中既保持原文内容，又保持原文形式。因为汉语和英语两种语言存在着共同之处，所以有些情况下直译是可行的。但由于这两种语言又存在着巨大的差异，比如社会、文化差异因素，在翻译时就无法保持原文形式与译文形式一致，因此译者就舍弃原文形式，只保留原文的意思，这就叫做意译。

纽马克（2001）根据译者侧重译出语还是译入语，把翻译方法分为以下几类：

- 侧重译出语（程度由高到底）：word for word translation（逐字对译）、literal translation（字面翻译）、faithful translation（忠实翻译）、semantic translation（语意翻译）；
- 侧重译入语（程度由低到高）：communicative translation（传意翻译）、idiomatic translation（符合语言习惯的翻译）、free translation（自由翻译）、adaptation（改写）。

从逐字对译到改写是一个连续体，逐字对译与原文的形式最为对应，改写最强调译入语的流畅性，这一点相信大家都能理解。然而，虽然在理论上翻译方法可以分得很细，但在实践中却不容易做到，或者说，过细的区分没有必要。纽马克在其翻译举例中就只分了 semantic translation 和 communicative translation。翻译方法分为几类并不重要，重要的是要知道，不同情况下可能采取的翻译方法会有不同，而每一种方法都有存在的合理性。另外，需要补充的是，并不是文学翻译就一定需要意译，非文学翻译就必然直译，很多情况下非文学类的文章就很优美（如景点介绍）。下面我们就文学翻译与非文学翻译详细讨论。

第一节 文学翻译

1. 文学与非文学翻译所占比重

根据奈达的说法，文学翻译在全部翻译中所占比例不超过 5%，而纽马克推测，诗歌的翻译在所有翻译中仅占 0.5%（Peter Newmark，2004）。奥西莫说，人们谈到“文学翻译”即小说、诗歌、戏剧、影视作品时，容易把它等同于出版社翻译，其实，出版社的翻译中也存在大量非文学翻译。

翻译犹如它所反映的人类社会，似乎经历了一个世俗化的历史进程。最早的翻译是宗教和法律，150 年前的翻译多为文学，其作者主要是哲学家、科学家、文学家和神学家。然而，早期的翻译未必是以宗教、法律、文学为主的。若以今天文学的定义来衡量早期的翻译，那么其中纯粹的文学作品不应该占到主导地位。我国历史上历朝历代所设立的翻译机构恐怕还是以翻译实用性的东西为主，无论是出于行政管理需要，还是翻译汉语典籍，或者是翻译外来天文、医学、科技。日本和中国近代翻译历史都可以清楚地表明，非文学翻译的数量要远远多于文学翻译。

非文学翻译内容非常广泛，涉及政治、经济、法律、科技、文化等社会生活的各个领域。无论历史上非文学翻译的地位如何，今天，非文学翻译占优势是毋庸置疑的。我们不需要统计数字，仅仅需要粗略思考一下常见的翻译情景就可以得出这个结论。我们可以在互联网上搜索“翻译公司”，搜索结果少则几万、几十万，多则上百万，这在一定程度上代表了翻译公司的数目。每个翻译公司都需要生存，都必须要有一定的翻译量作为公司的支撑，这些翻译公司大部分的翻译任务恐怕都是非文学翻译，所以全世界每天产生多少非文学翻译的作品恐怕是文学翻译所无法相比的。除了对外承接业务的商业性翻译机构外，国际机构、政府和非政府组织、企业、研究机构等对翻译的需求巨大，不少都设有专门的翻译部门。联合国、欧盟等大型国际机构，可以说是专业文件的生成机构。他们有专门的翻译部门，所有重要的文件都要翻译成几种语言。就中国而言，随着全球化步伐的加快，国际交往日益增多，除了外交部作为国家专门的对外交往机构外，所有政府机构都设立了外事部门；跨国公司、大型企业进行跨国生产、采购、销售更离不开翻译；研究机构、非政府组织的国际交流也离不开翻译，而所有这些机构从事或外包的翻译活动无疑都属于非文学翻译。

2. 文学作品的特点及翻译策略的选择

2.1 文学作品概述

文学作品是以语言为工具，以各种文学形式，形象地反映生活，表达作者对人生、社会的认识和情感，以唤起人的美感，给人以艺术享受的著作。在文学作品的创作过程中，作家始终进行的是形象思维的活动方式。它具有三个特点：首先，作家运用各种艺术手段把从生活中得到的大量感性材料熔铸成活生生的艺术形象；其次，始终离不开想象（幻想、联想）和虚构；最后，诗中伴随着强烈的感情活动。

文学作品的形象思维创作过程可有以下五个方面认识：

（1）从内容上来说，文学作品从客观事物出发，并采取了“对世界艺术的掌握方式”，它依据生活而又经过虚构，从不拘泥于真人真事，人物不用专用一个模特儿而是杂取多人、合而为一，事件不全用事实而是采取一端、加以发生，环境不只依托一地一处而是根据需要加以组合、创造，一切都具有客观情理性。

（2）从形式上来说，文学翻译运用的媒介语言更显生动文采。

（3）从作者角度来说，文学作品主要用的是形象思维，以生动感人的形象描绘生活。

（4）从读者角度来说，文学作品诉诸读者以感情和想象，鉴赏者侧重于艺术真实和审美创造的判断。

（5）从功能角度来说，文学作品是社会感化的手段，重在审美。

文学作品是一种以文学手段创造形象，以反映社会生活并最终表现作者主体生命及创造自由本质的语言艺术，是人类社会意识形态之一。其特点，一是内容虚构，是想象的产物，是个体生命的表现；二是间接服务于社会，最终目的是提高个体生命和人类整体生命的层次，是“人的文学”——人写的、写人的、为人的；三是心理化的语言，以心理真实为准则，呈现无序性、多义性、模糊性和音乐性。文学作品包括诗歌、散文、小说、戏剧和影视，等等，其中诗歌可以说是代表。

2.2 文学语言的含义及审美特性

文学语言有广义、狭义之分。广义的文学语言是指在民族共同语基础上经过加工形成的书面语言和口头语言，即属于普通语言学范围的语言系统（Langue），包括政治、哲学、科技、伦理等方面的书刊文章所用的书面语言即日常口语（李长栓，2004：32）。狭义的文学语言则是各类文学作品的语言（parole），即文学语言。

文学言语的审美特征可以包括以下四个方面：

第一，形象性：文学言语通过语境塑造想象中的艺术形象，它能营造出具体生动的情景甚至再现现实。文学言语塑造的形象是间接的，是在想象之中感受，而非直观的。

文学翻译中的形象化语言需要尽量保留，这是为什么呢？因为文学作品就是形象，除非保留这一形象使得译文无法理解，否则能保留就保留。而非文学翻译中也有可能会遇到形象性语言，如各种各样的比喻，这些比喻被一般人所共识，已失去新鲜感，如译入语正好也有类似的，失去新鲜感的比喻可以拿来使用；如译入语中没有，则不应该传递原文形象，而是把形象降解为平白的意思，因为如果把形象传递出去，可能就会出现对译入语普通语言规律的违反，而这样的违反在非文学中是不恰当的。

第二，情感性：情感即具体的客观事物作用于人所产生的感觉及伴随而生的态度倾向。文学言语的语境营造具体事物时常常采用“对普通语言的有组织的违反”，从而达到艺术地“更新我们对社会生活和经验的感觉”。阅读文本，不仅感受其描绘的事物，而且会产生情感态度。非文学翻译中一般不会出现对普通语言规律的违反，只需符合一般语言的规律，这是非文学翻译的严谨所规定的。

第三，多义性：又称为含蓄型、模糊性。文学言语的语境指向想象世界，因而往往产生理解的歧义或言外之意。普通言语要求严格遵循语言系统的规范，文学言语则有可能会突破这种规范。非文学作品具有单义性，所以译文直截了当，避免了歧义。

第四，音乐性：语调、韵律、节奏所产生的音响效应和审美效果。非文学作品中也有可能存在这种文学因素，但这并不能改变作品的基本功能。译文不需要追求音乐性。当审美和达意不可兼顾时，牺牲审美。但在翻译口号、标语、广告等语言现象时，由于其本身的审美功能具有重要地位，需要兼顾信息的传递和审美的效果。

2.3 文学作品语言的分类

作品语言可按语种、文学体裁、功能等不同标准进行分类。

2.3.1 韵文语言与散文语言

按语言的韵律特征分类：凡是具有韵律特征并且韵律起着明显作用的语言，称为韵文语言；凡是无韵律特征并且韵律不起明显作用的语言，称为散文语言。诗歌语言多为韵律语言。现代诗歌中语言的韵律特征不够突出。小说语言是有代表性的散文语言。韵文语言和散文语言在文学作品中有不同的作用。韵文语言强化了语符声音的抒情功能。散文语言着重实现了语符的表型功能。非文学语言都是散文，所以翻译非文学作品可以不必考虑押韵，这一点显然要比诗歌容易。但在广告、标语词上就要采用兼顾信息表达的方法了。

2.3.2 状物性语言与抒情性语言

按语言的功能划分：状物性语言以细腻真实地再现对象为主要目的，常常是客观的、再现的、具有陈述性的。一般以是否“逼真”（与客观事物相符度）为衡量尺度。

抒情性语言以抒发感情为目的，常常是表现的、想象性的，它根据作者要抒发的情感创设语境，注重形式美。

2.3.3　人物语言和叙述人语言

在叙事类作品中，人物语言指作品中人物自己所说的话，包括对话、独白等。人物语言之外的语言都是叙述人语言，其功能是使作品成为一个整体。叙述人语言可分为“第一人称”“第二人称”和“第三人称”。这三种角度在文学作品中各有独特的作用与价值。

第二节　非文学翻译

1. 非文学作品的比较与翻译策略

非文学文章是一种用来反映真实客观事物的语言形式。其特点是，一是内容真实，必须是客观存在的正确反映；二是直接服务于社会，是实践工具；三是语言规范，具有单义性，比较严格地按照语法进行。非文学文章包括议论文体、说明文体、应用文体和记述文体（比如新闻）等。

非文学翻译的意义：译文正确反映客观事实；实现原文服务社会的功能；语言规范，不用新奇的表达方法，即词语搭配为无标记搭配或普通搭配，符合一般的语法规范；因原文具有单义性，译文也要意思明确，没有歧义。即使原文看起来有歧义，那也是由于我们缺乏对背景情况的了解才产生的，而不是作者故意设计的，所以应通过语篇内外的知识，在译文中消除可能产生的歧义。

公文，又称公务文书，是一种应用性的以说明为主要表达方式的非文学类文章，是机关团体、企事业单位等社会组织实施管理、展开公务活动必不可少的重要工具。一般包括以下特点：

第一，突出的受命性，又称被动型。这一特点十分突出。文学作品的创作有感而发，虽然受到社会客观事物的刺激或者鼓动，但从根本上说是受到了自身创作欲望的驱使。大多数非文学类文章的写作也是这样。而公文写作则完全是受命写作。起草者必须遵照社会组织的要求，表达全体成员的意愿，写作公务活动的内容。大多数情况下，起草之前就要接受领导的具体指令，“遵命”写作。当然，起草者应该有一定的主动性和创造性，但它们主要表现在公文写作内容的选择和提炼上。

第二，显著的目的性。文学创作不应该受到具体目的的支配。作者往往在人生大使命的压力下，表现社会中的生命体验。作品内容和目的的关系越隐蔽越好。创作的最终目的是提高个体生命和人类整体生命的层次。而公文写作不但与文学创作正好相反，而且比其他非文学文章目的更为明确、具体。一篇公文的写作目的是明确的、专一的，一定是为了办理某一政务或者事务。公文及其他非文学文章具有明确的目的，译文应帮助实现原文的目的。了解文章的目的，有助于解决翻译操作中出现的困难。文学创作不受具体目的支配，但这并不说明作品的安排杂乱无章，相反，作品的每句话在特定的上下文中都有其目的或用意，只有把握了每句话的用意，才能做到翻译正确无误。

第三，读者的规定性。文学作品的读者往往是不确定的。作者即使在心中选择了一定的社会阶层读者，但仍然希望读者越多越好，流传越久越好。有的非文学文章也确定了读者对象，但这种确定是不明显的。而公文写作则完全有自己的读者，用“主送机关”“抄送机关”和“阅读范围”以及发文范围来表达。公文写作要根据不同的读者对象，选择不同的文种、语言、内容。无论文学作品还是非文学作品，如果其译文读者和原文读者在社会、文化、教育等方面出现差异，翻译时可以根据情况在语言的选择、使用上增删，来满足读者的需求。如读者文化层次偏低，可以简化原文语言；如读者对外国文化背景情况不了解，可以增加背景知识，以达到译文最大程度受用。

第四，作者的集体性。文学作品是个体性最强的创造活动，这是由它的本质所决定的。一般非文学文章也都要讲究个体创造性。相反，公文的作者则是集体性的。公文常常由某个人执笔起草初稿，然后要讨论修改，最终一定要由规定的人员或领导来审核。有的公文则是由起草小组协作。整个公文的拟写过程由几个环节构成。公文作者是法定社会组织及其领导人。而由领导人署名的公文其实也是以社会组织中最高职位来表示的，代表着社会组织整体。

第五，写作的规范性。表现个体感受体验的文学作品，不论是内容还是形式都要标新立异。一般非文学文章要主体新颖、材料新鲜。而公文写作的规范性则非常突出。公文的内容是公务和对公务的认识，尽管要求新颖、深刻、精练，但本质上还是社会化的、理性化的，甚至常常受到众所周知的法规政策的制约。公文的形式更为清晰地具有规范性。公文语言是理性化的认识表达，更有许多体式用语。公文结构比起某些文章的模式更进一步，已经发展成为格式。

译者无权改变公文的内容和形式，但公文翻译的语言应当符合译入语规范。公文语言也可能出现不规范、不理性的现象。如，中国《民法通则》第七十三条提到：“国家财产神圣不可侵犯，禁止任何组织个人侵占、哄抢、私分、截留、破坏。”内容是不错，但是“哄抢”“私分”“截留”等词虽然有中国特色，但“侵占”一词已经将其包括在内，没有必要重复（朱伟一，2004：27）。

2. 非文学题材的分类

如前文所述，按文章的功能，非文学作品包括了议论文体、说明文体、应用文体和记述文体，公文是非文学题材的代表。

然而，对于非文学作品的分类，却有不同的见解。有人认为，除文艺作品以外的文字都应属于应用文，即非文学文本。应用文是人们交流思想、处理事务、解决问题、互通情况的一种重要工具，其特点是内容具体明确、书写格式固定、语言简明扼要、处理事务时间性强。非文学文体包括学术文体应用文，有科研报告、毕业论文、科技论文等；公务应用文有公文、事务文书、司法文书、财经文书等；日常生活应用文有会议记录、日记、读书笔记、感谢信、表扬信、倡议书、建议书、申请书等。

非文学写作的基本要求是：实、准、简。实，是指内容要求实事求是，文风朴实；传递信息真实可靠，引用数据准确无误；所做判断符合实际，办法要切实可行。准，是指表达形式准确；语言准确，句子表达要严密，不宜使用比喻、拟人、夸张等修辞方法；引用事例、数字、图片都要准确无误；按照应用文惯用格式写作，格式要准确。简，就是要简洁明了，要直截了当，不说套话，不绕弯子。

非文学写作的基本要求完全适用于非文学翻译。从翻译实践来看，人们习惯上并不按题材划分非文学的翻译种类，而是按专业领域划分。

· 行政翻译：翻译政府行政文件。
· 商业翻译：翻译商业文件。
· 计算机翻译：翻译计算机程序和相关文件（手册、帮助文件、网站等）。即本地化。
· 经济翻译：经济学领域的翻译。
· 金融翻译：金融文本的翻译。
· 法律翻译：法律文本的翻译（法律、合同、条款等）。
· 医学医药翻译：医学医药文本的翻译。
· 科技文翻译：翻译科技文本。

3. 非文学翻译的特点

非文学翻译的第一个特点就是，翻译是一项有目的的活动，要根据各种文化、社会、交际因素选择适当的翻译策略或方法，向客户交付符合特定需要的产品。这一特点可以概括为“方法得当”。

非文学翻译的第二个特点是可以概括为“意思准确”。这一特点要求我们不要拘泥于原文的字面意思，而是要深入发掘作者意欲反映的客观事实，以读者可以理解的方式呈现出来，包括显现原文隐含着的信息、纠正原文的错误、消除歧义等。这一特点相当于他人提出的“信”或者“忠实”的翻译标准，但是这里强调的是符合客观事实，而不是亦步亦趋地做原文的奴隶，连原文的失误都复制，这是不行的。

除非出于特定的目的，翻译应当准确传达原文的意思，无论是严格意义上的翻译，还是节译、编译或者总结性的翻译。当然，这里说的意思既包含原文明显表达的意思，也包括原文隐含要表达的意思。由于文化差异或者时代背景的不同，在一种文化或时代背景就需要明确地表达出来才可以被读者所理解。由于翻译是跨越文化或跨越时代背景的交际行为，为了使译文读者能够理解原文，需要把原文隐含着的意思以明示的方式表达出来。在多大程度上“显化”原文隐含的意思与多种因素有关，如译文读者对源语文化历史背景了解较多，那么需要显化的信息就较少，反之就较多。再如，原文的类型不同，显化地方式可能就不同。对于译者享有较大自由度的文本，可以在译文中融入原文隐含的信息，不留痕迹，就好比是原文作者写出来的一样；对于译者享有自由度较少的文本（经卷、领袖著作等），可以通过加注释的方式显示隐含的内容。显化原文含义的内容并不违背“准确”的原则。“准确”不一定是字面上与原文一致。当字面翻译无法充分传达或有悖于原文的意思时，应当补充或舍弃字面意思，以一种新的形式传递原文的真实含义。

非文学翻译的第三个特点“语言朴实”是为了“意思准确”服务的。所谓“语言规范”“简洁明了”是准确传达意思的必要条件。将它单独列出来是为了强调文本的非文学性。也有译者提出“通顺”的翻译标准，可以认为是语言朴实的另一个方面。

4. 非文学翻译不是简单翻译

有人认为，非文学翻译比文学翻译容易，其实这种观点是错误的。不管文学翻译还是非文学翻译，都需要译者认真、细致的工作，克服各种各样的语言障碍和文化障碍。

由于非文学翻译涉及内容相当广泛，仅仅是学科专业知识本身就已经给翻译带来了巨大的挑战。译者不可能掌握所有的专业知识，但是翻译专业文献就必须要译者传达原文的准确意思，这就迫使译者不断学习专业知识，而这实际上也是翻译职业的魅力所在。有人认为，非文学作品中包含的科学信息较多，文化、艺术信息较少，所以，非文学翻译是机械劳动，不需要什么技能。实际上，语言本身就是文化的载体，非文学翻译也不可能逃离文化的影响，而文化翻译差异就构成了翻译的巨大障碍，在很多情况下，例如新闻发布稿、演讲、年度报告或者其他级别很高的文本，原文的语气也十分重要，需要在翻译时准确地体现出来。原文中所有的“文采”即使做“朴素化”处理，也要动一番脑筋。

非文学翻译的首要标准是准确。法律、医药翻译尤为重要。合同翻译错误可能会引起诉讼和金钱损失，条约、协议翻译错误会导致混乱和误解，医药文本翻译错误可能关系人的生命健康。要做到准确，有时恐怕不是译者个人能力所能及的，而是需要译者集体的努力。非文学文本中，关于语言本身的讨论也是翻译的一个难题。重要文本的起草过程中经常会谈到不同措辞的细微差别或同义词的区别等问题，这样的文本或段落即使翻译出来，对读者的意义也往往不大，因为在一种语言里面有差异的说法译为另一种语言后，便不存在同样的差异。例如，原文说“此处使用‘should’，而没有使用‘shall’，是因为‘should’表示一种建议，‘shall’表示一种义务。”

第三节　非文学翻译与文学翻译

1. 文学和非文学的差异

文学和非文学的主要差异是，文学反映的是主观和想象的世界，是寓意或道德真相。非文学反映的是现实世界，是事实和事件。文学具体包括：(1) 诗歌，包括抒情诗、戏剧诗和叙事诗；(2) 小说，包括短篇小说和长篇小说；(3) 戏剧，包括悲剧、喜剧和滑稽剧（Peter Newmark，2004）。

文学是关于“人”的，隐含着“我”和“你”之间的对话，“我们”则是评论者或解说者；非文学是关于“物”的，基本上以第三人称叙述。文学文本的核心是其原创性语言或富有想象力的比喻，非文学文本的核心是质朴的语言和通用的或解释性比喻。非文学文本用来默读或浏览，文学文本用来诵读、研究、鉴赏和玩味。

文学经常使用表达个人情感的、富有诗意的词语，如 lone、descry、brood、ponder、linger、rue、ease；这些词在去掉感情色彩之后，就变为非文学词语，如 single、observe、meditate、contemplate、delay、regret、alleviate。这里举一个关于词语的情感的例子，《刑法》第 46 条关于死缓减为无期徒刑的规定，原稿中是“如果真诚悔改”，定稿时改为了“如果确有悔改”，因为“真诚”一词较为抽象，难以检验，“确有”一词较为明确，准确易懂。

在文学文本中，措辞和内容同样重要；而在非文学文本中，只有代表重要概念、事物、动作、物质和精神属性的关键词，其措辞和内容才同样重要。

2. 文学翻译与非文学翻译的比较

翻译分为两个不同的领域：文学翻译和非文学翻译。非文学翻译涉及知识、事实和思想、信息、现实；文学翻译涉及想象中的个人、自然、人类居住的星球；非文学翻译强调的是事实，文学翻译强调的是价值；非文学翻译强调信息的清晰性，文学翻译强调风格。文学翻译和非文学翻译是两个不同的职业，虽然有时一个人身兼二职，这两种职业是互补的，都是高尚的事业，都致力于在原文中寻找真相，只不过文学翻译致力于寻找寓意和美学真相，非文学翻译致力于寻找事实真相和功能真相。

虽然非文学翻译和文学翻译涉及的主题、翻译方法甚至语言的类型都不同，但翻译方面的书籍通常并不区分文学和非文学翻译，以文学翻译的特点概括所有的翻译，认为翻译是奴仆，翻译即背叛，翻译不可能，等等，这些书的作者忽略了大多数翻译是非文学翻译的事实。无论文学翻译还是非文学翻译，其宗旨都在于揭示真相，包括事实真相、美学真相、寓意真相、逻辑真相和语言真相，所以，翻译首先要做到准确。但翻译要再现原文的全部意义是不可能的，充其量只能做到尽量接近原文的意义。在非文学文本中，翻译的目的可能仅仅在于揭示事实真相，不一定需要同时揭示事实真相之外的其他信息，所以翻译可能相当准确。在文学翻译中，翻译只能做到一定程度的准确，因为翻译既要照顾到内涵意义（connotative meaning），又要照顾到指示意义（denotative meaning），这两种意义可能是多方面的，而翻译只能捕捉到其中一部分。由于两种语言的词语并不对应，语音、语法、词序不同，语义存在差距和缺失，所以，虽然译者想方设法进行补偿，但只有非文学翻译才能达到接近完美的程度。不过，尽管由于音韵和格律等原因，诗歌非常难翻译，但是出于介绍或解释原文的目的，对诗歌进行有限的翻译还是可以做到的。

在文学和非文学文本之间存在着一些中间类型的文本，首先是随笔（essay），它以文学的形式表现非文学主题，然后是自传、艺术评论、哲学、宗教、历史、心理学、社会学、文化等。这些文本的措辞与内容是否同等重要，以及翻译时在多大程度上接近原文字面，取决于文本本身的写作质量以及文本的严肃程度。所有这些中间性题目使用的都是非文学语言。可以把文学翻译笼统地看作艺术，把非文学翻译看作科学，但实际上，翻译永远都不会成为精确的科学，因为两种语言存在着天然的差异和不对等性。例如，把非文学文本从法语翻译成西班牙语，其精确程度通常要高于从法语翻译成德语，原因其实很简单，因为虽然两个语言组共同起源于希腊——拉丁语，但第一语言组之间的关系比第二语言组之间的关系更加紧密。

专业领域的翻译可以定义为非文学翻译中技术性最强的翻译，其重点是术语。这些术语的意义在待译文本中是单一的，尽管这些术语在文本的总词汇中所占比例不足 5%

（通常），而其中多数在其他上下文和文本中可能还有不同意思。纽马克认为，如果这些术语在目的语中不存在，那么就应当在翻译中加上引号，以此来表示这是临时性翻译，直到大家接受后再把引号去掉。

第四节 翻译对策及多元文化下的翻译使命

1. 中国翻译学对策的核心思想

中国翻译学对策的核心思想是代偿（compensation），所谓“代偿”（或“功能代偿”即 functional compensation），是指双语转换中以词汇手段广泛代替形态手段，或以形态手段广泛代替词汇手段，来实现语言交流功能（刘宓庆，2008：19）。

为何说代偿是中国翻译对策论的核心思想？这是因为：

第一，汉语重意合，英语重形合，这两种不同语系、不同质的语言在进行互相转换时，对应（equivalence）很有限，通常都需要功能上的代偿来实现语言交流的目的。

第二，汉语和英语所体现的思维方式不同，决定了两种语言表达方式的不同。在英汉交流时，有时无法对应，更谈不上对等，只能通过代偿。

第三，不同的地缘文化、地缘政治以及地缘历史，造成了英汉之间有很多文化上的差异，并产生文化隔膜或冲突，以及在交流中会出现语义缺失的现象，只能通过代偿手段予以弥补。

代偿是英汉两种不同语言之间进行互译时实现有效转换的行之有效的翻译策略。我们下面就语法层面的代偿进行笼统的讨论。

1.1 词法结构的代偿

英语是一种形态语言，词缀（affix），如 -(e)s、-’s、-al、-less、-ness、en-、dis-、-ing 等，有一定的语法意义。而汉语基本属于非形态语言，没有词缀变化。在英汉互译时，通常是采用词汇的代偿手段来表达从英语词缀的语法范畴义和语义意义。例如 dislike 可以译作“不喜欢”或者“厌恶”，通过词汇代偿。再如，英语中的“-(e)s”作名词后缀时，表示复数，汉译时可以通过增词，如“们”“种种”“朵朵”“条条”“个个”等来表示复数。但是当“-(e)s”作动词后缀，表示主语为第三人称单数的主谓一致时，例如，“The boy plays alone on the floor.”，则 plays 中的“-s”不必译出，是一种省略代偿。其实在很多场合下，英语中名词的复数概念在翻译时通常可以省略不译，译出反而显得别扭。例如，“Students there are ignorant about their own country.”，这里的students按汉语习惯，只译作“学生”。同理，英语中的所有格“-’s”，包括表示所有关系的of结构，在翻译时，也是通过词汇来代偿，增加一个“的”或者省略不译。

英语中的词缀，在翻译时，一般都采取“增词”和“省略”这两种代偿手段。反过来，在汉译英时，由于汉语的“数”“格”等的概念常常比较隐晦，代偿的手段就略显复杂，但通常都可以通过增加词缀来进行代偿。

1.2 句法结构的代偿

英汉两种语言在句法上最显著的差异就是，英语强调形合，其时态、语态、语气在语法表现形式上以及主句与从句之间的衔接上，比较刻板，固定。而汉语强调的是意合，主句和从句甚至主语和主句都靠意义来连贯，即通过词汇意义来实现句与句之间的衔接，而不是通过外在的形式标志。

汉语的时态、语态、语气等也都是通过词汇手段来实现的。因此，在翻译时，在句法结构上的代偿常常是通过词汇手段来实现的。比如，英语中的时态，不论是现在、过去还是将来，表示动作正在进行，汉语就可以通过“在”“正在”“还”“着”等来表示；表示动作已经完成，可以通过“了”“已经”“早就”等来表示；表示将来的动作，可以通过“会”“要”“将”等。再如表示被动的含义，汉语可以使用“被”“遭”“受”“给”“挨”“把”“所”等词。表示语气可以用“呢”“吗”“罢”“吧”“呵”“着呢”“哪”“罢了”等。但是表示虚拟语气时，汉语不像英语那样有明显的标志，而常常是通过交流语境来意会的。

1.3 篇章结构的代偿

如上所说，英语注重形合，任何一个句子都必须至少包含“主谓”这个句子核心，短语不能充当句子。英语中，主语的统领功能不强，每个句子都得有主语，重复时使用代词。英语篇章结构的衔接与连贯靠主语或代词、动词时态、连接词等形式手段，虽然有时也可以通过意合来实现。而汉语的语篇成流散结构，短语可以充当句子；主语的统领功能强，而且常常可以省略；流水句非常普遍；篇章的衔接与连贯主要靠“意念”。汉语是一种“形散而神不散”的语言。请看下面的例子：

永和九年，岁在葵丑，暮春之初，会于会稽山阴之兰亭，修禊事也。群贤毕至，少长咸集。此地有崇山峻岭，茂林修竹，又有清流激湍，映带左右。引以为流觞曲水，列坐其次，虽无丝竹管弦之盛，一觞一咏，亦足以畅叙幽情。

译文 At the beginning of the late spring in the ninth year of the Yonghe period, which corresponded to the year Kuichou, we gathered at Lanting of Shanyin County in Guiji Prefecture to have festivities at the waterside to abate ill omens. All people of quality, both young and old, met on this occasion. The place was surrounded by sublime, high mountains clad with luxuriant forests and shapely bamboos, in addition to a limpid stream with swift rapids, which foiled each other in the whole scenic beauty. We used the sinuous brook for passing the floating cups and sat in order along its banks. Though we had no lutes or flutes for music, yet one cup of wine accompanied with the chanting of one poem was sufficient to make us air our deep feelings.（谢百魁译）

这篇王羲之的《兰亭集序》中，汉语语文除了一个“虽”，几乎没有任何其他显而易见的连接手段来保持篇章的连贯与流畅，除了“群贤”和“少长”外，再无明显主语，然而文章读起来却主次分明，动作执行者（主语）虽未说出，但读者却心领神会，一目了然。相比之下，英语则既要增补主语 we（出现三次）和 which（出现两次），增加连接词 in addition to、“both ... and”、though 和 yet，还得保持动词时态的一致即过去时，才能使得文章结构紧凑、肌理明晰，来保证篇章的连贯与通畅。

在英译汉时，要删减英文中的连接词、代词、介词、分词等连接形式，通过汉语的时间观念、空间意识、因果逻辑关系等手段代替，以保证汉语译文的通顺与地道。

Traditional trade theory, based on the ideas of David Ricardo, a 19th century economist, argues that economies gain from trade by specializing in products where they have a comparative advantage. Developed economies have lots of skilled workers, whereas emerging economies have lots of low-skilled ones, so according to the theory advanced countries will specialize in capital-intensive products requiring skilled labor and emerging economies in low-tech products. Competition from cheaper imports will reduce the wages of unskilled workers in developed economies, but workers as a whole will be better off.

译文 传统贸易理论是从 19 世纪经济学家大卫·李嘉图的观点发展而来的。这个理论认为企业通过专门生产自身优势产品来获利。发达国家的企业熟练工人多，发展中国家的企业低技能工人多。因此，发达国家应集中生产技术含量较高的资本密集型产品，而发展中国家则应生产技术含量较低的产品。廉价的劳动力输入会降低发达国家低技能工人的薪水，而工人的整体状况将得到改善。

原文中的一些形式连接词如 where、whereas、and、that 以及介词 in 在译文中均被省略，甚至 according to the theory、competition from 也通过逻辑关系的代偿手段体现在行文中了，这正是功能代偿的妙处。至此，我们不难看出，在英汉两种不同质的语言之间互译时，在无法实现“对应”“对等”或“等值”的情况下，“代偿”是最有效的解决转换问题的办法。

2. 语言的可译度：进取的态度是关键

语言的可译性是一个变数，语言之间的可译性限度也是一个变数。导致英汉双语之间不可译的关键问题就是语言的异质性（heterogeneity），它与同质性既矛盾又统一，例如英汉对比，汉语具有以下异质性：

（1）文字系统：汉语为方块字，结构和功能都很特殊，扩及整个文字系统乃至整个语言系统，可以说汉字是汉语的异质之源；

（2）语音系统：汉语有四声及韵律，且没有英语中 v、r、th、tr 等相对应的发音，汉语有声调，但没有重音；英语两个音节上的词都有重音，但却没有四声变化；

（3）语义系统：包括语义冲突词及大量英汉无对应词，如“party（派对）”“风水”，等等；

（4）语法系统：汉语以词汇手段表示英语动词的形态变化；

（5）语用系统：汉语系统可用无主句、意合句、流水句等；而英语中所有的句子必须以 S+V 为基本要素；

（6）审美系统：汉语富于高模糊度的审美范畴，如意境、意象、风骨、风韵等；英语讲究规范性，以“自然有序，原创有度”为美。

大抵具有独特民族文化形式的文学样式或体质本身是“不可译”的，如中国的格律诗、宋代元曲以及欧洲的十四行诗等。双关语也是“不可译”的，如“东边日出西边雨，道是无晴却有晴。”——利用“晴”与“情”的异形同音；“When you kick off the game, you kick off the dream.”中 kick off 语义双关，即一是“开始”，二是“破灭”；又如汉语的歇后语，如“和尚打伞——无法无天。”，这类 play on words 通常都无法译出。

但是，“不可译”与“可译”是矛盾统一的，它们之间是可以互相转化的。“不可译”中包含了“可译性”。如钱歌川曾认为“拆字”是汉语特有的一种 play on words，是不可译的，并举下例为证。

人曾为僧，人弗可以成佛。

女卑是婢，女又何妨成奴。

若干年后，许渊冲给出了他的试译（许渊冲，1991）：

A Buddhist cannot bud into a Buddha.

A maiden may be made a house maid.

许渊冲相当巧妙地利用了 Buddhist、bud 和 Buddha 的形似以及 maid、made 和 maiden 的音似，解构了原文的拆字游戏，上下联长度相仿，句子基本对称，重音数对等，也算得上与原作大体上异曲同工。由此可见，不可译是相对的，不可译的东西可以随着译者双语掌握技能的增强和翻译经验的累积而转变。现在的不可译，不代表以后不可译；A 不会译，不代表 B 不会译。

因此，所谓“可译性”（translatability）从本质上来说，是一个相对的概念，民族文化不可译但其中的语义内容和艺术内容还是可以实现相对转换的。我们必须采取进取的态度对待翻译。

3. 在多元文化下的翻译使命

3.1　以尊重、开放的心态面对异质文化

翻译就其本质而言是一种跨文化的交流活动。那么，面对异质的文化，面对异的思维方式、异的风俗习惯、异的语言表现法，我们首先应该以一种平等的心态去接受，以尊重为原则，从而促进文化交流。译者若以尊重的心态来面对异质文化，就会采取一种客观宽容的心态去尽可能地将异质文化传达到接受语中。法国翻译理论家安托瓦纳·贝尔曼（Antoine Berman）在其著作《异的考验》（*L'épreave de l'étranger*）中着重探讨了德国对异质文学文化的接受心态和翻译取舍。贝尔曼在考察 19 世纪前后德意志民族文化的发展过程中翻译之于两种或多种文化之间所起的作用时，对歌德的翻译思想进行了探讨。歌德认为，如果从世界各民族及文化交流这个大背景出发去考察翻译，那么翻译的任务和地位便可以明确，他提出了翻译三类型，认为在各民族文化交流的不同阶段会有不同的翻译方法。第一个阶段是为了了解异域文化，以简明的散文体方式翻译最佳；第二阶段是以吸收异域文化的精神，努力使其融入本民族文化为目的，以“模仿”翻译为常用方法（许钧、袁筱一，2001：259）。第三阶段是翻译与原文一致、互相代替，这时的各民族之间的了解和交流已经相当广泛，并且已经互通。

在对异质文化的了解和与异民族的交流过程中，目的语及目的语文化始终接受着考验。为何？因为如果以开放的心态接受出发语与出发语文化，大量的异域文化进入目的语文化中，对目的与文化而言必然会形成一种考验，这种考验是多方位的，它可涉及民族文化精神的方方面面，于是，在此种情况下，翻译应该清醒地明确自己的任务是吸收异域文化，不是为了扼杀本民族的文化；同样的，吸收异文化语言新的表现手法、结构并不是为了丧失母语的纯洁与本色。正如赫尔德（Johann Gottfreid Herder）所说：“学习异族语言并不意味着忘本，周游列国也并不是想彻底改变自身的风俗习惯。”（Antoine Berman，1984：66）面对异文化的考验，开放的心态和不丧失自我的立场是保证达到翻译目的和完成翻译使命的基本要点。

3.2　进行平等的文化交流

翻译是一把双刃剑，在翻译交流中，受到的考验不仅仅是目的语和目的语文化，原语与原语文化在进入目的语与目的语文化时也经历着考验，这种考验往往是双重的：一

是在翻译的考验中，要看自身是否真正具有交流的价值。若没有价值，就经不起目的语与目的语文化的考验。二是在翻译的过程中，如果不顾目的语和目的语文化的利益，盲目野蛮地照搬，即照搬句法结构、隐喻、成语、俗语等的硬译，都是不行的。

在相互的考验中，只有在平等的基础上，互通有无才能达到互利，要达成这一互利的目的，就必须有一个共识：翻译所要达到的交流应该是双向的流通。孙歌在《翻译的思想》一文中谈到了日本江户时代的著名儒学家荻生徂徕是如何"把翻译问题从简单的工具层面提高到文化冲突和文化转型层面来认识的"：荻生徂徕"一方面通过真正的汉藉日译使得日本人区别中国与中国的文化差异，另一方面又通过消解翻译而进入圣人的语境"。（孙歌，1997）就我们的理解，翻译不仅仅是一个技术层面的问题，译者只有认识差异了解差异，并且尽可能地将差异融入接受语大语境和接受语文化中时，才能真正达到吸收原语文化和丰富目的语文化的目的。

3.3　以促进文化交流为己任

人在世界文化交流的过程中，翻译扮演着重要的角色。德里达（Jacgues Derrida）指出，"翻译就是在多种文化、多种民族之间，因此也是在边界处发生的东西。"（雅克·德里达著，张宁译，2001：22）翻译，在一定意义上说，是不同语言、民族之间进行文化交流的首要保证。无论是口译还是笔译，它都保证了持不同语言、文化的人之间的相互沟通和理解。无论是东方还是西方，一部翻译史就是一部生动的人类社会的交流与发展史。翻译与社会的发展、文化的积累和丰富以及世界文明的进步是紧密结合在一起的。没有在多种文化的接触、碰撞中起沟通作用的翻译，就无法保证世界各民族文化的共存、交融与发展。社会发展到今天，随着全球经济一体化的步伐的不断加快，世界各国间的科技、经济、文化等领域的交流日渐频繁，对翻译的需要越来越多，翻译的重要性也日渐凸显。因此，交流产生了翻译，翻译促进了交流。翻译这一基本的跨文化交流活动的本质，要求翻译要以促进交流为己任。一方面，交流首先意味着走向世界，让世界了解自己。另一方面，交流还意味着对世界的了解，最终达到吸收各国优秀文明成果的目的。

维护文化多样性是一个尊重差异、保持差异的过程，文化交流必然要寻求一个基本的共同点作为基础，因为两种截然不同的文化之间很难展开真正的对话，而我们应该如何在文化交流中维护世界的语言多元与文化多样呢？2008 年第 18 届世界翻译大会上松浦晃一郎的贺词也许可以给我们一点启示。他说："求同与存异唯有通过翻译才能并行不悖。"翻译是"一种独一无二的工具，能够开通渠道，在个性与共性，多样化与对话之间找到契合点"。（《中国翻译》，2008）是翻译的跨文化交流的本质决定了它能够担此重任，正如孙艺文所说，翻译"突破以往文化思维惯性，还丰富本土文化资源，又促使现代社会变革"；它"打破文化的趋同与单一，演绎异域之美，融合之美，多元之美，促

使人们勉力构建世界各民族和谐共存的文化生态”。（孙艺文，2008：9）

促成不同文化之间的互相理解，实现不同文化的和平共存，这是历史赋予翻译活动的重要使命，而所有的翻译工作者都要勇敢地承担起这一使命。由于翻译活动首先表现为两种语言之间的转换，因此，承担这一使命首先体现在对待不同语言的态度上。世界上的各种语言都具有同等的表达力，即世界上的各种语言都具有同等的翻译能力。奈达是这一观点的坚决拥护者，因此才会在他的翻译研究中提出“尊重语言各自的特征”并在翻译中“尽可能地挖掘它的表达潜力”这样的原则。对奈达提出的这些原则，谭载喜曾给予了高度的评价，认为奈达“帮助创造了一种用新姿态对待不同语言的文化的气氛，以增进人类相互间的语言交流和了解”。（谭载喜，1999：112）法国释义派理论创始人之一塞莱斯科维奇（Sleleskovitch）虽然对奈达的翻译理论有过很多不同的看法，但在语言的翻译能力上与奈达的意见是一致的。她曾在许多不同场合强调过她的看法：对世界上的任何一门语言来说，凡是能表达的，就是可翻译的。鉴于这些认识，翻译工作者在翻译活动中就应以平等的态度去对待各种不同的语言。

思考题：

1. 浅谈一下你对文学作品的形象思维创作过程有哪几方面的认识。
2. 非文学翻译包括哪几个特点？在翻译非文学时应该注意哪些？
3. 莱斯对每种文本类型的特点总结为哪几点？
4. 为什么说代偿是中国翻译对策论的核心思想？

第九章

翻译中的矛盾

许多翻译家在他们的翻译实践经验的基础上都曾经探讨过翻译中可能会遇到的矛盾，并且也形成了一定的理论基础。比如，20世纪70年代，许渊冲就曾经明确提出过翻译过程中存在的矛盾，即理解与表达的矛盾、忠实与通顺的矛盾，以及直译与意译的矛盾。本章阐述了翻译中的三对矛盾：风格的可译与不可译之间的矛盾；“神似”与“形似”之间的矛盾；忠实与创造性之间的矛盾。这三对矛盾一直是贯穿于文学翻译过程中的矛盾，弄清这些矛盾的关系有利于指导我们更好地进行翻译活动。

第一节　风格的可译与不可译

关于翻译的可译与不可译在翻译界曾经引起过很多讨论。许多人认为，翻译从实践层面而言是可译的，但是，有时候，翻译过程中又会遇到很多“绊脚石”，正是这些“绊脚石”使得许多译者不约而同地谈到翻译不可译的问题。本节中，我们从风格这一个方面着手，来谈一谈在翻译中风格的可译与不可译。在讨论风格的可译还是不可译之前，我们首先要来看一下风格是什么？这样，我们才能更清楚地更明确地讨论它的可译性与不可译性。

1. 什么是风格

关于风格的定义很多，涉及哲学、语言学、文学、心理学社会学，等等，但是，很难找到一个非常确切的定义。前苏联维诺格拉夫在其《作者个性与语体风格理论》中说:“很难找到一个术语和概念比‘风格’更多义、更众说纷纭的了。”的确，关于风格，我们下面就来看看人们都是怎么样讨论和定义的。

在我国古代，人们就用很多词来表示风格，比如“文”“格”“调”“气骨”“气韵”“文风”“文格”“文体”“风味”“风力”“风调”“笔势”“风韵”等。自古至今有许许多多的文人墨客都对风格有过描述，其中对风格表述最为全面的当属南朝文学理论家刘勰。他在《文心雕龙》中曾专门探讨了风格的形成与分类以及风格与作者的关系等。他说:“才有慵俊，气有刚柔，学有浅深，习有雅郑，并性情所铄，陶染所凝，是以笔区云谲，文苑波诡者矣。”意思就是说，文章之所以多姿多彩、各有千秋，是因为作家才、气、学、习这些主观因素各不相同的缘故，是作家个人本性的流露和长期的熏陶的结果。他认为，每个人的写作都是“各师成心，其异如面”，即按自己的个性来写，其差异犹如人之相貌，千人千面。所以，他相信“文如其人”的观点。后世之人对此观点也是多加赞同。此外，还有许多名家说过“文”和“人”之间的关系。苏轼就曾经说过“文如其人”；陈绎曾说过“文章与人品同”；赵执信说过“诗中有人”；龚自珍说过“诗与人为一”。

在西方，对风格的论述也多与作者的个性品格相照应。法国评论家布封（Comtede Buffon）在其《风格论》（*Discours sur le style*）中有一句名言，“风格即人”（Styleistheman）；叔本华（Arthur Schopenhauer）对风格所下的定义是“心灵的外观”；歌德认为风格是作家“内心生活的标志”，是“艺术所能企及的最高境界”；别林斯基（Vissarion Grigoryevich Belinsky）则称风格是“才能的本身”；福楼拜（Gustave Flaubert）认为“风格就是生命，是思想的血液”；韦斯利（Wesley）认为风格是“思想的外衣”；斯威夫特（Jonathan Swift）认为风格是“谈话和辩论中的高度修养”。黑格尔（Geog Wilhelm Friedrich Hegel）则认为“风格就是服从所用材料的各种条件的一种表达方式，而且它还要适应一定艺术种类的要求和从主题概念生出的规律。”（黑格尔，1979：372）

所有这些对风格的解释似乎都过于笼统，仿佛什么都包括在其中，而且与人的性情、思想、品质、心灵等联系起来，显得过于抽象玄奥，不易把握。相比而言，我国1979年版《辞海》所给的定义要清晰许多：“风格”是“作家、艺术家在创作中所表现出来的艺术特色和创作个性。作家、艺术家由于生活经历、立场观点、艺术素养、个性特征的不同，在处理题材、驾驭体裁、描绘形象、表现手法和运用语言等方面都各具特色，这就形成作品的风格。风格体现在文艺作品内容和形式的各要素中”。这个定义的最大特点是：它将“风格”分为两个重要的组成部分，即内容和形式。风格是作品内容和形式的统一。

2. 风格的可译与不可译

风格可译与不可译，历来都是翻译界争论的焦点之一。翻译作品中所体现的语言风格是作者的风格还是译者的风格？译者应该站在什么样的角度来进行翻译活动，要不要形成自己的风格？这些都是风格可译与不可译必须面对的问题。早先施咸荣在《文学翻译杂感》一文中说：“我认为译者只能忠实地表达原作的风格，而不应该有自己的风格。”他的这一观点曾经引起译界不小的争论。我们现在先来看一下风格的“可译性”。

2.1　风格可译

我们知道，风格由两个重要部分（内容和形式）组成，是二者的完美统一。风格可译必须是内容可感知、形式可转换，二者缺一不可。故，风格可译的依据有二：其一是风格具有客观可感性。这显然是就风格内容而言，包括作品所反映的客观事实、所表现的思想观念以及作家个人的审美理想、精神气质等。所有这些都是人们可以认知的。其二是语言的可译性，是就风格而言的形式要素而论。人类的语言尽管千差万别，但用一种语言能表达的，用另一种语言也能够表达。这差不多是不争的事实。

茅盾在谈到文学翻译时说：“文学的翻译就是用一种语言把原作的艺术意境传达出来，使读者在读译文的时候能够像读原作时一样得到启发、感动和美的感受。这样的翻译，自然不是单纯技术性的语言外形的变异，而是要求译者通过原作的语言外形深刻地体会原作者的艺术创造过程，把握原作的精神，在自己的思想、感情、生活体验中找到合适的印证，然后运用适合于原作风格的文学语言，把原作的内容和形式正确无误地再现出来。”（茅盾，1984：10）。在这里，茅盾提到了翻译风格的两个根本特征：一是“什么是风格翻译”，二是“风格翻译的标准”。在茅盾看来，风格翻译应该是“把原作的内容与形式正确无疑地再现出来”，即做到内容与形式的统一。其标准是使读者在读译文的时候能够像读原作时一样得到启发、感动和美的感受。用现在的读者接受和功能翻译理论来说，就是要达到“等效”和“功能对等”。

在我国，从古人的“依实出华”，到严复的“信、达、雅”，马建中的“善译”，鲁迅的“保存着原作的风姿”，傅雷的“神似”，钱钟书的“化境”以及后来刘重德的“信达切”，周煦良、萧乾、翁显良等人的“得体”，等等，仿佛都以传达原作的风格为翻译的宏旨。那么，如何才能做好风格的翻译呢？

翁显良（1983）说：“如果说有什么基本规程的话，首先是精读原文。不妨分作三步：初读分析表层，再读探索深层，三读研究风格。”高健更加具体，他认为能做到“情词相称，不失原旨”，你必须“密切注视内容赖以存在，赖以表达的风格形式（包括词句的衔接、长短的搭配、停顿的间隔、节奏的变换、形象的使用、标点系统的简繁等）”。

2.2　风格不可译

认为风格不可译的也不在少数。布封说：“知识、事实与发现都很容易脱离作品而转到别人手里，它们经过更巧妙的手笔一写，甚至会比原作还要出色些。”这些东西都是身外物，风格却是本人。因此，风格既不能脱离作品，又不能转借，也不能变换。

许钧在谈到风格可译的同时辩证地认为：一部作品的风格有两方面的因素，一是作者和作品中表现的中心思想、气质等；另一是作品的语言、体裁以及社会文化影响等。而在翻译中再现原作的风格时，又不免受到译者的思想认识、气质和语言习惯等因素的影响，所以风格的再现虽然重要，却难以完整无损。他还给出例证：傅雷在翻译梅里美（Prosper Mérimée）、巴尔扎克（Honoré de Balzac）、莫里哀（Molière）等人的作品时，由于译者自身的语言习惯，风格迥异的三位法国作家在译文中都走到相似的风格上去了。

老舍曾经说：“除了语言，还有什么别的地方可以表现它呢？你说短文章是我们的民族风格吗？外国也有。你说长文章是我们的民族风格吗？外国也有，主要表现在语言上，外国人不说中国话，用我们自己语言表现的东西有民族风格，一本中国书译成外文就变了样，只能把内容翻译出来，语言的神情很难全盘译出。”（老舍，1984：69）这里的“语言的神情”就是“语言的风格”，即语言自身最独特的韵味，是用其他语言很难甚至无法表达的。不要说翻译，即便是同一种语言，对相同事物的描述，不同的人所表现出来的风格也迥然不同。

既然保持原作语言风格不易，那么风格翻译的重点就应该是如何将原文的内容以新的语言形式完美展现。这就对译文语言提出了挑战。翁显良就特别重视译文的优势，他认为“翻译是取原作的内容，赋予另一语言形式”。故必须“因汉语之宜，用汉语之长”。而文学翻译则更是要发挥“译文优势”，是“重新构思”后的“再创作”，是“拿人家的论旨，作自己的文章”。这种观点与傅雷的翻译标准十分相似。傅雷认为“译书的标准应当是：假使原作者是精通中国语文的，译本就是他使用的中文完成的创作”。他们都以原作者为己任，语言表达自然而言便有了自己的烙印（语言风格）。只有通过译者对语言的天才的运用，才能使原来的思想在新的语言里熠熠闪光。

2.3　可译性的限度

我们说对于风格其实是可译的，但是这个可译其实是有一定的限度的。国外较早的对于可译性限度进行系统研究的是英国翻译理论家卡特弗德（J. C. Catford）。他在《翻译的语言学理论》（*A Linguistic Theories of Translation*）一书的最后一章专门讨论了可译性的限度问题。他指出：“可译性的确表现为一个连续体，而不是一个泾渭分明的二分体。源语文本或单位或多或少都是可译的，而不是绝对的可译或者不可译。在完全翻译中，翻译等值依赖出发语文本和目的语文本对于同样相关（至少是部分相关）环境因素特征的互换性。”此处的“完全翻译”按照卡特弗德的定义就是目的语在语法词汇层面与出发语对等，在语音和字形层面不等。此外，他还区分了语言不可译性和文化不可译性：前者产生于与出发语语言形式有关的一些特征，诸如出发语中词汇和语法的同形异构、一词多义以及出发语和目的语词汇语义的非对应，后者产生于出发语的“文化情境特征在目的语中的缺失”，“这种不可译性与语言不可译性相比，不那么‘绝对’”。但卡特弗德最后指出：“假如文化不可译性的所有个案确实最终都能够描述为语言不可译性的一种形式，那么，翻译理论的功能将大大增强，且机器翻译的前景更加宽广。”卡特弗德作为语言学派的翻译理论家的重要代表，坚持翻译可行的观点，反对将可译与不可译这一矛盾的两面对立化，同时区分了不可译性产生原因的两个范畴，最后希望用一个语言不可译性统一所有具体的可描述的不可译的现象。国内的一些研究者对此做过一些定性或者定量的研究，指出了在翻译的技术层面区分二者的必要性——文化方面的不可译性因素可以通过补偿或者增加信息的手段在一定程度上去消解；而语言方面的不可译性因素则由出发语语言本身的特点所决定，只能通过解释的办法达到翻译的目的。

风格可以有很多种表现方式，可以是语言上，也可以是文化上。因此，从另一个角度去理解，无论是语言层面还是文化层面的不可译性，其实都可以理解为风格方面的不可译性。

在可译性限度这一问题上，国内外学者的研究多属于描写性的。国内较早可译性进度专门探讨的学者是包振南。他在《中国翻译》1983年第5期上发表了一篇题为《试论可译性的限度》的论文。文中指出："语言是可译的，因为语言都是表达思想的有效工具；但又由于文化传统、社会条件、语言结构、思维方式的不同，有时又是不完全可译的，甚至是不可译的。"这里我们需要注意的一点是，作者注意到了由于语言是人类表达思想的工具，具有一定的同一性，因而语言具有广泛的可译性基础，同时指出语言可译性障碍的根源，就是文化、社会、语言与思维诸方面的差异。"语言是可译的，有时又是不可译的"，这正说明了可译与不可译这一矛盾的辩证关系。乔治·斯坦纳提到："有一些文本我们现在还没有办法翻译，但是我们可以通过语言上的转换、阐释手段的细化以及接受敏感性的转移，在将来变成可译的。出发语语言与译者的语言处于一种双重运动之中，既自我演进，又互相影响。"这是可译性限度的动态阐述，说明可译性与不可译性这一矛盾始终处于一种不断发展变化之中，而变化的主流方向是从不可译向可译。

第二节 "形""神"之矛盾

关于"形"与"神"之间的矛盾历来就有许多讨论，但在正式讨论之前，我们还是先来看一下这对概念是什么，在翻译中我们又是如何来界定这对概念的。

1."形"与"神"的由来

"形"与"神"在中国的古代哲学中是一对非常重要的概念，用来指人的形体和人的精神之间的关系。后来，由哲学领域借用到了传统文艺美学领域。《庄子·外物》提到："荃者所以在鱼，得鱼而忘荃；蹄者所以在兔，得兔而忘蹄；言者所以在意，得意而忘言。吾安得夫忘言之人而与之言哉！"（许钧，2009：184）这里庄子使用了引譬设喻的手法，意思是说：竹笱是捕鱼用的，一旦捕着了鱼就会被遗忘；兔网是用来逮兔子的，一旦逮着了兔子就会被遗忘；言语是用来表达思想的，一旦领悟了意义就会忘掉语言。我怎样才能找到一个忘掉语言的人而跟他谈一谈呢？庄子提到了"形"与"神"的关系：前者是人们的言语，即"言"，而后者指人们交流时要用言语表达的意义，即"意"，他欣赏的是那种"得意忘言"之人。这一"意"与"言"的关系雏形后来又出现在中国古代文论中，并得到了进一步发展。《文心雕龙·神思》提到："方其诺翰，气倍辞前，暨乎篇成，半折心始。何则？意翻空而易奇，言徵实而难巧。是以意授于思，言授于意，密则无际，疏则千里。”这里刘勰指出：字刚提起笔，其气势比搜寻言语表达时要强一倍；等到文章写成，所以只写所想的一半。为什么会这样呢？文思容易驰骋万里而设想出离奇之处，但是语言却比较实在，很难运用得巧妙。因此，在思想转化为具体的意义，具体的意义再转化为语言时，贴切时可以说天衣无缝，而疏漏时则相差千里。这一论述说明了“意”与“言”之间难以一致，正是创作时“形”与“神”之关系的真实写照。

2. 翻译研究中对“形”与“神”的界说

为了从“形似”与“神似”的二元对立中摆脱出来，我们有必要找到一个共同的出发点，看一看翻译特别是文学翻译所涉及的“形”与“神”到底是什么。

2.1　关于“形”的界定

首先讨论“形”。“形”，翻译界又称为“形式”。“形”或“形式”，首先是指语言符号系统及其组成部分。在这个意义上，翻译的首要任务便是要克服不同的语言符号系统所造成的理解障碍，通过“语言”之形，亦即我们所说的语言转换，给持不同语言的人提供沟通的可能性。对这一层面的“形”，我们自然不会去追求“似”，而是相反，要敢于去追求“破”，去克服。就此而言，任何一个译者都不会持异议。但对于具体的翻译活动，它所面对的不是纯粹的语言符号系统，而是利用语言符号系统所提供的可能性生产话语。就我们在此讨论的范围即文学翻译而言，翻译者所面对的是文本。而文本作为一个创造的产物，它对于翻译者来说，其形式是什么呢？这里，我们会遭遇到对“形式”的不同理解。傅雷对“形似”中的“形”没有具体的界定，但从他的《致林以亮论翻译书》和《高老头（重译本）序》中，我们大致可以看出傅雷主张不求似的“形”主要包括“原文字面，原文句法”以及“文字词类”“句法构造”“文法”“修辞格律”和“俗语”等。他所提出的这些方面主要还是属于“语言文字”和“语言法则”的层次的“形”。但傅雷在提到“原文句法”时连带想到了“原文的风格”，他对林以亮说：“你不在原文的风格上体会，译文一定会像淡水一样。而风格的传达，除了句法以外，就没有别的方法可以传达。”傅雷在此遇到了一个两难的问题：各种语言的文字和句法不同，翻译不能机械地求似，但对一部文学作品来说，文本的句法或文本的遣词造句方式则在很大程度上体现着原文的风格，若不在句法上下功夫，原文的风格便无从传达。这也就是说，放弃了对原文句法的转换，就难以传达原文的风格，在此，我们便面临了这样的一个问题：原文的遣词造句方式、原文的语言风格是属于“形”的范畴还是“神”的范畴？对这一问题，我们在下文中再讨论。主张“形神皆似”的江枫对“形”的看法比较明确。他是针对诗歌翻译而谈“形似”的首要性的，他认为诗歌之形，应该包括诗的

“结构”“词汇”“诗行”“韵律”……乃至词的拼写和字母的大小写等。总的来说，他的“形”既包括语言层面的“形”，也包括语言使用层面的“形”，与法国诗人瓦莱里（Paul Valéry）对“诗的形式”的界定基本一致。瓦莱里认为：“诗的形成，也就是说其中包含节奏、韵律、和谐、修辞的对称、反衬等一切称得上形式的基本特征的手段。”而一部作品的形式即是那些可感知特征的整体。瓦莱里对文学作品的“形式”的这一界定，具有很强的概括性，但主要涉及语言的使用层面，在这一层面，形式往往打上了作者的个性特征，而这些可感知的特征又是具有价值的。就一部文学作品而言，这一层面的“形式”的价值在很大程度上决定了其是否具有艺术性，因为文学是文字的艺术，充分地利用语言文字所提供的可能性，创造具有个性的表现形式，是赋予作品生命的基础。毫无疑问，放弃对这些形式所蕴含的价值的领悟，忽视对这一层面的形式的再创造，不可能会有真正成功的翻译。

2.2　关于“神”的界定

与“形”相对的“神”，是文学翻译界界定最为模糊、认识最不统一的“概念”之一。若把“形”定义为语言层面和言语层面的“形式”，那么，与之相对应的便是“内容”。在这个意义上，“形式”与“内容”在翻译探讨的文章中常可与“形”与“神”相替换。但问题是，“神”在许多翻译家和翻译研究者的笔下又往往可与如下的说法联系在一起：“精神”“神韵”“味”“原旨”“意义”“气势”“风格”，等等。在这些说法中，我们可以看到有的失之笼统，有的过于宽泛，有的难以捉摸，有的是中国传统论文中的常见术语，有的还是现在语言学使用最多但又争议最大的术语，总之，用这些本身就难以统一的认识的术语去定义“神”，其结果可想而知，不可避免地会造成争论的各方从各自的角度出发，各执一词，莫衷一是。从理论上讲，如推崇“神似”，有必要对何为“神”有所交代，心中要有数，若连自己也说不清道不明，怎能在实践中去自觉地追求呢？傅雷提出“重神似而中形似”的主张，从他的有关翻译的思考中，我们发现他对“神”的理解大致包括“意义与精神”和“韵味”。他在《高老头（重译本）》中多次提到了“意义”“神气”“语气”“情调”“气氛”，等等。在他看来，这些都可以归结为“神韵”。我们注意到，傅雷在论及“神似”时基本都包括两个方面，即“意”和“神”，如“传神达意”。但两者又是有一定区别的，“意”是一部作品的基础，而“神”则是一种境界。在这个意义上，我们可以说傅雷的“神似论”是主张“传神达意”的一种高标准的翻译。虽然现代语言学对于“意义”的界定也极为复杂，意见也难以统一，但总的原则是，语言学界越来越倾向于把意义看作一个综合的整体，包括我们在上文所提及的各个因素。有必要指出的是，不同的文本意义所构成的各种因素是不同的，如非文学作品，基本上以“逻辑意义”为基本意义，而文学作品，特别是诗歌，则是包括节奏、情调、气势等因素共同起作用的一个综合整体。正因为如此，王以铸在《论神韵》一文中说，神韵“不会是表面上的东西，而是深藏在语言内部的东西；不是孤立的东西，而是和包括它的全体和作者本身，甚至和作者的时代背景交织在一起的东西。这种东西不是在字面上的，而是在字里行间的”。至此，我们也许可以暂对“神似”中的“神”做出如下结论：按照翻译界流行的说法，“神似”中的“神”不仅包括神韵、情调、气势、风格等，还包括我们通常所说的“意义”“精神”和“内容”，非常有趣的是，翻译在方法上是“直译”与“意译”的二分法，将“意译”中的“意”又扩大化，其“意”又是包含着“神”的。这个意义上，“意”与“神”，都可纳入现在语言学界目前所界定的“意义”范畴。

3.“形”与“神”的辩证关系

我们在上文中说过，“形”与“神”的概念是一个很古老的概念，它涉及许多方面。宗教、哲学、语言学和文艺学等都使用这两个概念，但其所指是有区别的。我们之所以在上文中用了如此多的笔墨来梳理翻译中的“形”与“神”的概念，是因为只有弄清楚了它们在不同翻译家的认识中具有哪些一致的地方和哪些不一致的地方，我们才可能找到一个探讨的共同出发点。

在翻译上，“形”与“神”这两个概念或两种说法应该说是借自于“绘画艺术”。国内公认的对翻译中的“形”与“神”的问题有过较为自觉的思索和较为系统的探讨的翻译家，如陈西滢和傅雷都是借绘画艺术中的两个概念来论及翻译的。在论述文学作品的创造问题时，前苏联文艺理论家巴赫金（Bakhtin Michael）也曾以雕刻艺术与文学艺术作比，区分了文学艺术作品的三个基本的因素，对我们认识“形”与“神”的关系颇有启发。在他看来，作为艺术活动的文学创造，作者是整个“艺术观照中起组织作用的形式与内容的中心”。他指出，在文学创作中，作者把目光投向内容（主人公的生活风云，即认识理论的积极活动），他构建并完成这一内容，为此而利用一定的材料，使其服从于自身的艺术任务，即完成这一认识理论积极活动的任务。从这一点出发，可以在艺术作品中，或者确切地说，是在这一艺术任务中区分出三个因素：内容、材料、形式。我们知道，巴赫金是从美学角度来讨论艺术作品的内容、材料和形式问题的。他对内容的界定非常全面，其中涉及作品与世界、作品与创作主体、作品与表现形式等方面的问题。从具体角度看，所谓“内容”是“审美客体必不可少的结构因素”，包括“认识因素”和“伦理因素”，与之相对的是艺术形式。离开这一相关性，艺术形式就根本没有任何含义。他明确指出，“形式倘若离开与内容的关联，即离开与世界及其要素的关联（这个世界是以认识和伦理行为为对象的），它就不可能获得审美意义，也就不能实现自己的基本功能。”巴赫金在此讲的“内容”与我们在研究翻译时所涉及的文本的“内容”

看似没有什么关联，但实际上，我们若考虑到译本与原作之间的“同源而不同一”的关系，透过原文本的语言层面，指向原作所意欲表现的世界时，我们便能从更深一层的角度来理解作品的内容所包含的各种因素。原作所想要表现的世界，可因作品而异，包含多方面的内容，如人性与神性、现实世界与超验世界、仿自然与超自然等因素，以及现实与情感、物质与精神等方面。这一切都可以构成原作者和原文本所指向的源，而译作与原作的关系中，最为本质的就是这种同源的指向。语言表层、语言表现形式的同等或同一不是翻译所要达到或所能达到的，而译作与原作的同源性确保了译作与原作不可能割断的血缘关系。理解一部作品的内容或意义必须将作品置放于其创造所指的世界中去。因为，“作品获得生命与意义，是发生在同样活生生的、具有意义的世界里，也是在认识的、社会的、政治的、经济的、宗教的诸方面之中。”（巴赫金）在这个意义上，翻译不可能在形式的对等转换中去实现原作所包含的意义。如果说巴赫金所指的“内容”对我们理解翻译研究所关注的意义问题还是比较宽泛或抽象的话，他对“材料”与“形式”的区别倒有可能帮助我们更进一步把握我们所讨论的“形式”。就文学作品而言，所谓“材料”，巴赫金指的是语言学所界定的纯粹意义上的“语言”，亦即我们翻译研究中所说的由词语、语法、句法等组成的语言符号系统。而对于“形式”，巴赫金认为“是内容的形式，但它全由材料实现的，仿佛紧固在材料上。所以，形式应从两个方面去理解、去研究：（1）从纯审美客体内部，这时它是建构形式，它的价值在于表现内容（可能的事件），并从属于内容；（2）从作品的整个材料布局内部：这是对形式的技术方面的研究”。巴赫金将“形式”区分为“建构形式”与“布局形式”。“建构形式”具有主体的创作性，有着明确的个性特征，而“布局形式”是某种艺术类型的一种技巧的布局，如戏剧形式、诗歌形式、小说形式等，有点像我们所说的“体裁”。这种区分对我们所讨论的“形”与“神”的问题的启迪在于，我们可以将我们所讨论的“形”分三个层次：一是语言层次，即巴赫金所说的“材料”；二是言语层次，即运用语言所提供的一切可能性的具有主体创造性的建构形式；三是文体层面，即不同类型文本的不同布局形式。若把翻译比作临画，我们将在第一个层次便看到两者明显的差别。临画与原画“素材”（即巴赫金所说的材料）相同，而译作与原作虽说用的都是语言，而不同的语言的音、形及音、形、义结合的规律都不同。在这个层面上，如果说临画的“形式”有相同的素材和相同的法则作为理论上的保证的话，那么翻译原则不仅不应该追求“形似”，而且必须以破原作之形为首要手段。在第三个层面，也就是巴赫金所说的“布局形式”的层面，主要涉及我们所关注的体裁问题，如小说有一定的形式要求和相应的语言要求，如诗歌对押韵、格律等都有一定的要求。在翻译中，对这一层面的形式，译界的认识比较统一，都认为必须要加以传达，也就是我们经常强调的，译出的小说要像小说，译出的诗歌要像诗歌。意见比较难以统一的是在第二个层次，即言语层次，显而易见，追求“形似”也具有理论上的困难和障碍，但应该看到，一部文学作品的生命，在很大程度上取决于创作主体对语言所提供的可能性的独具个性的运用。同样的几个单词在不同的创作主体的笔下会出现不同的生命姿态。一部作品的可感知的一切特征构成了一部作品的生命的基础，“形”的重要性是不言而喻的。就创作而言，作者的语言风格在这一层面显得尤为重要，法国作家福楼拜曾经说过：“风格就是生命，这是思想的血液。”语言风格具有可感知的一面，也就是我们通常所说的“客观可感性”。作者在语言使用中作用于风格的诸方面，尤其是其独特的遣词造句方式，似乎具体实在的，是可以感觉和辨识的。应该看到，翻译界对要不要以“形式”为重的争论主要就集中在这一层面。从理论上讲，不同的语言风格具有不同的表现力，赋予作品不同的气势、情调和神韵，就翻译而言，其着眼点和着力点应该在这个具有个性的“不同”上，只有在翻译中表现了原作的这一“不同”，才能赋予原作不同于他者的生命。关键是，翻译如何来表现原作的这一“不同”呢？是采取模仿的方法去求，还是有什么别的途径呢？

对这一问题，翻译界有不同的认识，且根据不同的认识有不同的答案。语言的差异和语言差异所反映的各个方面的差异，结合语言层面的机械转换造成了困难，正因为如此，傅雷在给友人的信和探讨翻译的文章中多次强调差异的存在，并基于种种层面的差异给翻译造成的难以克服的困难，提出了不重形的观点。应该承认，无论是在纯语言的层面，还是作者根据语言的音、形以及音、形、义等的结合特点所进行的言语层面的创造，如双关、谐音等，都不可能以“形似”的方法去进行机械的模仿。译者所要关注的是作者采取的何种创作手法去充分利用语言所提供的可能性，他在翻译中首先要体现的就是原作者的创造个性，以原作者所提供的文本为出发点，通过语言层面的词与句，深入到字里行间去把握原作者的意图和文本的语境所限定的意义，再根据目的语的文化语充分调遣目的语所提供的可能性，在目的语中使原文本获得生命。正因为如此，是采取与原作相同的相似的语言表现手段，还是不同的甚至相反的语言表现手段，并不是一个有着明显界限的是非对错的原则问题，而是视两种语言、两种文化语境以及各种因素所提供的可能性而定。形可似，也可不似，但译者都不能不投入自己的创造个性，不然，形合神离，形似神散，都是不可避免的。在这个意义上，我们才有可能对本雅明的“逐字逐句的对译和不拘一格的自由”的辩证关系有更深刻的理解。翻译家方平（2002）的观点比较明确，他认为，在对待“形”与“神”的关系上要持辩证的态度，并提出了“亦步亦趋”与“灵活再现”相结合的观点。他指出：“高度重视艺术形式和内容间不可分割的关系，亦步亦趋，自然很好；但无论如何不能摒弃语言处理上的变通和灵活性。因为必须清醒地认识到语言既有它的流动性、可塑性，也有它约定俗成、不可强求的一面；不能为了迁就原文而不考虑本国语言的承受能力，造成语言超越、语言疲劳的现象。”（方平，2002）强调“亦步亦趋”的合理性，是因为“重神”并不意味着“轻形”；

而强调“灵活再现”的必要性，则是为了避免“形似”导致“神死”，方平的观点为我们理解并处理翻译中的“形”与“神”的问题提供了可资借鉴的原则。

第三节 翻译中的忠实与创造性

一些翻译家们在翻译实践中历来自觉不自觉的奉行着某些标准、原则。比如严复的“信、达、雅”，钱钟书说翻译“要入于‘化境’”，许渊冲的“美化之艺术”，朱光潜的“从心所欲，不愈矩”，江枫的“形似而后神似”。概括起来就是文学翻译过程中既要忠实原作，又不能抹杀其创造性，意即完整准确地表达原作的内容，保留原作的风格。同时，提炼文字，追求文字之美，于平淡之中见精彩。忠实与创造应作为文学翻译的两大标准。然而，这两大标准有时又有既矛盾又统一的一面，有时，我们一味地“忠实”于原文，就会忽略了原文的风格气韵，于是，此时就要充分发挥译者的创造性才能。而这种“创造性”也是为了使得译文能够更好地表现出原文的意思。因此，忠实与创造性这对矛盾之间又存在统一性。

1. 文学翻译的“忠实”

忠实（faithfulness），牛津词典的解释是 truth to the fact。奈达指出，译者在翻译时必须牢记，由于译语和原语所反映的文化差异，尤其是心理文化和语言文化的差异，原文的指称、言内和语用意义移植到译文中是会不可避免地遇到各种障碍。译者应设法消除障碍，将文化交流过程中信息的失真减小到最小。在我国翻译史上，许多学者精心研究，提出了不同的翻译原则，如直译、意译等。而 19 世纪翻译家严复提出了翻译标准“信、达、雅”（faithfulness, expressiveness and elegance），“信”是指译文要忠实于原文，忠实于原文的风格、思想、内容，在充分理解原文的基础上忠实地表达原文。“达”是指文理通顺。“雅”是指古朴典雅，译文应该修饰润泽。钱钟书先生的“化境论”指出翻译所追求的是：“把作品从一国文字转变成另一国文字，既不能因为语言习惯的差异而露出生硬牵强的痕迹，又能保存原有的风味。”严复的翻译原则是：“译文取名深义，故词句之间，时有所颠倒附益，不斤斤于字比句次，而意义不倍本文。”在我国占支配地位的标准，都把“忠实”放在第一位。如果我们退到起点，退到翻译活动的初衷，问题将显得非常简单。翻译的出现是出于文化交流的需要。在这一点上，完全可把它比之于向国人介绍西洋绘画、西洋音乐，或者相反，把中国国画或者中国的民族音乐介绍到国外去。无论这种介绍活动的其他目的怎样，它们首要的、根本的目标是一致的：向目的文化的接受者呈现原作的本来面貌。如果说在介绍绘画、音乐作品时对原作的色彩、线条或者曲调加以改易将显得荒谬绝伦的话．那么理想的翻译也不允许对原作随意窜改。在这个起点上要求的是绝对忠实。文学风格根源于内容而表现于形式，它的形成取决于作家的思想倾向、生活经历、艺术修养、个人气质等主观因素，同时与作家所处的时代，社会和文化等客观岗素密不可分。因此，译者在翻译时尽可能地把作品的本身翻译给读者。

忠实性是所有翻译中最基本的指导原则。它通常是指用一种语言（target language，TL）表达另一种语言（source language，SL）时，保持与原文的对等（equivalence）。忠实性内涵包含以下两个方面：其一是形式上的忠实（formal correspondence），指只从形式上考虑，为了使表达再现信息（reproduced message）的 TL 与表达信息的 SL 形式相似，力求做到词词对应，结构、比喻与原作相似；其二是意义上的忠实（equivalence in terms of meaning），要求译文的思想内容与原文一致，在意义上没有增删更改现象。所谓“忠实”，或许正如严复所主张的“信”，意即“不背（悖）文本”。要做到忠实原文，就应该掌握好适度原则，即要把原文的内容准确完整地表达出来，既不能改变和歪曲，也不能增加或删减。例如“He is seriously ill.”，这本来是一个极为简单的句子，可将其翻译为“他病得厉害。”或“他病得很重。”，但有人为了追求译文所谓的“漂亮”，把它译成“他苟延残喘。”，这就给译文增加了一定的感情色彩，违背了忠实的原则，反而得不偿失。当然，我们也不能把“忠实”片面地理解为完全拘泥于文本的“直译”“死译”。而这也是在英语翻译中要求在做到“忠实”的同时还应注意“通顺”。要做到通顺就必须把英语原文翻译成合乎汉语规范的汉语译文、明白通畅的现代汉语，既不能逐字逐词地死译，也不能生吞活剥。例如“His addition completed the list.”，有人将该句翻译成“他的加入结束了名单。”或“他的加入完成了名单。”，这样的翻译尽管可以使读者能勉强看懂，但总使人有别扭之感，根本不像是地道的汉语，根本就不符合汉语的表达习惯。关于上句，我们不妨把它翻译为“把他添上，名单（上的人）就全了。”，这样采取灵活的方法，没有生硬地套用原文的结构，就使得译文合乎汉语的习惯，使人容易看懂，读起来也顺口多了。

因此，一切词与句子的理解、作者的立意及作品的内涵都需要通过有意识或下意识的揣摩、推敲和思考。因此，在翻译实践中，我们应首先要通过原作了解原作者了解他创作的心路历程，与作者心神交融，与作品心物交融，然后回到自我意识中，完成“外化—内化—外化”的过程。细心推敲文字，尽心以自然、通畅的译语表达出来。但是由于时间、空间的间隔，社会文化背景的不同，也自然因为译者本身的人生修养、文化知识水平和艺术欣赏趣味等的差异，而必然对原作的理解、揣度、领悟产生一定的差异。因此，“忠实”也应是一个相对的概念，是一个不断追求和迫近的目标。

2. 文学翻译的“创造”的必要性

翻译作品，忠实当然是一项指导原则；但绝对忠实实乃不可能之事，任何翻译都会与原文存在着一些差距，这是由多方面的原因造成的。

首先，源语与目标语本身的差异。各种语言都有很大的差异性，包括语音、拼写、语法等方面，不过这些还不是最重要的影响因素。其中主要的是语言方式、习惯的不同，包括用词不同、比喻不同、联想不同等。由于这些不同，使翻译时很难、有时甚至根本不可能将原文信息所表达的内容、思想、感情完全地、毫厘不差地移植到译文信息中去。所以原文与译文不可能完全一样。其次，文化传统背景的差异。这一点我想大家都很清楚，举个简单例子：fox 这个词，它的本意是“狐狸”。西方人认为“狐狸”是一种可爱聪明的动物，所以在英语中，用 fox 来描写人时，它形容人的“聪明、机灵”。而在中国，人们都认为“狐狸”是一种狡猾阴险的动物，所以当我们使用 fox 一词时，多用来指人“阴险、狡猾”，这正是由文化传统背景的差异所造成的信息接收产生偏差，从而有可能导致翻译的不忠实。最后，民族心理特征的差异。各个民族有各自的文化传统，因而也就产生了不同的心理状态。西方人写作时风格直率、坦诚，不绕圈子，这也与他们豁达的性格有关。而中国人则偏向于细腻、委婉的风格，作品耐人寻味。因而要把两种不同的心理特征融合起来，绝非一件易事。

因此，在翻译过程中译者就不可避免地需要进行再创作。此外，从文学翻译自身的特点以及目的来分析，文学翻译也需要译者的再创造。文学翻译大致可以分为两个阶段，即分析阶段和综合阶段。两者之中，分析是文学翻译创作的前提。译者拿到文本后，总是要仔细研读原文，这个阅读理解的过程中，即使译者一心想要完全忠实原作的意图和思想，由于文化、意识、审美等的差异，最终也不可避免地加上译者自身的有别于原文作者的创造性理解。但由于文学翻译的创造空间是有限的，它不等于创作，故还是应尊重原作的意境和思想。在译者研读分析后，就要考虑如何用译语表达出来，这就进入第二个阶段——综合阶段。这时译者就已经担任起创造者的角色，和原文作者一样要考虑如何使描述的事件生动有趣，如何使所塑造的形象富有魅力，如何使人物语言具有个性，如何使译作体现一定的风格。这都是译者创造性的体现。但在译者的再创造过程中，要避免随意创造的译文出现。在这类译文中，译者自由发挥太大，主观随意性太大，违背了忠实于原作的翻译原则。

在翻译实践中，普遍对“创造”有两种不同的认识。一种是主观性的创造，即主动的创造，是在脱离原语语言形式的基础上，按译入语的音、形、义结合规律重新创作，从而准确甚至张扬地传达原文的意美、音美、形美。另一种则是因为两种语言在转换过程中有些无法逾越的困难，属“不得已而为之”，是在力求表达原意的基础上，加以变通，即被动的创造。

由于两种语言文化之间的差异性，一般来说，原作里最好的词句，转变为对等的译文后，就不一定是最好的译文；原作最好的次序，更不可能变成对等的译文次序。例如毛泽东的诗句“不爱红装爱武装。”，如果英译为“They love to be battle-dressed and not rosy-gowned.”，应该是忠实了原诗句的意思，但是译文始终处于劣势，文句平淡，不能再现原诗的神韵。许渊冲先生把“红装”深化为“涂脂抹粉”，把“武装”深化为“面对硝烟弥漫的战场”，把诗句译为“To face the powder and not to powder the face.”。原文中两个“爱”都是动词，两个“装”都是名词，英译文中则两个词既是名词，又是动词，与原诗句形神皆似，发挥了译文的优势，取得了创造的成功。这种“创造”属于前者，即主动的创造。

文学翻译的目的是文化交流，是把一国的文学作品介绍给另一国的读者，而不是翻译工作者把个人对该国文学文本的理解告诉那些读者。他们应该给读者留下理解、思考、欣赏的余地。如果借“创造”之名，缩小或误导了读者的理解可能，最终可能失去文学译介的目的。我们只有在翻译实践中，在忠实原则的指导下，潜心创造，最终回归到忠实的基础上来。尤其对于我们初学翻译者来说，更应在翻译过程中悉心阅读理解原作，和原作者倾心相交、心神相融，积极减少自我意识，超越自身的感受，顺应作者的审美心理，去领悟字里行间所蕴含的精神和意义，心悦诚服地做原作忠实的追随者。然后把个人与原作相融的心理感受化成自身艺术的冲动，意到笔到，恰如其分地展现原作的风貌。

3. 二者的矛盾与平衡

我们已经分析过，在翻译过程中涉及需要翻译创造之处的因素很多。在文学翻译中，着重内容和形式两大方面。原作的意思，即原作“说了什么”，固然需要忠实地再现于译作，但与此同时，原作的形式因素，即原作的意思是“怎么说”出来的，同样必须得到忠实的再现。在某些纯文学作品中，“怎么说”是作家创作个性最明显最直接的展现，是作家区别于他人的标志，比“说了什么”更重要。若忠其形，求其貌相似，可其神韵呢？气势呢？文学精品往往刻意寻求意在言外的效果，翻译时稍不小心，就容易得其形而忘其神，看似模仿了作者“怎么说”，却歪曲了作者“说什么”，也是不可取的。因此，在文学翻译中，必须尽可能从内容和形式两大方面去忠实地再现原作，既要在译作中忠实地再现原作“说了什么”，又要在译作中忠实地再现原作是“怎么说”的。

可是要忠其形，又要忠其神，谈何容易！

此外，每个国家的文化不同，当一部文学作品引入到其他国家时，必然会引起一些文化上的认同或者排斥。此时，对于那些译入语不能接受的文化，在翻译时必须要进行过滤。这样就必然会引起矛盾：一方面既要忠实于原作，另一方面又要顺应于接受文化和接受群体。翻译不仅是对文字进行转码，还涉及译者对原作和原文化的理解和在目的语文化环境中的表达，涉及译者本人与异质文化的对话。译者本人首先必须是一个读者，要对文本进行解读和接受，然后才能对原作进行译介，过滤作用就在于干预权力，于是便产生了权力的第二次分配，即进行二度创作，在这个意义上，译文应当具有独创性。

其实，就翻译的过程而言，译者既是被动的，也是主动的。对文学翻译而言，甚至主动性更多一点。要成功地把一部作品从一种文化背景植入到另外一种文化中，译者必须在忠实和顺应的两难境况下进行再创造，直到走出困境。既要在忠实的原则下理解原作，又要使之能够让目的语的读者乐于接受源语文化，这其实是很两难的事情，所以才称之为翻译中的一大矛盾。有人说，文学翻译可谓是戴着镣铐起舞，这句话说得极是。这种翻译不仅要舞蹈，而且还要舞得优雅，难度可想而知。

事实上，译者的高超翻译艺术也正体现于此，一个出色的译者必须要融会贯通中西文化，把握两者的异同，对原作的文化底蕴特别是两种文化的差异要能深刻地把握。要做好翻译，必须要了解背景文化和作者本人。另外，译者必须还要具备深厚的国学功底，把原作置于接受文化中并得到读者的接受，翻译时要注意当时的社会和历史文化环境对译文的接受程度，在两难的情况下，译者要凭借对两种语言和文化的谙熟对翻译做必要的取舍，寻找两种文化的最佳结合点。所以，从这一点来讲，翻译中的这对矛盾又不是完全对立的，它们最终都是为了更好地译出原作的精髓，因此，二者也是可以平衡和统一的。

思考题：

1. 请结合自己的翻译实践，举出一些常见的翻译中的矛盾。
2. 结合本章内容，谈谈你是怎样理解风格的“不可译”的。
3. 谈谈你对“形”与“神”之间的关系的认识。
4. 结合自己的翻译经历，谈谈在实践中如何兼顾“忠实”与“创新”。

第十章

翻译策略和方法

一般的翻译教材在讨论翻译问题时，都离不开讨论翻译方法与技巧。我国在20世纪80年代初出版的统编翻译教程（张培基等编著），主要是讲述常用的翻译方法与技巧，其中包括：词义的选择、引申和褒贬；词类转译法；增词法；重复法；省略法；正反、反正表达法，分句、合句法；被动语态的译法；名词从句的译法；定语从句的译法；状语从句的译法；长句的译法；以及习语、拟声词、外来词语等特别语词的译法等。

20世纪90年代出版的翻译教程也基本上沿用这些方法与技巧，或在此基础上有些改进，如柯平编著的《英汉与汉英翻译教程》。除了提出与张培基教程大同小异的方法外，还提出了变通和补偿手段，如加注、增译、视点转换、具体化、概略化、释义、归化和回译。

也有学者把分切、转换、词性转换、语态转换、肯定与否定、阐释或注释、引申、替代、拆离、增补、省略与重复、重构、移植等方法称为"手段"。

以上所引是不同学者所用的不同术语，用以描述翻译过程中的具体处理方法。究竟哪些属方法，哪些属技巧，哪些属手段，恐怕是很难讲得清楚的。因此，我们在这里把翻译过程中具体的操作方法（如以上所述的方法、技巧、手段）都类归为翻译"方法"；而把那些能够包含多种方法的术语，如直译法、意译法、语义翻译法与交际翻译法、异化翻译法、归化翻译法等，类归为翻译"策略"。本章讨论的就是这样的翻译策略及其常用的翻译方法。

第一节 翻译策略

翻译策略是翻译教学中不可缺少的内容。人们探讨翻译策略，通常会用二分法来谈论直译与意译、语义翻译与交际翻译、归化翻译与异化翻译等概念，并有不少人往往把这些概念混淆在一起。本节将具体对直译/意译、语义翻译/交际翻译和异化翻译/归化翻译这三对翻译策略进行探讨，追溯其根源，弄清其概念，并举例说明其所指。

1. 翻译二分法

一直以来，无论是在我国还是在西方，直译与意译都是翻译讨论的中心话题。“直译与意译之争，在我国自有翻译之时起就已存在，此争论至少从公元前就已经开始。到了 19 世纪初，很多作家倾向于意译，即译其神韵而不是译字母；译意义而不是译词汇；译信息而不是译形式；译事实而不是译方式。……不过，这种争论是纯理论的，争论者并没有考虑到翻译的目的、读者的情况和文体类型等因素。”（罗新璋，1984：4）

直译、意译在传统译论里讨论得最多。自 20 世纪 60 年代以来，在西方又出现了其他的提法，例如：奈达提出的“形式对等”（formal equivalence）与“动态对等”（dynamic equivalence）在本质上和意译与直译是一致的。还有其他学者提出的二分法，例如：霍斯（Juliane House）的“显性翻译”（overt translation）与“隐性翻译”（covert translation）；格特（Gutt）的“直接翻译”（direct translation）与“间接翻译”（indirect translation）；图里的“适当性”（adequacy）与“可接受性”（acceptability）；纽马克提出的“语义翻译”（semantic translation）与“交际翻译”（communicative translation），以及韦努蒂的“异化翻译”（foreignizing translation）与“归化翻译”（domesticating translation）。

以上所述的翻译方法二分法，既有共通的地方，也有不同的地方。本章将具体对人们常引用及争论的直译 / 意译、语义翻译 / 交际翻译和异化翻译 / 归化翻译这三对翻译策略进行探讨。

2. 直译与意译

关于直译之争持续了几个世纪，赞同者坚定不移，反对者（也即意译的赞同者）坚持己见，互不让步。其实，英文 literal translation 和中文“直译”的定义都不是十分确定，既可指逐词译（Word-for-word translation），也包括逐句译（Sentence-for-sentence）。直译作为一种翻译策略常用于以下领域的翻译：（1）翻译科技资料；（2）外语教学，让学生了解两种语言结构的差异；（3）文学翻译，纳巴科夫（Nabokov）是文学翻译中直译的高手，在他看来，“只有直译才是真正的翻译。”

然而，在现代文学译者中，赞同直译的人为数不多，其中的主要原因之一如奈达所说，“因为没有哪两种语言是完全相同的，无论是符号所指的意义或语言符号的排列方式都会有差异。可以说，语际之间没有绝对的一致。因而，也就没有绝对准确的翻译”。（张美芳，2004）

20 世纪 80 年代初，张培基等学者在当时的统编教材《英汉翻译教程》中这样下定义：“所谓直译，就是在译文语言条件许可时，在译文中既保持原文的内容，又保持原文的形式——特别指保持原文的比喻、形象和民族、地方色彩等。但直译不是死译或硬译……应当指出，在能够确切地表达原作思想内容和不违背译文语言规范的条件下，直译法显然有其可取之处。直译法一方面有助于保存原著的格调，亦即鲁迅所说的保持‘异国情调’和‘洋气’，另一方面又有助于不断从外国引进一些新鲜、生动的词语、句法结构和表达方法，使我们祖国的语言变得日益丰富、完善、精密。”（张培基等，1980：13）

20 世纪 90 年代出版的翻译教程对直译又有了不同的阐释：“直译指翻译时要尽量保持原作的语言形式，包括用词、句子结构、比喻手段，等等，同时要求语言流畅易懂。”一般来说，采用直译所产生的译文看起来肯定有翻译的痕迹，读起来也不是那么通顺。如果直译也“要求语言流畅易懂”的话，说明译者心目中的直译与意译的界线已经开始模糊，二者不再是对立的两种策略。

意译法有以下特点：（1）以目的语为导向；（2）用规范的目的语语言把原文的意思表达出来；（3）注重译文的自然流畅，不一定保留原文的结构及修辞手段。

现在人们普遍认为，直译和意译各有优缺点，意译与直译不会形成二元对立，因为翻译策略不是一成不变的。最恰当的做法是根据不同的语篇类型、翻译目的和读者对象来制定不同的翻译策略。直译、意译是翻译过程中表达阶段所采用的两种最基本的方法。正如张培基等学者所说：“不同的语言各有其特点和形式，在词汇、语法、惯用法、表达方式等方面有相同之处，也有相异之处。所以翻译时就必须采取不同的手段，或意译或直译，量体裁衣，灵活处理。”（张培基，1980：115）

在原语与目的语有共同的表达方式时，直译是最快捷有效的方法。例如：

(1) He ran his administration as a one-man show, and loved to exercise authority... Arthur Krock reported that he was “the boss, the dynamo, the works”. (*The Glory and the Dream:* 82)

译文 他在政府里惯唱独角戏，喜欢发号施令。……阿瑟·克罗报道说，罗斯福“是老板，是发电机，是钟表的发条”。（王宗炎，1983：9）

当原语在目的语中找不到对应词，直译又无法把原意传递出来时，意译是解决问题的有效方法。

(2) If Main Street didn't understand this, Wall Street did. (*The Glory and the Dream:* 85)

译文 这一点，一般人不理解，华尔街那些大老板们却是明白的。

如直译为“如果主街不理解，华尔街是理解的。”，读者就会不知所云。王先生把 Main Street 意译为“一般人”，把 Wall Street 意译为“华尔街那些大老板们”，把原意清楚地表达了出来，使译文简短明白。

3. 语义翻译与交际翻译

语义翻译是英国翻译理论家纽马克提出的两种翻译模式之一，其目的是在目的语语言结构和语义许可的范围内，把原作者在原文中表达的意思准确地再现出来。语义翻译重视的是原文的形式和原作者的原意，而不是目的语语境及其表达方式，更不是要把译文变为目的语文化情境中之物。由于语义翻译把原文的一词一句视为神圣，因此有时会产生前后矛盾、语义含糊甚至是错误的译文。语义翻译通常适用于文学、科技文献和其他视原文语言与内容同等重要的语篇体裁。然而，需要指出的是，纽马克本人也认为，语义翻译并非一种完美的翻译模式，而是与交际翻译模式一样，在翻译实践措施中处于编译与逐行译之间的“中庸之道”。

“交际翻译”有两个重要的概念。第一，交际翻译（或交际途径）指的是视翻译为“发生在某个社会情境中的交际过程”的任何一种翻译方法或途径。虽然所有的翻译途径都在某种程度上视翻译为交际，而这里所说的交际翻译却完全以目的语读者或接受者为导向。沿此途径的译者在处理原文的时候，旨在传递信息而不是复制一串串的语言单位，他所关心的是如何保留原文的功能和使其对新的读者产生作用。交际翻译和逐句逐行译和直译的不同之处在于，它把原文中的遣词造句的形式仅视为译者应考虑的部分因素。第二，交际翻译是纽马克提出的两种翻译模式之一（参阅语义翻译），其目的是“努力使译文对目的语读者所产生的效果与原文对源语读者所产生的效果相同”。这也就是说，交际翻译的重点是根据目的语的语言、文化和语用方式传递信息，而不是尽量忠实地复制原文的文字。译者在交际翻译中有较大的自由度去解释原文，调整文体、排除歧义，甚至是修正原作者的错误。由于译者要达到某一交际目的，有了特定的目的读者群，因此他所生产的译文必然会打破原文的局限。通常采用交际翻译的文体类型包括新闻报道、教科书、公共告示和其他许多非文学作品。

值得注意的是，交际翻译并不是一种极端的翻译策略，它和语义翻译一样是翻译中的“中庸之道”，既不像编译那么自由，也没有逐行译那么拘谨。

那么，交际翻译与语义翻译之间有什么差异呢？交际翻译的关注点是目的语读者，尽量为这些读者排除阅读或交际上的困难与障碍，使交际顺利进行。在语义翻译中，译者仍然以原文为基础，坚守在源语文化的阵地之中，只是解释原文的涵义，帮助目的语读者理解文本的意思。

交际翻译强调的是译文的“效果”，而语义翻译强调的是保持原文的“内容”。纽马克曾列举两个例子说明语义翻译与交际翻译的差别：

原文	语义翻译	交际翻译
1. Bissiger Hund! (German)	Dog that bites.	Beware of the dog!
Chien méchant! (French)	Savage dog.	Beware of the dog!
2. Wet paint!	Frisch gestrichen! (German)	Attention à la peinture!(French)
湿油漆！	油漆未干。	小心油漆！

分析 例 1，如果用语义翻译，把德语原文译为“那条狗咬人”；法语原文则变为“凶狗”。这两则译文都成了陈述句，为读者提供信息。而用交际翻译法，把两者都译为“小心恶狗！”，译文成了命令句，有警告的作用。例 2 是一条告示，德语版本看来是采用了语义翻译法。英、德两个版本都只为读者 / 受众提供信息，告诉人们“油漆未干”。法语版本没有按照英语原文的形式，而是用交际翻译法传递了此告示的功能，即请人们要小心油漆。

交际翻译所产生的译文通常是通顺易懂，清晰直接，规范自然，符合特定的语域范畴。交际翻译常常是“欠额翻译”。换句话说，即使翻译难度较大的语篇，交际翻译也会较多地使用通用的词汇。语义翻译所产生的译文通常比较复杂、累赘、啰唆和过于详尽。译者尽力追踪原作者的思想过程，而不是努力阐释。

4. 归化与异化

翻译是一项极为复杂也极具挑战性的活动。译者在从事这项活动的过程中，随时都会受到种种矛盾的困扰，经常被置于顾此失彼、左右为难的境地。翻译的种种矛盾中，核心的一条就是如何处理异化和归化的关系。

异化翻译法或异化法（foreignizing translation or minoritizing translation）和归化翻译法或归化法（domesticating translation or domestication）是美国翻译理论家韦努蒂提出的、用来描写翻译策略的两个术语。异化翻译法是故意使译文冲破目的语常规，保留原文中的异国情调。韦努蒂把异化翻译法归因于19世纪德国哲学家施莱尔马赫的翻译论说“译者尽量不惊动原作者，让读者向他靠近”。施莱尔马赫本人是赞同采用异化法的。韦努蒂指出，在盲目自大地使用单语并把归化翻译法作为标准的文化社会（例如英美社会）中，应提倡异化翻译法。在这种情况下采用异化法，表明这是一种对当时的社会状况进行文化干预的策略，因为这是对主导文化心理的一种挑战。主导文化心理是尽力压制译文中的异国情调（或“异物”）。韦努蒂把异化翻译描述成一种“背离民族的压力”，其作用是“把外国文本中的语言文化差异注入目的语之中，把读者送到国外去”。

具体说来，异化翻译法包括以下特点：（1）不完全遵循目的语语言与语篇规范；（2）在适当的时候选择不通顺、艰涩难懂的文体；（3）有意保留源语中的实观材料或采用目的语中的古词语；（4）目的是为目的语读者提供一次“前所未有的阅读经验”。不过，韦努蒂也承认，译文是用“本土的文化材料”组成的，异化翻译只能是翻译过程中的其中一种策略，不同的是，采用异化法的译者一般都态度鲜明，而不是隐隐匿匿。用异化法英译的典型例子包括庞德（Ezra Pound）的许多译作，纳巴科夫直译的名著普希金（Alexander Pushkin）的诗体小说《尤金·奥涅金》（*Eugene Onegin*）。

归化翻译法旨在尽量减少译文中的异国情调，为目的语读者提供一种自然流畅的译文。韦努蒂认为，归化法源于这一著名翻译论说：“尽量不干扰读者，请作者向读者靠近”。然而，对韦努蒂来说，归化法带有贬义，因为归化法实际上体现了主导文化社会中常见的政策，即“盲目自大地使用单语，把外来文化拒于门外”。他还认为，主导文化社会“习惯于接受通顺易懂的译文，把外国文本中的价值观隐匿在本国的价值观之中，令读者面对他国文化时，还在自我陶醉地欣赏自己的文化”。这里的“隐匿”是一个重要的概念，因为它说明了译者在翻译中的角色。在以归化法作为标准翻译法的文化社会中，正是译者的“隐匿性”使译文自然而然地归化于目的语文化而不被读者发觉。

归化翻译法通常包含以下几个步骤：（1）谨慎地选择适合于归化翻译的文本；（2）有意识地采取一种自然流畅的目的语文体；（3）把译文调整成目的语篇体裁；（4）插入解释性资料；（5）删去原文中的实观材料；（6）协调译文和原文中的观念与特征。

不过，如果我们可以笼统地把直译算作异化，把意译算作归化的话，那么就会发现：两千多年来，中国的翻译史跟其他国家的翻译史一样，整个也是一部异化与归化此起彼伏、竞相辉映的历史。而综观这部异化与归化竞争的历史，我们又会发现，中国的古代翻译和近代翻译呈现了两种不同的特点。我国的佛经翻译始于魏汉，盛于隋唐，延至宋元，千余年中，译人众多，大师辈出。道安主张直译，鸠摩罗什坚持意译，而慧远则提倡折中之论。到了唐朝，玄奘采取“新译”法被梁启超称颂为“意译直译，圆满调和”。由此可见，在我国的佛经翻译时期，虽有“直译派”“意译派”和“折中派”之争，但似乎没有哪一派占得主导地位。起码，主张归化的“意译派”没有占得什么优势。

然而，再看看我国近代翻译西书的活动就不难发现：比起注重保留原文的语言文化特色的“异化派”来，注重适应目标语的语言文化规范的“归化派”一直占有明显的优势。以英语翻译界为例，近一百年以来，最令人津津乐道的一些翻译大家，从晚清时期的严复、林纾，到20世纪30、40年代的朱生豪、吕叔湘、张谷若等人，个个都是“归化派”的代表；这些代表人物之中，除严复、林纾之外，其他人的译作至今还在广为流传，并深受译评界的赞赏。而在“异化派”的代表译家中，鲁迅虽是中国新文化的旗手，但其译作因为过于拘泥于原作，故而远不像其创作那样广受欢迎；董秋斯的译作虽然力求忠实，但有时过于拘谨，缺乏文采，因而其感染力也大打折扣；卞之琳等译家虽然成功地用诗体翻译了莎士比亚的戏剧，但影响似乎还及不上朱生豪的散文译本。

异化与归化是否一定水火不相容？一个译者翻译一个作品时，是否只能选择一种方法，一用到底，而不可两种方法“兼用”呢？要解答这个问题，最好还是从翻译的基本任务和基本要求说起。关于翻译的基本任务和基本要求，中外的译论家有过不少论述，许多翻译家认为最全面、最精到的，还是泰特勒的三原则：

（1）译文应完全复写出原作的思想；

（2）译文的风格和笔调应与原作相一致；

（3）译文应和原作一样通顺。

本节对人们常提的三组翻译策略，即直译 / 意译、语义翻译 / 交际翻译和异化翻译 / 归化翻译进行了概述，并举例说明其所指。直译、语义翻译和异化翻译三者之间的共同之处是比较靠近原文；意译、交际翻译和归化翻译三者之间的共同点是比较靠近目的语或目的语读者，虽然有交叉重叠的地方，但是也有区别。我们认为，这三者之间最大的区别是：当人们讨论直译 / 意译时，他们的焦点是具体的操作方法；当人们讨论语义翻译与交际翻译时，他们心里想到的是语言的意义及其交际功能；而人们讨论异化翻译与归化翻译时，他们的关注点是抵制外来文化还是引入外来文化。

第二节　翻译方法

英汉两种语言在句法、词汇、修辞等方面均存在着很大的差异，因此在进行英汉互译时必然会遇到很多困难，需要有一定的翻译技巧做指导。常用的翻译技巧有增译法、省译法、转换法、拆句法、合并法、正译法、反译法、倒置法、包孕法、插入法、重组法和综合法等。由于前五种方法用之甚广，本节将主要着重讲述。

1. 增译法

增译法是指根据英汉两种语言不同的思维方式、语言习惯和表达方式，在翻译时增添一些词、短句或句子，以便更准确地表达出原文所包含的意义。这种方式多半用在汉译英里。汉语无主句较多，而英语句子一般都要有主语，所以在翻译汉语无主句的时候，除了少数可用英语无主句、被动语态或“There be...”结构来翻译以外，一般都要根据语境补出主语，使句子完整。英汉两种语言在名词、代词、连词、介词和冠词的使用方法上也存在很大差别。英语中代词使用频率较高，凡说到人的器官和归某人所有的或与某人有关的事物时，必须在前面加上物主代词。因此，在汉译英时需要增补物主代词，而在英译汉时又需要根据情况适当地删减。英语词与词、词组与词组以及句子与句子的逻辑关系一般用连词来表示，而汉语则往往通过上下文和语序来表示这种关系。因此，在汉译英时常常需要增补连词。英语句子离不开介词和冠词。另外，在翻译时还要注意增补一些原文中暗含而没有明言的词语和一些概括性、注释性的词语，以确保译文意思的完整。总之，通过增译，一是保证译文语法结构的完整，二是保证译文意思的明确。如：

(1) What about calling him right away?

译文　马上给他打个电话，你觉得如何？（增译主语和谓语）

(2) If only I could see the realization of the four modernizations.

译文　要是我能看到四个现代化实现该有多好啊！（增译主句）

(3) Indeed, the reverse is true.

译文　实际情况恰好相反。（增译名词）

(4) 就是法西斯国家本国的人民也被剥夺了人权。

译文　Even the people in the fascist countries were stripped of their human rights.（增译物主代词）

2. 省译法

省译法是这是与增译法相对应的一种翻译方法，即删去不符合目标语思维习惯、语言习惯和表达方式的词，以避免译文累赘。增译法的例句反之即可。

(1) You will be staying in this hotel during your visit in Beijing.

译文　你在北京访问期间就住在这家饭店里。（省译物主代词）

(2) I hope you will enjoy your stay here.

译文 希望您在这儿过得愉快。（省译物主代词）

(3) 中国政府历来重视环境保护工作。

译文 The Chinese government has always attached great importance to environmental protection.（省译名词）

3. 转换法

转译法指翻译过程中为了使译文符合目标语的表述方式、方法和习惯而对原句中的词类、句型和语态等进行转换。具体地说，就是在词性方面，把名词转换为代词、形容词、动词，把动词转换成名词、形容词、副词、介词，把形容词转换成副词和短语。在句子成分方面，把主语变成状语、定语、宾语、表语，把谓语变成主语、定语、表语，把定语变成状语、主语，把宾语变成主语。在句型方面，把并列句变成复合句，把复合句变成并列句，把状语从句变成定语从句。在语态方面，可以把主动语态变为被动语态。如：

(1) 我们学院受教委和市政府的双重领导。

译文 Our institute is co-administrated by the States Education Commission and the municipal government.（名词转动词）

(2) 由于我们实行了改革开放政策，我国的综合国力有了明显的增强。

译文 Thanks to the introduction of our reform and opening policy, our comprehensive national strength has greatly improved.（动词转名词）

(3) I'm all for you opinion.

译文 我完全赞成你的意见。（介词转动词）

4. 拆句法和合并法

折句法和合并法是两种相对应的翻译方法。拆句法是把一个长而复杂的句子拆译成若干个较短、较简单的句子，通常用于英译汉；合并法是把若干个短句合并成一个长句，一般用于汉译英。汉语强调意合，结构较松散，因此简单句较多；英语强调形合，结构较严密，因此长句较多。所以汉译英时要根据需要注意利用连词、分词、介词、不定式、定语从句、独立结构等把汉语短句连成长句；而英译汉时又常常要在原句的关系代词、关系副词、主谓连接处、并列或转折连接处、后续成分与主体的连接处，以及意群结束处将长句切断，译成汉语分句。这样就可以基本保留英语语序，顺译全句，顺应现代汉语长短句相替、单复句相间的句法修辞原则。如：

(1) Increased cooperation with China is in the interests of the United States.

译文 同中国加强合作，符合美国的利益。（在主谓连接处拆译）

(2) I wish to thank you for the incomparable hospitality for which the Chinese people are justly famous throughout the world.

译文 我要感谢你们无与伦比的盛情款待。中国人民正是以这种热情好客而闻明世界的。（在定语从句前拆译）

5. 正译法和反译法

这两种方法通常用于汉译英，偶尔也用于英译汉。所谓正译，是指把句子按照与汉语相同的语序或表达方式译成英语。所谓反译则是指把句子按照与汉语相反的语序或表达方式译成英语。正译与反译常常具有同义的效果，但反译往往更符合英语的思维方式和表达习惯，因此比较地道。如：

（1）在美国，人人都能买到枪。

译文一 In the United States, everyone can buy a gun.（正译）

译文二 In the United States, guns are available to everyone.（反译）

（2）你可以从因特网上获得这一信息。

译文一 You can obtain this information on the Internet.（正译）

译文二 This information is accessible/available on the Internet.（反译）

思考题：

1. 翻译二分法是指什么？
2. 韦努蒂关于异化与归化的观点是什么？
3. 简述常见的翻译策略及翻译方法。

第十一章

翻译批评

翻译是人类亘古不变的跨文化交际活动之一，翻译批评活动随着翻译活动相伴而生。翻译的历史浩瀚无边，翻译批评的历史也源远流长。我国早在佛经翻译兴起之际便出现了有文字记载的翻译批评，但古代的翻译批评未成气候。到了近代，翻译除针对宗教典籍以外，更注重了数学、天文学等西方科技著作的翻译，这一时期的翻译批评思想有了长足的进步。到了20世纪，学者之间的翻译思想论战掀起了第一次翻译批评高潮。当代更是出现了许多翻译批评的理论与实践的多种研究著作，为推动翻译事业发展起到了不容忽视的作用。

本章将从翻译批评的本质、价值、功能、主客体、分类、标准与原则等几个方面概括性地介绍翻译批评。

第一节　翻译批评的本质、价值与功能

1. 翻译批评的本质

研究翻译批评首先应该认识翻译批评的本质。正如“什么是翻译”一样，对于“什么是翻译批评”这一问题也没有标准答案，学者们对翻译批评下的定义仁者见仁，智者见智。下列几个定义是不同的学者从各自不同的角度阐释的翻译批评的本质。

（1）翻译批评是一种具有一定的实践手段和理论目标的精神活动，是审美评价与科学判断的有机统一。概括地说，翻译批评是按照文学翻译的审美原则，根据一定的批评标准，对具体的翻译现象（译本或译论）进行的科学的评价活动。（郑海凌，2000）

（2）翻译批评是批评者运用批评理论及其他相关理论，对译文、译事、译者、译评等进行的评论，目的是提高译文质量与人才培养的水平，推动翻译学的发展。（邵成军，2003）

（3）翻译批评的任务是以一定的翻译标准为准绳，以科学的方法对一本或译论的艺术价值或科学价值进行判断，对其不足之处进行理论上的鉴别，特别是检视翻译实践的跨文化交际效果，从中探索译者的审美境界、科学视野和艺术技巧，以提高译者和读者的鉴别能力。（方梦之，2004）

（4）翻译批评主要针对具体的译作或与译作有关的某种翻译现象所发的评论，“批评”与“评论”在此基本同义。因此，翻译批评可以是鉴赏，也可以是指出错误式的批评，还可以是理论性的研究，借批评某种现象说明某个问题。在这个意义上说，翻译研究只要与具体译作、译者或某个具体的翻译现象相关，都具有翻译批评的性质。（杨晓荣，2005）

（5）常规意义上比较完整的翻译批评应是：依照一定的翻译标准，采用某种论证方法，对一部译作进行分析、批评、评价，或通过比较一部作品的不同译本对翻译中的某种现象做出评论。（杨晓荣，2005）

以上所列定义既包括了权威译学词典对翻译批评概念的界定，也包括了权威翻译批评专著和翻译批评论文对翻译批评本质的阐述。有对翻译批评的定义专业而且全面的解释，也有避开深奥的学术语言，精练、通俗易懂的介绍。根据这五种有代表性的定义，不难得出翻译批评所包含的几个要点：（1）翻译批评是翻译研究的重要组成部分。

（2）翻译批评的目的是提高翻译质量，提高翻译教学水平以及推动翻译学的发展。（3）翻译批评必定包括主体与客体。主体可以是专家、从事翻译职业者、翻译读者等广泛人士。客体不仅包括翻译作品本身，还包括翻译理论、翻译方法等诸多方面。（4）翻译批评的进行应当有相应的理论指导，没有理论的一般性评价具有局限性，往往很难对翻译学的发展起到有效的推动作用。

翻译与文学创作都是人类的主观意识活动，因此，翻译批评便同文学批评一样，伴随着翻译活动孕育而生。翻译批评与文学批评的联系十分紧密。文学批评的研究对象是文学原创作品，而翻译批评的对象是对原作理解基础上再创造出的翻译作品。文学批评的主要目的在于通过对文学作品文化内涵的阐释，揭示现实生活的意义、价值和趋向，引导人们的精神走向，促进社会的进步与人类的发展，而翻译批评的主要目的是促进翻译作品质量的提高，保证翻译事业的健康发展。虽然二者有细微的差别，但是翻译批评与文学批评在本质上是相同的，都可以理解为一种广义的阅读，并从阅读出发，达到研究的高度，其中涵盖了鉴赏、阐释、评论三个过程。鉴赏、阐释、评论三者都是从主体出发面对文本的接受和评价行为，不论是“具体评价”还是“总体评价”，都依赖并建立在阅读、理解和对话的基础上，因此，翻译批评在读者与文本之间以一种普遍的“理解—对话”形式存在。

同文学批评一样，翻译批评的产生对于翻译活动来讲有其必然性和必要性。谓其必然，是因为人们会在阅读翻译作品的过程中，自觉或不自觉的对其进行品评鉴赏，对比分析，也就必然有部分读者试图对其进行口头的或书面的评价，只不过严格意义上讲，翻译批评要以一定的翻译理论和翻译批评理论为背景和基础，对各种翻译作品、翻译现象或翻译思潮等进行分析、阐释与评论。它既是一种高层次的翻译接受活动，又是一种具有独立性地位的翻译研究活动，具有自律性和他律性的双重特征。谓其必要，许钧和穆雷在其著作《翻译学概论》中做了很好的总结：“翻译批评的根本任务是引导翻译朝着健康有益的方向发展。翻译实践需要指导，翻译现象需要辨析，翻译作品需要评价，翻译队伍需要扶持，所有这些都离不开翻译批评。在翻译质量、翻译风气甚至翻译道德不断遭受质疑的今天，开展科学的翻译批评对保证翻译实践的健康、理性发展具有十分重要的意义。”（许钧、穆雷，2009）

加拿大著名文学批评理论家诺思洛普·弗莱（Northrop Frye）在其著作《批评之路》（*The Critical Path*）的开篇就明确指出：“我需要的批评道路是一种批评的理论，它首先要说明文学经验的主要现象，其次要引导对文学在整个文明中的地位的某种看法。”“我拒绝这样的看法：‘批评是文学的一个分支’，因为那显然是无稽之谈。批评是文学的理论，而不是文学实践中的一个次要的和非基本的因素。”（弗莱，1998）诚如以上弗莱对文学批评的论述，翻译批评同样不能充当翻译的附属品，也不能被简单地视为应用翻译学的一个分支，而应该被理解为将翻译理论和翻译实践连接在一起的关键桥梁。

2. 翻译批评的价值与功能

翻译批评的正确引导还可以避免翻译界两个不好的倾向："一是大量进行盲目的实践，二是不断制造空洞的理论。"（肖维青，2010）南开大学王宏印教授（2006）曾说过："翻译批评是一门实证性的知性的审美认识活动。"翻译批评的对象往往是具体的翻译作品或翻译现象，这体现了它的实践性。如果一个翻译批评学者脱离实践，不对具体的译作、译者、译论进行分析、比较、演绎等，而是凭空臆造翻译批评的某种理论，其得出的结论可想而知是不可靠的，不能令人信服。同时，翻译批评的实践过程又必须以各种翻译或翻译批评理论为基础，对翻译作品进行理论性的分析、评价，做到能够有效引导译者在翻译过程中避免随意的偏译、误译。正如姜治文和文军所阐述的："理论之于批评，犹如钢材之于利刃；好刃必须好钢造，方能雪亮锋利。批评之于翻译实践，犹如修枝之于果树；果树只有去芜存菁，方能结出优质果实。"（姜治文、文军，2002）这段文字生动而形象地道出了批评理论对翻译批评的引导作用，也强调了翻译批评对翻译学科的健康发展提供了有力保障。因此，译者与批评者都应十分重视翻译批评的理论与实践的相结合。

从当前的翻译批评现状来看，人们对翻译批评的性质存在不同的认识。俄国诗人普希金认为："批评是揭示文学艺术作品的美和缺点的科学。"（肖维青，2010）而德国文学评论家赫尔德认为："批评主要是一个达到移情、同化和产生某种直觉的非理性的东西的过程。"（肖维青，2010）比较两人的观点，普希金的批评观中心点落在科学上，他认为批评是一门科学，具有科学性。而赫尔德强调批评是非理性的，个人感受为主，具有艺术性。实际上，两人的观点综合起来才更完善，也就是说翻译批评既具有科学性，又具有艺术性。

"翻译批评的科学性在很大程度上立足于其理论体系的独立性和自主性，没有自主理论体系作为依托的翻译批评是非理性的，不仅不能履行自身的使命，还将阻碍翻译及翻译理论的发展。"（刘云虹，2008）从早期的翻译批评活动来看，翻译批评主要是主观、随意的，偏重其艺术性。20 世纪以来，翻译批评对方法论的探求和应用明显增加。从而促使翻译批评走向科学化，弥补了仅凭批评者个人的好恶和情感偏向而产生的偏激评价对翻译发展的不良影响。

从文学翻译角度来看，文学作品具有强烈的主观情感和艺术性内容。因此，文学翻译批评不可避免地要涉及批评者的主观性判断和艺术性体现，可以发现，除了常见的论说式批评以外，还有其他许多种丰富多彩的批评表达形式，这同时也为翻译批评增添了艺术色彩。从这个方面讲，翻译批评注重科学性，但也不能完全遵循科学性，简单地用固定的理论框架生搬硬套，用死板的数据给出批评文章也是对翻译作品的不负责任。总而言之，在翻译批评实践中，既需要注重运用批评理论和批评方法的科学式批评，也需要融入真情实感的表现形式丰富、灵活的艺术性批评。如果将二者有机结合，更能达到理想的批评效果。

通过以上对翻译批评本质与性质的阐述不难发现，翻译批评对译者和译作具有激励和督促的功能，即引导作用，这也是翻译批评最重要的功能。对已有译本进行分析，指出其与翻译历史、与语言文化历史相符或不相符之处，为译者提供学习、揣摩的范例，帮助译者提高翻译理论修养和翻译实践水平，并且激励译者不断努力，开启复译的空间，翻译出优秀的作品；批评也能够打击粗制滥造，有针对性地批评典型的粗劣译作，指出其中的弊病，避免质量低劣的译作问世泛滥，并有助于改善翻译界良莠不齐的状况，保证翻译质量，促进翻译理论深化，提供新的研究方法，推动翻译事业的健康发展。

批评对译者产生激励和督促功能的同时，也可以对读者起到引导作用，即导读作用。“接受美学认为，作品总是为读者而创作，未被阅读的作品仅仅是一种‘可能的存在’。”（许钧，2009）翻译作品如文学作品一样，只有在译者与读者的相互对话中才得以存在。译作的价值要在读者的阅读、鉴赏、评价等一系列过程中才得以实现。因此，翻译批评必须充分重视作为翻译最终服务对象的读者的重要地位。我们不断地在强调，翻译不能被简单地视为两种语言或多种语言之间的转换，而是需要关照两种或多种文化间的相同与不同之处，正确理解原作的意义，并且要充分考虑读者群的特点和需要，自觉或不自觉地运用某些翻译方法和技巧，使原作在不同的时间和空间内得到交流、展现、完善与延续。翻译批评绝不是简单的评判“好”与“坏”的活动，批评者也不是必须有超出译者与读者之上的翻译水平的权威，批评者的责任不仅在于给予译者翻译上的参考，也在于给予读者一个欣赏原作、品评译作的角度。批评者凭借自己的审美感悟能力和翻译专业知识向读者传达自身阅读原文和译作的感受和审美体验，为读者提供一种或几种理解原作意义和译作意义的可能性，并鼓励和引导读者积极发挥其主观能动性，对译作进行不同角度、不同层次的创造性解读，有利于读者充分享受阅读的乐趣。

前面已经提到翻译批评不仅具有科学性，还具有艺术性，这就决定了翻译批评不单单是一种客观、抽象的科学活动，更是一种富有艺术情趣的审美活动。“文学翻译批评的任务是评价译者审美再现的效果。这种评价不能像做数学一样精确，但批评者可根据美学原理及自己的审美意识与审美体验，对原文与译文的审美要素进行比较研究，认识作者与译者的审美情趣，评价译者再现原文美的手法与功力，探索文学翻译中审美再现的规律。”（陈宏微，2006）

第二节 翻译批评的主体与客体

1. 翻译批评的主体

主体，即行为的发出者。就翻译批评而言，对翻译进行评价的人则是翻译批评活动的主体。英国艺术史家贡布里希（E. H. Gombrich）曾经说过："实际上并没有'艺术'这种东西，有的只是艺术家而已。"（贡布里希，2008）翻译批评也是如此，实际上并没有"翻译批评"这种东西，有的只是"翻译批评者"而已。如果没有翻译批评者，翻译批评则无从谈起。因此，对翻译批评的主体的探讨和研究对于认识翻译批评的实质、提高翻译批评的水平、促进翻译批评理论和实践进步相当重要。

主体具有意识性、自觉性和社会历史性等基本特征。翻译批评如何开展基本取决于主体的身份、视角与素质。法国批评家蒂博代（Albert Thibaudet）把批评分为自发的批评（即读者的批评）、职业的批评（即教授或学者的批评）和大师的批评（即公认的翻译家的批评）三种类型，其区别在于批评主体的不同身份。杨晓荣在其著作《翻译批评导论》中给出的"翻译活动和翻译批评要素及其作用关系"图可以帮助理解翻译批评的主体情况：

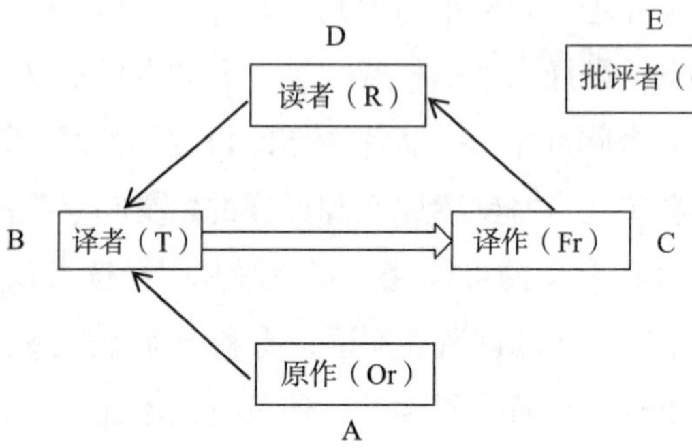

上图显示了翻译、译作阅读、翻译批评这一系列活动所涉及的几个要素以及它们之间的相互作用关系。图中，"批评者（C）旁边有一个问号，表示在翻译批评中，批评者的位置是游移的，他可以站在不同的位置上，从不同的角度审视批评的对象：他可以站在 D（读者）的位置上，也可以站在 B（译者）的位置上，还可以置身局外或身兼 D、B 二职，即处于 E 的位置上；反过来，翻译产出和接受过程中的两个主要参与者，即译

者（T）和读者（R），甚至隐身于原作（Or）后面的原作者，也都可以以批评者的身份出现进行批评，成为翻译批评的主体”（杨晓荣，2005）；由此产生了读者、译者及专家三种翻译批评的主体类型。

1.1 读者批评

读者批评普遍来讲是自由式的，边缘化的。读者不是专业的翻译批评者，他们不一定同时通晓源语（source language）和目的语（target language）两种语言，也不一定具有专业的批评理论知识，但他们通常具有一定的文化素养和审美能力。读者阅读译作，通过在阅读中的理解和感受对译作进行自发性的、主观性的评价，这种评价的形式多种多样，亦或是口头评议，亦或是以文章形式见诸于非专业的报纸报刊上，亦或是散见在网络媒体上，等等。由于读者阅读译作大多不是参照原文进行的，所以读者对译作的评价更趋近于对文学作品的评价，趋向于对译文的语言风格、伦理道德层面的评价。因此，读者批评应与专业的评价区分开来，但并不是说读者评价没有意义。翻译批评的根本目的在于促进翻译事业的健康发展，就这一点而言，读者批评具有其积极意义，有时或许会出现不同于专业性评价的新颖观点，这就不仅有利于翻译事业的发展了，还可以为翻译批评事业的发展拓宽道路。

读者批评有其自身的特点。其中最重要的是读者批评具有广泛性，这一重要特征是不容忽视的。这种广泛性有助于吸引更多的读者关注某个译作或译者，乃至吸引更多读者关注翻译。尤其要提到读者发布在互联网上的批评文字，网络传播速度快，覆盖范围广，影响力大。然而，这种读者批评有利也有弊，因为读者的批评毕竟没有理论指导，是自发性的、主观性的活动，必然不够客观公正，容易人云亦云。当然，不可否认读者批评不拘泥于理论框架，可以为翻译批评注入新鲜血液是读者批评的另一大优点，可以作为学术性翻译批评的有益补充。如果加以引导，避免偏激，将对翻译事业大有裨益。正因为读者是非常广泛的批评群体，他们代表着具有不同知识背景和不同价值观念的人，具有的不同欣赏口味，是翻译批评实践的主要方面。所以，在翻译批评研究过程中，读者批评的作用不容忽视。

1.2 译者批评

与读者批评相比，译者批评则远离了对文学作品的批评，趋近于对翻译作品的理性批评。译者相对于读者，有翻译的实践经验，并且往往有一定的理论知识，而且都是建立在双语对照批评基础上的翻译批评活动。“译者批评侧重于以经验为基础的过程分析或结果分析。”（杨晓荣，2005）“译者可以成为自己译作的批评者，也可以成为他人译作的批评者。”（许钧，2001）这两种译者批评分别可以称作译者自评和译者互评。译者自评相对于译者互评比较少见。能够进行自身评价的译者一般都具有严谨的治学态度，自评是译者想要不断提高、完善自身翻译水平的外在表现。译者在复译自己早期的翻译作品时，能够再次阅读原作，重新理解原作的意义，本着对原作者高度负责的态度进行，再将其与早期译本相互比照，对于两次译作的创作过程中的不同考虑以及两个译本的缺点和优点做出客观公正的评价，这种批评活动是难能可贵的。翻译家傅雷在重译作品《高老头》（*Le Père Goriot*）的序中就坦然地评价自己的初译：“用这个尺度来衡量我的翻译，当然是眼高手低，还没有脱离学徒阶段。《高老头》初译（1944）对原作意义虽无大悟，但对话生硬死板，文气淤塞不畅。新文艺习气既刮除未尽，节奏韵味也没有照顾周到，更不必说作品的浑成了。”（肖维青，2010）译者互评则是译者批评中最常见的形式。译者对于某一作品的一个译本与原文进行对照，或将几个译本相互对照原文，得出赞同与不赞同之处。译者互评的译者一般也是原文的译者之一，对原文有深度的理解，否则对于他人译本的评价则无从谈起。译者互评可以帮助译者相互监督，共同进步，创作出更精彩的译本。当然，译者在客观评价他人译作时，要注意避免卷入与被评论者相关的人际关系，不能借批评译作带入自己的私人情感，过分褒扬或过分贬低都是对原作者和读者的不负责任。

1.3 专家批评

专家批评一般指的是比较精通源语（source language）和目的语（target language）的人，以一定的理论为指导，对原文进行充分理解，对译文进行详细分析，并对译文和原文严格比照进行翻译批评。这里所称的专家不仅指那些专门从事翻译批评的学者和语言学家，也包括一些通晓源语和目的语、并了解一定批评理论、对翻译批评有兴趣的相关学科的专家、学者等。专家批评是翻译批评的主流形式，所谓严格的、学术性的翻译批评即指此类，此类批评是翻译批评领域中最为活跃也最具创造性的部分，肩负着体现翻译批评的价值、促进翻译事业的健康、可持续发展这一重要使命。专家、学者仔细阅读、揣摩译文和原文，按照专业的翻译原则和标准来衡量和评价译文。他们凭借着对源语和译入语的熟练掌握、专业理论的深刻研究、丰富的想象力和敏锐的洞察力，对译文、译者或翻译现象进行系统全面的分析，做出客观的、权威的、有指导意义的评判。

既然专家批评被称作专业的批评，那么作为专业的翻译批评就要具有其必备的职业素养，树立科学的批判精神。翻译批评者是否具有正确的批评态度和科学的批评精神、对于翻译批评是否能朝着积极有益的方向发展具有决定性作用。王宏印在其《文学翻译批评论稿》中提出理想的文学翻译批评家应具备七种素质：“（1）精通两种语言及其相关的文化，能够辨别语言的优劣高下文野等风采；（2）懂得翻译方法并具有鉴别力，其一在于识别写进了书本中的技巧以及可能获得的效果；其二在于所谓的知人论世；（3）具有相当的文学鉴赏力，包括一般的文学修养和具体的分国别的文学作品的认识；（4）对原作和译作要有研究，在同等水平情况下，即语言、文学、翻译等方面能力和眼光同等高低的情况下，研究译作和原作越透彻，则评价的权利和资源越有利；（5）同情心和理解力，所谓同情心要求评论者能够站在译者的位置上，设身处地地理解译者的翻译策略和翻译方法以及要达到的翻译效果，所谓解释力指不但能够理解译者和翻译活动，而且能够对于自己理解的东西做出解释；（6）超越与达观态度，不与译者斤斤计较，不对读者盛气凌人；（7）评论者的风度，即温良醇厚的长者之风，不计较小节的学者之风。”（王宏印，2006）这七条素质既提出了成为理想的翻译评论家在语言、文化、文学等层面的客观条件，也强调了理想的翻译评论家应有的主观品质。除此之外，批评家还应该是一个杂家，做到各方面的知识都有所储备，因为翻译的作品往往存在各学科之间的知识相互渗透，相互交叉，再加上社会的进步、科学的迅猛发展，技术的不断更新、知识的不断丰富，所以各学科的知的批评者就应有意识地学习，了解其他学科知识，并且应该具有紧跟时代步伐的眼光和鉴赏力。

此外，具备理论修养和知识储备固然重要，更加不容忽视的是批评家应具有正确的世界观、人生观和价值观，具有强烈的社会责任感，才能对批评对象做出公正的评价，并引导翻译事业健康发展。另外，处于新的翻译环境或遇到新的翻译现象时，改变传统的批评模式，有意识地探索新的批评方法，构建新的批评维度，对于推动翻译批评界的整体发展也起着十分重要的作用。因此，创新意识也是翻译批评家不可或缺的素养，只有在翻译理论和翻译实践两方面都做到开拓创新，广借鉴，多创造，才能在理论方面拓宽批评的视野、增强批评的理论基础，在实践方面与时俱进，创作出优秀的作品。

2. 翻译批评的客体

不论进行哪种实践活动，有施动者，就必然需要受动者。对于翻译批评而言，只有确定了批评的对象，即批评的客体，批评主体才能进行批评活动。对于翻译批评的客体，翻译批评界存在不少不同的看法，随着时间的推移，认识也在不断改变。在翻译批评出现初期，批评的文章大多以指出、纠正文中字词的错误和漏译为主线，注重单纯的正误判断和自己的感官意识，这对于帮助译者避免再犯同样的错误有积极作用。郭沫若曾说：“指摘一部错译的功劳，比翻五百部错译功劳更大。”（郭沫若，1992）但值得注意的是，翻译批评如果仅仅局限于对字词翻译的评价上，便会失去翻译批评对于翻译所起的理论指导意义和学术价值。渐渐地，学者认识到这一点后，对于批评的对象纷纷做出了新的界定，茅盾就曾指出：“过去的一些批评大多侧重于指责字句的误译，而很少就译本做本质的、全面的批评。指责字句的误译，当然也是需要的，但这是不够的，批评工作还必须比这更进一步。我们希望今后的批评更注意从译文本质的问题上，从译者对原作的理解上，从译本传达原作的精神、风格的正确性上，从译本语言的运用上，以及从译者劳动态度与修养水平上，来做全面的深入的批评。”（茅盾，1984）这段话常常被引用，也是因为致力于翻译批评的学者们对于广义上的批评文章之期待。众学者对宏观层面的翻译批评呼声层出不穷，郑海凌在其著作《文学翻译学》中指出：“广义而言，翻译批评的对象是翻译现象，即外国文学的译本或翻译理论问题。”此外，周仪、罗平、文军、刘树森、王宏印等也都对翻译批评的对象做出了各自的阐释，从他们的看法中，可以总结为两种把握的角度：“广义的和狭义的。广义的视角认为，翻译批评的对象是翻译现象（包括原作、译者、译作、读者、社会效果、翻译理论，等等）（许钧、刘树森、彭甄、文军、郑海凌）；狭义的视角认为，翻译批评的对象是译作。（周仪、罗干、华先发、刘宓庆、王宏印）我们注意到，不论是广义的把握，还是狭义的把握，他们在具体的论述中都非常注意宏观与微观的结合，而这正是当代翻译批评理论对批评对象认识的必然要求。”（温秀颖，2007）然而，鉴于章节篇幅有限，此处对翻译批评客体的讨论不可能面面俱到，谨选取其中最常见的两种展开介绍。

2.1 译者

译者既可以成为翻译批评的主体，也可以成为翻译批评的客体。虽然大多数翻译批评都把眼光主要投在译作上，本着就事论事的原则，甚至常避免直接提及译者姓名，以避主观臆断，偏私之嫌。对于译者的研究算不上是翻译批评的主流，但是，译者是原作和译作的沟通桥梁，对于译者的研究意义是绝对不容忽视的。“早在1994年，文楚安就在《中国当代翻译百论》上发表了《一种翻译批评观：论文学作品的合格译者》，比较早而且比较清晰地把译者批评摆在翻译批评的显要位置。”（肖维青，2009）许钧也提出过：“从广义上讲，文学翻译的批评不应仅仅局限于对译文本身的评价。译者对原著的选择，译者的价值取向与翻译道德、态度，等等，都属于批评的范畴。”（肖维青，2009）

近些年来，学者们对于译者主体性的关注呈上升的趋势，主要以对著名翻译家的翻译风格和翻译作品为对象进行分析评价，最为人所熟知的钱钟书先生所著的《林纾的翻译》就属于以译者为客体的批评。这一类研究属于几种以译者为客体的批评中的一类，即以某一位译者的翻译思想或译作为客体的批评。此类翻译批评往往以名家名译为客体，研究某一翻译家的翻译历程、翻译思想、翻译风格，翻译方法、翻译贡献等，如傅雷翻译研究、鲁迅翻译研究、张谷若翻译研究，等等。除一些对于名家译作的翻译批评专著外，还有一些散见于《中国翻译》等学术期刊上的批评论文，乃至一些对翻译界泰斗级人物的访谈记录和评议都可归于此类。

以译者为客体的翻译批评还可以是以同一作品的多个译者为对象的批评。这类批评可以与译作批评同时进行，比较各个译者对原文理解的不同角度，翻译的不同切入点，读者对不同的译文所达到的不同效果做出的反应等多方面因素，直接或间接地指出其优劣高下，或进行优势互补型的分析探讨，可为后来的再译者提供良好的借鉴。

除以上两种外，还有一种以译者群为客体的翻译批评，也就是一部作品由几个译者合作翻译，这几个译者可看作为一个译者群体。这类翻译中既包含母语相同的译者之间的合作，也包括母语不同的译者之间的合作。二者均有各自的优势，母语相同的译者在理解母语方面可以相互探讨，做到更加全面、透彻；而母语不同的译者合作可以增强译文的准确性和地道性。除了根据译者母语的差别分类以外，译者群还有其他多种形式，比如：佛经翻译长期采取的是众多译者分工合作共同翻译一部作品；林纾的翻译是由魏易口述，他将翻译付诸于文字的形式完成的；另外，还有的将一部作品分割成若干部分，各部分分别由不同译者独立完成，然后再互相校对确定终稿，这种形式效率较高，实用性较强。现今许多公司的实用文件翻译和快速出版物的翻译大多采用这种形式。然而，不管是哪种译者群形式，翻译批评都应发挥其应有的作用，促进合理分析每个译者的特点，发挥每一个译者的最大优势，保证合译作品的质量。

2.2　译作

以翻译作品为对象的翻译批评研究在我国的翻译批评研究中的比重和地位是不言而喻的。无论是对译者风格、翻译过程，还是翻译理论等的批评，首先都要通过译作这一显性文本进行体现，所以即使是不直接进行译作批评，在进行其他方面的翻译批评时，还是要多多少少涉及一些译作的品评。因此，以译作为对象是翻译批评不可跳过的一部分。郑海凌曾指出："译本是严肃的译者的艺术再创造的成果，是译者审美追求的具体体现，是译者的作品。他反对将那些'伪劣假冒'的东西视为译本，认为它们不属于翻译批评的范畴，而属于揭露和打击的对象。而翻译批评，作为一种审美评价活动和较为完整的、系统的学术研究活动，其任务并不是打击伪劣假冒的译文，而是以科学的方法对译本（或翻译理论问题）的艺术价值和不足进行理论上的鉴别和判断，从中探索译者的艺术技巧和审美境界，以引导提高读者的鉴别能力。"（郑海凌，2000）前面已经提到过，单一的"挑错式"的批评模式会使翻译批评的功用大打折扣，批评者需要注意将译作作为一个整体宏观上研究其产生的文化、历史意义和社会影响，如某一译作的出现是否对译入语的历史文化进步起到了推动作用，是否促进了两种文化之间的友好交流，是否对译入语社会发展产生了积极的影响，等等。当然，对于译作的内部剖析还是译作批评的主流。对译作的内部剖析有客观的语言性的分析，也有对译作风格的艺术性分析。语言性分析可以从选词造句、语法结构、修辞手法等方面着手对译作进行评价，而艺术性分析可以从译作的语言特点和意境表达等方面比较品评。

尽管将译者和译作分别作为两种批评客体进行介绍，但实际上，在批评过程中，对译者跟译作的批评几乎是分不开的，尤其是评价译者的时候，免不了要提及译者的某些译作。

第三节 翻译批评的分类

上一节中我们讨论批评的主体时已经讨论了按照批评主体身份划分的三类批评，还讨论了以批评的对象划分的两个具有代表性的类型，本章不再赘述。以下部分对两种翻译批评划分类别做简要介绍。

1. 根据译作体裁划分的翻译批评

按照译作的体裁可以将翻译批评分为文学翻译批评和科技翻译批评。本书第十章介绍翻译分类时给出了文学翻译和非文学翻译的划分。对比来看，这里的科技翻译不仅指狭义的科学技术方面的翻译，而是就其广义而言，包括自然科学、哲学、社会科学在内的许多非文学体裁的翻译。

文学翻译在我国翻译作品中具有权重地位，这是因为经典的文学作品内涵丰富，内容充实、情节生动、语言精练、富于魅力，能经受时间的考验，深受读者关注，需求量大，研究意义深远。与文学翻译大受译者追捧类似，文学翻译批评也在翻译批评研究领域占有较大的份额。新中国成立以来，我国的文学翻译批评大致出现了两次高潮。第一次是20世纪50年代初期，《翻译通报》刊登了许多翻译家和批评家就翻译批评的原则和标准展开的论述，这些文章为后来的翻译批评研究者们提供了大量好的素材，姜志文、文军的著作《翻译批评论》中就引用了《翻译通报》上一些有代表性的文章，并提出了独到、精辟的见解。第二次则是从20世纪90年代兴起，延续至今。上一次批评翻译高潮兴起时，缺少完备的翻译批评理论体系，没有一个具体的批评方向和可靠的批评标准，只是模糊的讨论过对于不同类型的翻译应该设定不同的批评标准，但没有实质性的定论。第二次翻译高潮兴起，翻译批评家的研究更加系统，更多地涉及翻译批评的实质问题，这期间出版了不少重要的文学翻译批评著作，如许钧的《文学翻译批评研究》《文字・文学・文化——〈红与黑〉汉译研究》《文学翻译理论与实践——翻译对话录》、文军的《文学翻译批评论稿》、马红军的《翻译批评散论》、杨晓荣的《翻译批评导论》等。这些著作既有对具体文学翻译作品的品评，也有对文学翻译理论研究的阐述，推动了文学翻译批评研究的进步，也对翻译批评的整体研究提供了参考。

由于文学批评对翻译批评的广泛影响，近代以来，翻译批评界对于翻译批评以文学翻译批评为主导是不争的事实，批评家们对文学翻译批评的重视是有目共睹的。但纵观翻译历史，我国的翻译最早是以佛经翻译为主导的，并不是文学翻译，当今世界，科技翻译，即非文学翻译作品虽不如文学翻译数量那么多，但其所占的比重和对人类社会生活的影响也绝不容忽视，因此，断不可将翻译批评与文学翻译批评画等号，忽略了非文学翻译。我们正处于信息化时代，全球化日益加速，科技讯息沟通显得尤为重要，在社会建设、技术交流和商贸往来中，非文学翻译越来越活跃，如各种国际性体育赛事的相关文件翻译、国际贸易函件翻译、法律诉讼文件翻译、科技专利文件翻译等多方面文章。非文学翻译批评数目增速与非文学翻译数目的增速远不成正比，从而使一些译者极端强调科技文本的客观性和翻译原则，有些译作过分运用生涩词汇，使读者不知所云，大大影响了翻译水准，导致科技出版物的质量良莠不齐。造成非文学翻译批评数量比文学翻译数量少的原因可能是由于非文学翻译大多是较零散分布的文章，不容易整体把握和批评，或是译本属于保密性文件，不可以大面积公开，译者无法对其进行评判。当然，翻译批评界对非文学翻译的重视程度还是影响其如何发展的重要因素。近年来，一些批评学者也逐步认识到了非文学翻译批评的重要性并撰写了此类专著，如文军于 2006 年出版的《科学翻译批评导论》，还有在《中国翻译》《中国图书商报》等一些期刊、报纸上发表的议论性文章。

2. 根据译作翻译方向划分的翻译批评

翻译方向，一般是指译者将母语作品译为外语或将外语作品译为母语。将外语译为母语称作顺译，反之，称作逆译。从顺译和逆译的名称之分可以理解，国际上默认将外语译为母语为主流翻译方向，原因是许多学者都认为，按理说一个人对母语的操控能力至少应该比外语强一些，所以在将外语作品翻译成母语时理应比将母语翻译成外语地道、可信。但是，在我国，母语为汉语，国际上精通汉语的人数有限，所以要传播我国的优秀文化，并保证正常的国际间合作正常进行，汉译外的大部分工作还需由我国译者承担。这就给翻译批评提供了新的批评角度，批评者应注意到翻译方向对翻译作品的影响，积极展开研究、探讨。

就汉英两种语言而言，根据翻译方向，翻译批评可以被分为：“对英译汉作品的翻译批评、对汉译英作品的翻译批评、对回译作品的批评和对转译作品的批评。”（肖维青，2009）

对英译汉作品的翻译批评不胜枚举，各种体裁、体裁都有涉及，如莎士比亚诗歌、戏剧翻译批评、雪莱的诗歌翻译批评、《简·爱》的翻译批评、《傲慢与偏见》（*Pride and Prejudice*）的翻译批评，还有一些非文学的英译含作品批评等。批评者从宏观或微观角度，针对某一作者的译作做出评价，或针对一个作品的多种译作进行比较批评，内容相当丰富，形式也多种多样。

对汉译英作品的翻译批评也不少见，比如对《论语》《诗经》译本的批评，对唐诗、宋词的翻译批评，对《红楼梦》的翻译批评，还有一些现当代优秀文学作品的翻译批评等，如马红军（2000）在其著作《翻译批评散论》中的“评《饮湖上初晴后雨》六种译文”“评《春晓》九种译文”“评《静夜思》十三种译文”等文章。除此之外，外事宣传材料的英译批评也是汉译英翻译批评的重要组成部分。外事宣传材料涉及国际间的交流事物、国家形象的宣传等重要内容，所以对外事宣传材料的翻译必须十分严谨、规范，并力求表达地道。

将一部作品从一种语言译成另一种语言，然后以译本为蓝本，再译回第一种语言，这第二个翻译过程就叫回译（杨晓荣，2005）。回译是一种很有意思的过程，对二语习得很有帮助，也是翻译批评很有意义的研究对象，但这种回译作品发表出来的比较少见。还有一种情况是作者对自己的作品进行回译，1959 年，张爱玲在美国时将其 1943 年的作品《金锁记》译成了英文版的 *The Pink Tears*，后易名为 *The Rouge of the North* 出版，第二年，作者再次将英文版译回中文版的《怨女》，这便是翻译批评研究的一个典型的回译范例。另外还有一种是作者本身是中国人，但精通英语，原作就是直接用英文写成的，而后又被译为汉语，林语堂先生就有许多这类的双语作品可供翻译批评者鉴赏、研究、批评，为翻译批评开辟新的视角。

转译，在我国历史上又被称作重译，但此处并不是此意，而是指根据由第三种语言的原作翻译过来的第二种语言译本翻译成的母语的译本，或是由第三种语言的原作翻译过来的母语译本翻译成的第二语言译本。在我国，20 世纪的文学翻译中，转译现象曾非常普遍。之所以出现转译现象，大致有三种原因：“第一，国内缺乏小语种翻译人才，这个原因很好理解，人才缺口大，转译是不得已的。比方说，20 世纪 50 年代以前俄苏文学很多靠转译，后来政府大力扶持，俄苏文学这个最大的翻译板块从 20 世纪 50 年代中期开始就彻底告别了转译。第二个原因是原译不容易得到。第三是考虑到翻译的时效性，利用转译节省时间。”（肖维青，2009）批评者对转译多持否定态度，认为译作与原作中间隔着转译中介，受到转移中介作品的影响，更容易偏离原文。这种担心是可以理解的，但也不能以偏概全，考察转译作品其实也有一些好的作品，如由翻译家梅益从英文版本转译成中文的苏联著名小说《钢铁是怎样炼成的》等。翻译批评者在对待转译作品时更应持有谨慎的态度，不能一味地将转译作品与原文比照，或是一味地将转译的作品与转译中介的译本比照来臆断其优劣。

第四节　翻译批评的标准与原则

要进行翻译活动，必须要有一定的翻译标准和原则作为规范，那么，翻译批评活动的进行同样也需要有相应标准和原则。翻译批评出现之初虽然没有系统的翻译批评理论作为指导，没有规范、科学的翻译批评标准，但是厘定翻译批评标准这个问题一直为众多学者所关注。这是一个值得长期探索的复杂的问题，也是翻译批评的中心问题。

1. 翻译批评的标准

讨论翻译批评的标准不可避免要关照到翻译的标准。翻译的标准是翻译实践中必须解决的首要问题。回顾理论界关于翻译标准具有代表性的讨论，尽管众说纷纭的翻译标准使其显得如多棱镜一般，但传统的翻译标准还是有一个共识的，即翻译与创作的根本区别在于翻译必须忠实于原文，不能脱离原文的框架而独立存在，但由于译者毕竟不能与原作者的思维一模一样，所以要达到绝对的忠实也是不现实的，因此，翻译标尺就应在最大限度地追究忠实于原文上。随着时间的推移，这种共识却变得有点模糊，与语言表达方式的不同有关，也与不同时期添加的、改变的因素有关。当然这也并不是要摒弃传统的翻译标准，只是要反对翻译标准的单一化和固定化，否定武断的是非论，提倡“建立一种多元的、多维度的、动态的翻译标准观念”（杨晓荣，2005）。

翻译批评的标准与翻译的标准不能截然分开，而且有时还常被当做同一个问题讨论。在翻译实践过程中，译者在翻译时对翻译标准的运用其实往往是潜移默化的，尤其是大师级的译者，他们并不是刻意地遵循某种翻译标准，计划运用某种翻译策略得出译文的。然而，批评者则总是具有较强的、较具体的标准意识，将译作的质量衡量上升到了理论的高度。

当然，批评不是简单的评判好与坏，而是更注重描述性的分析和评价。因此可以说，翻译的标准是翻译批评标准的重要组成部分。从传统到现代，翻译理论绵延数千年，杨晓荣教授在其著作《翻译批评导论》中总结说：“根据侧重、起源、理论特征及影响程度，以往有关翻译标准的各种理论可以归为五种：（1）源于翻译经验和写作理论的，由严复提出的‘信、达、雅’三原则；（2）源于美学思想和文学理论的‘神似’‘化境’与文学翻译创造性理论；（3）以多学科理论为基础的对等论；（4）以跨学科流派思想为

基础的功能主义等翻译标准论；(5) 以哲学观念和哲学方法为基本特征的翻译标准论。”(杨晓荣，2005)

上述标准中的第一种“信、达、雅”是我国传统的翻译理论。严复在《天演论》的《译例言》中提出：“译事三难：信、达、雅。求其信，已大难矣。故信不达，虽译犹不译也，则达尚焉。三者乃文章正轨，亦即为译事楷模。故信达而外，求其雅尔。”(转引自许钧，2009) 翻译界关于“信、达、雅”这个传统的翻译理论研究译论已数不胜数，此处不再展开论述。

上述标准中的第二种“神似”“化境”与文学翻译的创造性理论，“神似”是 20 世纪 20 年代末由陈西滢首先提出的，他用美术创作和临摹比喻翻译，提出“一个最好的摹拟者是个最忠实的译者”(陈福康，1992)。但是这种“神似”的翻译标准直到 20 世纪 80 年代才由傅雷发展成为一派理论学说，直接提出“重神似不重形似”的翻译观，将“神似”作为翻译的最高标准。“化境”是钱钟书提出的，他是从《说文解字》中一段训诂文字中引申出来的。“化境”以“化”为核心，强调翻译的忠实性。入化的翻译“对原作应该忠实得以至于读者读起来不像译本，因为作品在原文里绝不会读起来像翻译出的东西”(陈福康，1992)。

除“神似”“化境”之外，许渊冲还在 20 世纪 80 年代提出了一种在我国颇具争议的翻译标准，即“优势竞赛论”。其核心观点是：“翻译是两种语言的竞赛，文学翻译更是两种文化的竞赛。译作和原作都可以比作绘画，所以译作不能只临摹原作，还要临摹原作所临摹的模特。竞赛也就是看谁的临摹更具有艺术价值，这样就有了译文胜过原文，即译作超越原作的可能。”(许钧，1996)

随着翻译理论研究的发展，在传统翻译理论的基础上，中西方翻译学者又陆续提出了许多新的翻译标准。比如：奈达的“功能对等理论”、林语堂的“三重标准 (忠实、通顺、美)”、辜正坤的“多元互补论”、郑海凌的“和谐”等。“对等”一词由西方翻译理论中的 equivalence 发展而来，equivalence 一词刚传入我国时，有人也将它译为“等值”“对应”等。总的来看，译为“对等”比其他一些词更为准确。将新时期的理论与传统翻译理论相比较来看，根本的区别就是克服了单一式的、唯一化的缺陷，兼容并包，将多元化的翻译理论应用到了翻译研究中。然而，提倡标准的多元化不能滋生标准随意化的苗头。即使在标准“多元化、相对化”的今天，翻译批评仍然需要有一个完备的翻译理论体系和一个公认的客观标准。有了一个完备的理论体系，也就有了一个公认的批评标准，判断某一个译本合不合标准才能有可靠的根据，才不是一句空话。

我们从对传统及现代翻译标准的梳理中可以发现，任何翻译批评的标准都不可以是凭空捏造的，提出新的标准必须要有翻译理论的支撑或有利的独到见解。翻译批评的标准需要以多元化、多维度代替单一化、简单化，多种翻译标准取长补短，相互借鉴，体现多元社会文化价值。翻译批评的标准还需要与时俱进，随着社会、历史的发展进步而改变、完善，适应现阶段的价值取向，适应翻译的发展步伐。

2. 翻译批评的原则

1992 年，国内第一本文学翻译批评的理论著作《文学翻译批评研究》出版，书中对文学翻译批评的原则、方法做了较详尽的阐述，并以《追忆似水年华》一书的翻译为理论部分的实证，涉及了文学翻译中许多基本问题。许钧在其中提出了四条文学翻译批评原则："（1）不仅要对翻译的结果进行正误性的判别，更应重视对翻译过程的深刻剖析；（2）要突破感觉的体味，注重理性的体验；（3）应该将局部的、微观的批评与整体的、宏观的评价有机地结合起来；（4）应该注意发挥积极的导向作用，建立起新型的批评者与被批评者之间的关系。"（许钧，1992）其中第一条实际上是包含在翻译批评的本质问题中的，否定了对翻译批评只区分"好"与"坏"的理解。第二条则强调了翻译批评的客观性，告诫批评者避免主观臆断。第三条则是提醒批评者注重将微观与宏观批评的有机结合，使批评更加完善。第四条则突出了翻译批评所具有的功能，以及批评者应持有正确的批评观念。在《翻译批评导论》中，杨晓荣也总结了三条翻译批评的原则："（1）翻译批评应该是善意的、建设性的，即应是平等待人、与人为善，体现对译者的理解；（2）翻译批评应是全面的、整体的、本质的、历史的、不以偏概全、不片面、不偏颇；（3）翻译批评应是实事求是的，要客观，要有根据，要讲道理，不凭印象妄下断语，也不迷信权威，要实际而不空泛，深入而不肤浅。"（杨晓荣，2005）这三条总结中，第一条涉及的是批评者的批评态度，并强调与被批评者建立友好关系，与许钧提出的第四条相似；第二条强调了批评的整体观，宏观上把握批评，还强调了与时俱进的批评思想；第三条尤其强调了翻译的客观性。

除了以上两位教授的总结归纳之外，还有许多学者在其著作中也给出了各自对翻译批评原则的理解，如文军的《科技翻译批评导论》、王宏印的《文学翻译批评论稿》等。将众多学者的总结拿到一起比较发现，除有零星独特见解以外，大部分观点都集中在批评的本质、性质、功能、主客体所引出的批评客观性、批评态度、批评角度以及体现批评的价值等问题上，也充分说明了这些因素在翻译批评中的分量，都是不可打破的翻译批评之原则。

思考题:

1. 如何厘定翻译批评的本质?
2. 翻译批评有哪些功能，它们是如何发挥作用的?
3. 翻译批评的主体有哪些，各自具有什么特征?
4. 划分翻译批评的客体有哪些标准?
5. 如何理解翻译批评的标准和原则? 在翻译批评过程中如何正确运用批评标准?

第十二章

法律翻译

法律翻译是法律思想观念、法律语言文化、法律规范和法律文本的跨法系交流行为和跨语系交际行为，是我国法律话语体系走向世界的重要手段（董晓波，2018）。本章从英汉法律术语的“对等”翻译、我国立法文本规范化英译若干问题、古代法律专业术语之不可译及其补偿研究三个方面进行重点介绍，让读者清晰了解法律翻译的重点和难点。

第一节　英汉法律术语的“对等”翻译

由于英汉法系、法律制度的不同，在翻译法律术语时会遇到不可译，或者没有完全对等词语的情况，有时也会因为一词多义或对所译文国家法律不了解而产生歧义。因此，在英汉法律术语的翻译中，译者除需要考虑法律文献翻译的基本原则和一些相关因素外，还应该明晰不同法律体系和制度之间的差异，根据对等的程度，灵活采用合适的翻译方法。

1. 法律术语的概念和特征

所谓法律术语就是用来准确表达特有的法律概念的专门用语。根据其用法的不同，法律术语一般又可分为两类：一类是专门用于法律事务领域的法律术语（legal term of art）。它们专用于法律范畴。这类专用法律术语为数不多，且都有特定的确切的含义和适用范围，但不能被其他词汇取代，也不能随意引申。例如：侵权、诉讼时效、缓期执行、举证责任，等等。另一类表示特定的法律概念，但是随着应用范围的扩大和全民词汇发生密切联系而经常互相交换与影响，结果由原来只有法律工作者知晓的术语扩伸到全民词汇领域中，例如：律师、债务、谋杀、罪行、监狱、法庭、合同、遗嘱、罚款、惩罚、判决、审判、抢劫、偷窃、行为、签字、证明、保险、婚姻、离婚，等等。同其他任何学科一样，法律术语是行业语，也是社会习惯语的一种，法律术语使法律语言所指更为准确，所指代的事物更加明晰，同时它们也使得法律工作者之间的交际变得轻松自在。法律术语一般有以下三个特征。

1.1　词义具有明显的专业性

法律术语是法律制度中核心的部分，是在长时间的使用过程中逐渐析出并固定下来的。一个术语可能表示一种法律概念（如民法的“物”“法人”“无行为能力人”等），也可能表示一种法律制度（如“约因（consideration）”“禁止翻供（estoppel）”等），甚至会链接特定的历史背景（如 sealed contract），其含义不能单单从其构成的字词去理解（肖云枢，2001：44–47）。

1.2　词义具有排他性

一般而言，法律术语形成后便有了特定的使用群体，含义相对固定，形成了形式上的确定性。即使一些形成时不很准确的术语，如果其内涵已经为人们熟知，也不宜再随意改动。也就是说，法律术语的词义必须单一而固定。任何人在任何情况下必须对其有同一的解释。例如：在汉语中，"故意"不能用"存心""特意"来代替，"犯罪嫌疑人"不能用"犯罪可疑人"来代替。在英语中，negligence（过失）不能用 mistake 来代替，uncompleted murder（谋杀未遂）不能用 failure in murder 来代替。不仅法律专门术语要求词义单一，由民族共同语转化而来的法律词汇也必须表达单一的法律概念。

1.3　词义具有保守和权威性

法律术语词义具有保守和权威性的特点。与普通语言而言，其词义相对稳定、精确，变动较小，这是为了减少法律适用上的任意性，实现社会正义。汉语法律术语的古体词例如"刑罚""自首"等主要是文言词语，这些文言词语所表示的事物经过历史的过程在现实社会中依然存在，它们作为人类的法律文化具有继承性。法律英语术语中更是有大量古体词从古英语和中古英语时期沿袭而来，其来源由两部分组成，有些来自法语、拉丁语和少量希腊语等外来词语，例如 suit、testimony 等。

2. 法律术语翻译的策略和方法

苏珊·沙切维奇（Susan Sarecvic）在其著作《法律翻译的新方法》（*New Approach to Legal Translation*）中指出，法律翻译不仅是语言转换的过程，而是在法律机制中进行的交际活动。法律术语依据对等程度可以划分为接近对等、部分对等、不对等三类（Susan Sarecvic, 1997: 113）。法律翻译同其他翻译一样，是一种交际活动（杜金榜，2004：11）。但是，法律翻译不同于其他翻译的一个显著特点正在于它的可操作性，即在跨法系交际中，不仅要在语言文字层操作，更重要的是对语言表象背后的没有用文字表述出来的法律文化和法律规约要有清楚的认识。在对法律术语进行翻译时，首先要研究所要翻译的源语言法律术语的含义，译者在对所涉及的法律体系进行比较之后，针对源语术语与其目的语对应词语在语言功能和法律功能上的对等程度，在目标语言法律体系中寻找具有相同内容的术语，即必须在目标法律语言中发现源语言法律术语的对应词。具体而言：

2.1　概念对等时使用确切对等词（exact equivalences）

中国大陆法律渊源中如果存在与英语法律术语所含概念的类典型对等的术语，则可直接使用意义相对应的确切对等词进行翻译。这类法律术语容易翻译，只需将目的语词与源语词一一对应就行了。例如，court—法庭，suspect—犯罪嫌疑人，action—诉讼，will—遗嘱，party—当事人，arbitration—仲裁，answer—上诉，等等。

2.2　接近对等、部分对等时使用功能对等词（functional equivalences）

沙切维奇（1997: 278–279）认为，功能对等词是在没有确切对等词的时候才使用的。所谓功能对等词，是指“译入语法律体系中与源语法律体系某一个特定概念有相同功能的概念”。选择最接近的功能对等词可以保证英汉法律术语在没有确切对等词的情况下获得相对准确的翻译。但选择哪个词作为法律英语术语的功能对等词的前提取决于目的语中法律术语的概念与源语中法律术语的概念之功能是否对等，也就是说，在法律效果上相等。例如 mortgage，译为“按揭”还是译为“抵押”？从法律意义上讲，“按揭”与“抵押”的区别在于债务人对不动产的控制和占有，根据 *Black's Law Dictionary*（2004：3198）的解释：mortgage: A conveyance of title to property that is given as security for the payment of a debt or the performance of a duty and that will become void upon payment or performance according to the stipulated terms. The chief distinction between a mortgage and a pledge is that by a mortgage the general title is transferred to the mortgagee, subject to be revested by performance by of the condition; while by a pledge the pledger retains the general title in himself, and parts with the possession for a special purpose. By a mortgage the title is transferred; by pledge, the possession.

可见，事实上，mortgage 之内涵是指房地产按揭人将房地产产权移转给债权人，以作偿还债务的担保，而实际占有权仍为债务人所有，这就与我国所属的大陆法系的抵押概念存在一定差异。根据我国《物权法》第 179 条的规定，抵押权是债权人对债务人或者第三人不转移占有的担保财产，在债务人届期不履行债务或者发生当事人约定的实现抵押权的情形时，依法享有的就抵押财产的变价处分权和就卖的价金优先受偿权的总称。因此，morgage 译为“按揭”更为接近法律上功能对等。

2.3　完全不对等时使用释义、中性词、借词或新词

如果由于法律体系的不对等性，译者找不到可以接受的对应词，可以使用下列解决办法。

2.3.1　释义法（paraphrase）

英美法系司法系统错综复杂，与我国的司法体系更是大相径庭，很多司法名词必须通过“解释”方可表达其意思。释义是指用目的语里的中性语言把源语意图、含义表达出来，这是解决缺少确切对等词的有效方法之一。例如，英国的 magistrate 一词在词典中的释义是“a civil officer administering the law, esp. an official conducting a court for minor cases and preliminary hearings: a Justice of the Peace”，一般英汉词典把这个词译为“地方行政官（尤指执法官）；治安法官”。对于中国读者来说这一概念较为模糊，因为在中国的法律制度中没有“治安法官”这一概念，中国的治安案件由公安机关管辖，违反《治安管理处罚法》的行为由公安机关（警察）处理，而不通过法院的诉讼程序来解决。在英国司法体制中有“magistrates'court”，所以就有了“治安法院”的称谓，其审理案件的法官就叫“治安法官”。在法律语境里把 magistrate 译为“审理治安案件的法官”，通过解释翻译使这一概念变得清晰和准确（包克纪，2011: 32–36）。

2.3.2 使用非法律专业用语的中性词（neutral term）

由于法律文化不同，不少法律英语术语所涉及的概念、原理等在汉语中完全不存在，根本找不到确切对等或接近对等的术语。在此情况下，译者可在正确理解法律英语术语意思后将其译为汉语中非法律专业用语的中性词。如：罗马法中有 fault 这个法律术语，是诺承契约（contractus consesu）中出卖人必须担负的担保义务，过去我国曾将这一法律术语翻译为“瑕疵”，但因其不够通俗，现一般译为“缺陷”。在英美法系国家，libel 和 slander 是侵权法概念而非刑法概念，对于侵害他人名誉者，受害人可以对其提起损害赔偿诉讼。而在我国，侵权行为根据其严重程度分别由民法和刑法来调整，故有诽谤罪。但 libel、slander 与“诽谤罪”并非功能对等的法律术语。如果译者分别用中性词“书面诽谤”和“口头诽谤”来翻译就更贴切，也可避免混淆与误解（谭福民、向红，2012：52–55）。

2.3.3 译借（borrowing）

法律翻译过程是一个法律交流、法律移植和法律发展的过程，中国的法律术语也在翻译进程中不断丰富，译借法功不可没。改革开放之前，我国法律特别是民法、海商、环境保护、婚姻家庭等方面的法律法规特别薄弱，为了健全我国社会主义法制、完善我国社会主义法律体系有用，许多外国法律术语被译借到中国法律法规中用，例如罗马法中的“动产”（movable property）、“收养”（adoption）、“血亲”（cognation）等。最典型的是民法中的 legal person 被译为“法人”，指“具有权利能力和执行能力，依法独立享有民事权利和承担民事义务的组织。包括企事业单位、机关、社会团体等”。

需要注意的是，由于英汉词语在语音与语义上存在较大差异，因而英语借词进入汉语法律语体后一般要经过“归化”（naturalized）处理，即在语音或语义上稍做改动，使之近似汉语本土词语。例如 anti-trust law，译为“反垄断法”比“反托拉斯法”好。

2.3.4 创造新词（neologism）

英汉法律术语概念往往并不对等甚至完全不对等，当翻译中使用释义、中性词和借词都难以实现功能对等时，就得创造相应的新词作为新的法律术语。例如，由于英美等西方国家的女权主义者提出和倡导妇女个性解放，因此 marital rape（婚内强奸罪）得以产生，而这一罪名概念在我国法律里是没有的。在英美法系里非常注重诉讼程序，因而诉讼程序上的很多概念在我国司法制度中也没有，如 plea bargain、plea agreement（辩诉交易，辩诉协议，指经法庭批准，被告人为免受较重刑罚处罚而与控诉人达成的认罪交易协议）。

由于经济发展的不平衡，金融、证券、保险和票据法律术语的不对称尤为明显。如：pension warrants（年金支付通知）、share warrants（认股权证书）、fidelity insurance（职工忠诚保险）等都是创译的结果。

创译新的法律术语要遵循单义性原则，体现理念更新的精神，揭示所指称的法律事物（现象）的本质特点。在命名时要注意语义的聚合性、系统性。如：“成年人”这个法律术语在我国法律体系中出现较早，minor/infant 最初翻译为“青少年”“未成年子女”等，现在普遍翻译为“未成年人”，因为这个法律术语与“成年人”语义对称，易于理解和掌握，体现了法律术语语义的系统性和法律的庄重性。

第二节 我国立法文本规范化英译若干问题

20 世纪 80 年代，中国实施改革开放以后，对外经济贸易飞速增长，外资企业和来自国外的个人投资者都希望了解中国的法律法规，中国立法文本的对外翻译也就此开展。20 世纪末，为了加入 WTO，各成员国都需要法律公开和透明，中国立法文本的翻译也迎来了一个新的高潮。20 世纪初，随着文化“走出去”国家战略的提出，中国立法文本的翻译也是国家文化软实力的重要组成部分。

1. 我国立法文本翻译的基本原则

关于法律翻译的原则，国内一些学者，如杜金榜、邱贵溪、李克兴等已作较系统地归纳和阐述。在国内外学者提出的原则的基础上，我们将法律翻译的原则归纳总结如下。

1.1 准确性与对等性原则

准确性是法律语言的生命，更是法律语言的灵魂。法律翻译处理法律语言材料时，必须固守准确性这一首要原则。如：reasonable person 是“行为能力人”，而非“通情达理的人”。香港遗产法中的 personal representative 不能误译作“个人代表”，而是指“遗嘱执行人”，它包括 executor（男性遗嘱执行人）、executrix（女性遗嘱执行人）或遗产管理人，包括 administrator（男性遗产管理人）、administratrix（女性遗产管理人），都是由法庭指定管理死者遗产的人。再如，“法治”与“法制”两词在我国立法文本中出现频率颇为频繁，故在相当一段时间，孰为“法治”与“法制”两词的适格英译，是我们立法文本英译人员面临的问题。我们知道，“法治”通常相对于“人治”（rule of man）而言，宜译作 rule of law。“法制”的含义，视具体情况而定。就狭义而言，“法制”等于“法律制度（legal system）”，故“法制保障”宜译成“the guarantee of a legal system”；就广义而言，“法制（legality/justice）”意指“有法可依，有法必依，执法必严，违法必究”，故“社会主义法制”可译作“socialist legality/justice”。

1.2 一致性与同一性原则

一致性与同一性原则是指在法律翻译的过程中用同一法律术语表示同意法律概念的原则。对于法律翻译，为了维护同一概念、内涵或事物在法律上始终如一，以免引起歧义，词语一经选定就必须前后统一。在法律翻译中只要认准并用准了某词语，就千万别怕反复使用该词语。法律语言翻译如果缺乏一致性和同一性，无疑会使法律概念混淆，也会使大众不必要地去揣测不同词语的差别，从而影响法律信息传递的精度。正如亨利·魏厚纷（Henry Weihofen, 1961: 45）在其所著的《法律文体》（*Legal Writing Style*）中所说的——“Exactness often demands repeating the same term to express the same idea. Where that is true, never be afraid of using the same word over and over again. Many more sentences are spoiled by trying to avoid repetition and repetition.”（如果您怕重复用同一个词表示同一个事物或概念有伤文采，那您肯定会牺牲法律的精准性。），比如，“未成年人”在英文中有 infant 和 minor 两个词，当我们在翻译同一材料时若选定 infant，在下文中就不能随意用 minor。

1.3 专业性与规范化原则

随着人类社会的发展，行业的划分也越来越复杂和细致。在所有的行业中，法律行业对专业性有很高的要求。法律翻译是法律专业和语言专业的结合。对于法律翻译者而言，同时掌握良好的语言能力和法律知识是一个很重要的标准。例如，“不可抗力”应该被翻译为 force majeure，而不应该被翻译为 beyond human power、force controlled by god 或者 irritable force；“包办婚姻”应该被翻译为 arranged marriage；unfair competition 不应该被翻译为“不公平比赛”，应当译成“不正当竞争”；unjust enrichment 译成“不当得利”，不应该译成“不正义的致富”。规范性是对语言最基本的要求，语言规范化原则是指在法律英语翻译过程中使用官方认可的规范化语言或书面语，以及避免使用方言和俚语。虽然在法律文书的起草和翻译中有许许多多的清规戒律（如慎用被动语态、外来词、缩略词，等等）。但有一点必须强调，那就是必须使用官方用词（语），尤其是现行法律中已有界定的词语。如 target 在法律上为“标的”（不译成“目标”），subject matter 为“标的物”（不译成“主题”），cause of action 为“案由”（不译成“行为原因”），等等。

1.4 精练性与简明性原则

法律语言学家认为法律英语之所以难以理解是因为它违反了人们使用语言的习惯，因此减少使用法律术语，避免复杂的语法结构，有助于人们理解法律语言。法律语言翻译应遵循精炼性与简洁性的原则，即用最少的语词传达最大量的信息（giving a lot of information in few words）。

2. 我国立法文本英译策略

对照上述翻译的原则，现从词汇、句法、篇章三大方面对我国立法文本英译的一些翻译失误进行分析并提出新的翻译策略。

首先，词汇方面的英译。目前，我国法律专业术语英译方面出现问题的原因是多方面的，主要有：（1）望文生义——误将普通术语用作专门术语；（2）缺乏对本国和对方国家法律文化和语言文化的了解，法律术语的翻译张冠李戴；（3）违背法律术语内涵上的特定性。如果由于法律体系的不相关性，译者找不到可以接受的对应词，可以使用下列解决方法：（1）使用源语言术语最初的或转录的译本（original transcribed version）；（2）使用解释（paraphrase）；（3）创造一个新语（neologism），即使用目标语言中并不构成现有目标语言术语的一部分的一个新术语，必要的话再附上解释性脚注。

其次，文体、句式结构的英译。法律英语结构严谨，用词考究，逻辑严密，文体较其他体裁更为正式、刻板，较多地使用被动语态，这是由于法律本身的特质决定的。从我国目前多数立法文本的英译本来看，译者的翻译较多体现了中国法律法规原文的风格，因而比较贴近普通英语，主要表现在习惯汉语思维，法律英语常见的句型使用不当。如：经常使用短语“for the purpose of...”表示立法目的。然而，该短语在法律英语中更多用于表达“就……而言”。还有一些英译本中使用“whoever does...shall be...”的句式，描述一定行为及其引起的法律后果，虽然这样的句型在语法上完全正确，但这并非以英语为母语国家的典型表述。至于 subject to、without prejudice to、notwithstanding 和 save 等其他常见法律英语句式，使用的频率就相当低。

最后，篇章方面的英译。篇章的处理是汉译英的又一环节，因为语言交际是以语篇的形式出现的，而语篇是通过衔接方式实现的，所以衔接的处理尤为重要。韩礼德等（1976：25）把衔接又分为照应、替代、省略和连接。就语法的照应而言，一般说来，中文重形合而英文重意合，这在《中华人民共和国宪法》（以下简称《宪法》）序言的英译本中得到了较好的体现。

（1）教育、科学、文化等事业有了很大的发展，社会主义思想教育取得了明显的成效。（《宪法》序言第六段）

译文 Significant advances have been made in educational, scientific and cultural undertakings, while education in socialist ideology has produced noteworthy results.

至于词汇的衔接，可以通过对词汇的重复来完成。

（2）经济建设取得了重大的成就，独立的、比较完整的社会主义工业体系已经基本形成，农业生产显著提高。（《宪法》序言第六段）

译文 Major successes have been achieved in economic development. An independent and relatively comprehensive socialist system of industry has basically been established. There has been a marked increase in agricultural production.

第三节 古代法律专业术语之不可译及其补偿研究

随着国家“文化走出去”战略深入推进，典籍翻译越来越受到翻译研究界的重视，一些学者对法律典籍翻译的呼唤也不遗余力，法律典籍翻译本应体现出应有的文化交流的价值，此种背景之下，重视古代法律专业术语翻译的研究也就顺理成章，值得给予更多的笔墨深入地讨论。

1. 古代法律专业术语不可译的原因

中国古代法律体系既不同于中国现代法治体系，也不同于英美法系和大陆法系，这种“法律文化之间的差异造成了法律翻译的相对不可译性”（刘迎春，2009：102）。任何法系的形成都是基于特定的文化场域、社会心理、风俗习惯、思维方式等，中国古代法律专业术语“是中华法系的独特法律文化的产物和一种独特的表现形式，对中国法律语言产生深远影响的文化因素即中国古代社会制度、思维模式等文化传统”（马莉，2009：17）。

1.1 中华法系的独特性

中华民族在五千年的历史长河中创造了灿烂的东方文化，但是，“在法文化领域始终是纵向的输出而无横向的交流和吸收”（张晋藩，2007：71），这种独立性、孤立性和保守性使得中华法系的形成既自适自洽、自成体系，又富有民族特色。民国时期的学者蒋澧泉曾用“质地纯洁”来形容中华法系，“汉唐有西方佛教之传入，元清有异族之统治，无法律一仍其旧，未参加任何杂素，绝不混化他种法系之血液，亦非寄生他种法系之中，乃始终独立的纯洁的支持其生命”（张晋藩，2007：371）。然而，在清末的变法修律中，中华法系被西方外来的法制文化所冲击，且逐步瓦解，传统的中华法系已然成为一个“死的法系”。语言是法律的载体，法律文化必须要借助语言加以描述，法律文化最直观的特性就表现在语言的词汇系统中，中国古代法律文化的独特性必然导致与其相配套的法律语言具备独特性，文化差异导致难以在其他法系中找到与文化负载词对等的词汇。

1.2 思维方式的差异性

中国人的思维方式以整体性、直观性和意象性为特征，表现在法律语言上主要有：首先，语言表达过于笼统和概括，用词较为模糊，缺乏具体性，容易造成理解上的模糊性；其次，过分追求语言的简洁性，尤其是在古代立法技术中，似乎文字越少越好，唐太宗李世民反复强调“国家法令惟须简约，不可一罪作数种条”（《贞观政要·赦令》），导致“唐代《永徽律》在其制定时过分追求简约，但在其付诸实施时，难于操作，不得不作《疏议》，结果是欲简弥繁”（郝铁川，1993）。在立法语言上，“唐律的正文过于简练，许多条款没有注和疏议根本无法看懂，第二个后果是用词不规范和不准确，一词多义的现象较为普遍”（侯欣一，1996）。这种思维方式的差异性，给翻译造成的障碍在于：一方面，古代法律典籍基于中国传统的文化语境之下，呈现出高度概括性，必然会增加读者对古代法律文化的理解难度；另一方面，汉语中一词多义现象也很难用英语中对等的“一词多义”来表现。

1.3 古代法律专业术语的历史性

古代法律专业术语是诞生于历史的语境之中，体现的是古人对环境事物、社会关系的认识和态度，不少词汇和现代法律专业术语之间缺乏沟通的平台，无法直接实现勾联、对接，比如，《唐律疏议》中的“行人”“转易”“故杀”“回避”“主食”等词在语义上有特殊的意义，和现代词汇的含义并不相同，还有一些词汇在现实的语境中并无实践性，一旦脱离了历史的、法律的语境，古代法律词汇就失去了可以理解、交流、使用的基础，对现代的中国人而言也是同一文化内部的意义空缺和隔阂，比如“斩衰”“齐衰”“大功”“小功”“缌麻”，是旧时为亲属服丧，按照服丧期和丧服物料及缝制方法的不同而区别亲疏远近，其内涵具有高度概括性，在现代语境中早已消失。即使是在古代的语境中，法律固定语的语义融合性也有强弱之分，一些词汇对法律语域有较强的依赖性，在语域中作为整体出现，脱离了这样的法律语域，就会转变为全民语域中的自由短语。此外，古代法律词汇还出现了缩略词、小句型或长短语型的法律固定语，进一步增加了专业术语的复杂程度。

2. 古代法律专业术语英译的补偿策略

古代法律专业术语翻译的补偿策略主要有两种——对等直译（借用功能对等词以术语译术语）、描述性释义（借用目的语中的中性词进行释义），分别对应翻译不同属性、特征和指称的古代法律专业术语。

2.1 对等直译

法律翻译既需要传达文化差异，又需要考虑读者接受，对于和现代法律词汇意义有共通之处、单名单义的古代专业术语，如果能够从目的语中找到近乎对等的词，就尽可能“以术语译术语”（屈文生，2012）。借用功能对等词的目的是更好地实现文化交流，让目的语读者更容易理解和接受。当然，能够找到功能对等的专业词汇仅占古代法律专业术语中很少的一部分。比如,《大明律·刑律》二“人命”及“谋杀人”可以直接翻译为 homicide [Renming]（中性词）和 murder [Mousha ren]（有预谋的杀害），在英语中后缀 -cide 常表示“杀”, parricide、patricide、matricide、filicide 分别对应杀害近亲、弑父、弑母、杀害子女的意思，都可以直接借用来翻译“谋杀祖父母、父母和期亲尊长”等。《大明律·刑律》五中的“诉讼”一词在《中国古代法学辞典》中的解释是：“告状，打官司，一般是就民事纠纷而言”（高潮、马建石，1989：325），可以直接翻译为 lawsuit 或 suit [Susong]。

2.2　描述性释义

大部分古代法律专业术语都很难在目的语中找到完全对等或者近似对等的词汇，这种“术语不一致”普遍存在于古代法典中的每一条款及其法律名称中，从法律角度而言，补偿术语不一致的最有效方法就是“描述性释义，即使用目的语里的中性语言把源语意图、含义表达出来”（董晓波，2015）。对古代法律专业术语释义就是用最简洁的语言传达出近似原文完整的含义。

（1）描述补偿术语背后所指的实物。比如，“五刑”中的“笞刑”和“杖型”存在细微的差别。《中国古代法学辞典》对“笞刑”的解释是“用小竹板或荆条击打犯人脊背、臀部或两腿的刑罚”（高潮、马建石，1989：37）。对“杖型”的解释是“用大竹板或荆条击打犯人脊背、臀部或两腿的刑罚”（高潮、马建石，1989：437）。两种刑罚在实物上有统一的规定，但在尺寸上有大小之分，可以分别译为 floggings with the light stick of bamboo or chaste-tree twigs [Chi] 和 floggings with the heavy stick of bamboo or chaste-tree twigs [Zhang]。

（2）描述补偿术语背后的文化心理。《唐律疏议》第六卷名例四十八对“化外人”的注疏为：“化外人，谓蕃夷之国，别立君长者，各有风俗，制法不同。”意思是指蕃邦异族的国家，另立国君的，各有其独特的风尚习俗，他们制定的法律和中国不同。如果这里将“化外人”简单地翻译为 foreigners，恐怕就忽视了古代中国社会的文化心理，唐朝综合国力在当时世界上首屈一指，疆域辽阔，交通发达，外交开放，中外经济与文化交流频繁，而明朝奉行“以德睦邻，和谐周边”的外交政策，确立朝贡体系，藩属国达到一百多个，历史上的中国自认为是文明之地，称外地为蛮夷之地，相应地，翻译应该补偿这种文化心理——persons who are outside the Chinese civilization [Huawairen]。

（3）描述补偿创造性、概括性术语的具体含义。“保辜”是指殴人致伤者要为伤者疗伤的期限，可以翻译为 periods of responsibility for the consequences of a wound [Baogu]。

“引虚”在《中国古代法学辞典》中的释义是：“诬告人申明所告事实虚假。《唐律·斗讼》：诸诬告人流罪以下，前人未加拷掠，而告人引虚者，减一等。”（高潮、马建石，1989：411）意思就是承认诬告的事实，可以译为 admit making false accusations [Yinxu]。

（4）描述表达罪名、罪状的小句。在古代法律术语中，有很多的罪名其分类比较细致，只是古代法律文化中的现象，在现代的法律制度中已经不存在了，在英美法系中也无法找到对等的词汇，可采用解释的办法，通过直接描述来补偿文化意义上的空缺。比如："对制上书诈不以实”指的是“对皇帝呈报或上书不诚实”，可直译为 replying to or memorializing the emperor untruthfully [Duizhishangshu zhabuyishi] 。“出入人罪”指的是“把重罪判成轻罪或把有罪判成无罪，叫‘出罪’；把轻罪判成重罪或把无罪判成有罪，叫‘入罪’”（高潮、马建石，1989: 41），可直译为 exonerate the guilty and incriminate the innocent [Churu renzui]。

思考题：

1. 法律术语翻译的策略有哪些?
2. 法律翻译的原则是什么?
3. 古代法律专业术语不可译的原因有哪些?
4. 古代法律专业术语翻译的补偿策略主要有哪些?

第十三章 典籍翻译

中华古代典籍不仅是中华文明的瑰宝，也是全世界的精神财富。积极开展传统文化典籍的译介与传播研究，一方面有利于传承中华文化基因、增强文化自信，另一方面也有利于加强文明对话、讲好中国故事、增强中华文化影响力。本章将重点介绍中国古代法律典籍、蒙学《三字经》、政论典籍《管子》的译介与传播，考察第一部汉英英汉词典《华英字典》对中华文化的解读，分析典籍术语翻译的本质特征与内在要求，提出典籍术语翻译中应特别注意的问题。

第一节 法律典籍：中国古代法律典籍的译介与传播

作为中国法律智慧的载体，古代的法律典籍是认识和探索中华法律文化的重要途径之一。从历史上来看，西方世界对中华法文化的体认可以追溯到16世纪后期，而中国传统法律典籍的外译则始于1810年小斯当东（George Staunton）的英译《大清律例》。至今，法律典籍的外译已经走过二百余年的历史。积极开展古典法律典籍的翻译和研究，有助于把握法律典籍译介的主动权，改善外国译者在翻译过程中出现的文化误解误读等问题，客观地还原中华法律典籍的真实面貌。

1. 中华法系重要载体——中国法律典籍的译介与传播

随着中华法系的产生和发展，先人在数千年的国家治理实践中积累了丰富的经验，凝结出丰硕的成果——法律典籍。由于法律文化内部结构具有双重性，“一个是制度形态的法律文化，如法律规范、法律制度等；一个是观念形态的法律文化，如法律学说、法律心理、法律习惯等”（公丕祥，1993）。作为法律文化载体的法律典籍自然也由两部分组成，一是实体层面的制度和法典，二是观念层面的法律思想和学说。

广义的法律典籍不仅关涉刑律典章一隅，同样与思想、文化、社会等多个领域息息相关，因此既应包括“由立法、司法、普法、解释、学术等活动而产生的文字资料，其种类有政书律典、行政与司法文书、审判档案、律学文献、实务参考、乡规民约、便民指南等”（陈景良，2017），还应涵盖历史、哲学、文学、艺术等文化典籍中有关法的资料和内容。据《中国古籍总目》研究统计，中国古籍的著录总数为二十万种，其中“刑法之属”就有近八百种。张伟仁主编的《中国法制史书目》按规范、制度、理论、实务归类，著录书目2 352种，是迄今为止最为宽泛详备的法律文献目录。而涉及法学内容的文化典籍更是汗牛充栋，难以计数。

从狭义来看，法律典籍指的是古代由国家制定或认可并以国家强制力保证实施的法典和律法，包括正式的法典及其多种补充形式。据文献著录的不完全统计，以《九章律》为上限，《大清律例》为下限，既有法典160种之多。“律”是古代法的主要形式，是“具有代表性的比较稳定的国家大法”，但并非唯一形式，其作用和效力时常受其他法律形式的补充和制约。例如，汉朝有“令”“科”“比”，隋、唐增加了“格”“式”，五代和宋有“敕”，明、清有“例”。这些法律补充形式数量庞大，大多参酌时势世情而定，较正律具有更强的灵活性。一言以蔽之，中华法系千载传承，所遗法律典籍浩如烟海，灿若繁星，记录了中华民族的法律奋斗史，传递了中国法律精神的火种，塑造了中国乃至整个东亚地区的法律文化记忆。

纵观人类文化交流史，翻译是不同语言之间沟通的桥梁。从历史上看，16、17 世纪以前，通过传教士、耶稣会士的介绍，以及马可·波罗（Marco Polo）、利玛窦（Matteo Ricci）、曾德昭（Álvaro Semedo）等人的来华游记，欧洲人开始逐步了解中国的法制文化，遗憾的是，这些介绍和游记都没有直接引用中国法律典籍的原文，其内容的真实性在现在看来是大打折扣的。从 16、17 世纪至今，中外文化交流一直在发展，即使这个过程迂回曲折，但总体而言，一直在保持着前进的趋势。1779 年，法国人将中国法医学著作《洗冤录集》节译，并刊于巴黎的《中国历史艺术科学杂志》，由此《洗冤录集》开启了欧洲之旅，先后被译为荷兰语、英语、德语等；1810 年，《大清律例》的首部英译本在英国出版，开启了欧美学者对中国法律长达百年的研究；1997 年，美国学者小华莱士·约翰逊（Wallace Johnson Jr.）完成《唐律疏议（第二卷）》的翻译工作，至此，《唐律》的第一部完整西方语言译本问世；2005 年，《大明律例》英译本在美国博懋大学 Jiang Yonglin（姜永琳）教授的努力下也正式出版。从法律典籍开始域外传播到现在，大致可以归结为三种方式。

1.1 以传教和获利为目的了解中国法律制度

最初，来华传教士、商人及耶稣会士抱着来中国进行买卖、传教的目的，学习中国的语言、文化，研究经典著作，试图在这些典籍中发现中国文化的源头，或者寻找中国人的喜好，以利于他们达到传教、获利的效果。这些外来人士因为在中国生活的时间较长，来华目的明确，深谙中国语言文化，于是将所见所闻或以口述的形式向本国人士介绍中国，或以游记的形式记载了在中国生活的感受，就这样中国这一“神秘的东方古国”被揭开了面纱，西方开始对中国有了进一步的了解。在中国生活了 17 年的意大利旅行家马可·波罗在其游记中赞扬了中国的富庶和先进，法官恪尽职守，集市交易井井有条。而后，西班牙人门多萨（Juan González de Mendoza）以一些欧洲人的游记为基础，编写了《中华大帝国》（*Historia del Gran Reino de la China*）一书，较为详尽地描述了古代中国的法律文化，中国的政治制度和法律也随之传到了欧洲，激起了当时欧洲人对中国的向往。16 世纪后半叶，耶稣会士利玛窦以赞许的口吻描述了古代中国政治法律文化的诸种形态。19 世纪前后，由于在我国沿海地区外国水手和商人经常和国人发生冲突，有时会发生涉及外国人的刑事案件，于是欧美人重点关注《大清律例》中与刑事案件相关的规定。鸦片战争后，西方在中国开办工厂、建立教堂，民事纠纷随之而生，《大清律例》中关于解决民事纠纷的规定也受到了西方人的关注，不过到了这个时期，西方人对《大清律例》的态度依旧以批评为主，究其原因，他们翻译《大清律例》的背后还有殖民侵略等目的。

1.2　汉学家不完整译介

历史上的汉学家通过编译、选译或节译部分法律文本传播到海外，这一点与汉学家译介中国法律典籍的目的相关。汉学家是从事中国古代、近代或现当代人文社会科学研究的外国学者，早期来华的传教士如利玛窦，亦属于汉学家的行列。历史上，早期一些汉学家选编、节译了中国法律制度的内容，借由《中国丛报》等报刊向西方介绍中国的社会现状。那么，为何早期中国法律典籍在海外的传播形式主要以编译本、选译本或节译本为主呢？原因包括：一是，汉学家翻译典籍的主要目的在于“同化”中国的文化，“西方文化中心主义”感十分强烈，于是他们只选择感兴趣的部分翻译，从为数不多的带有评论性的几则报道可以看出，当时编者热衷于报道刊载此类报道，实际隐含着对于古代中国死刑案件数量之多、执行之频繁、公开处决之残酷等方面的反感；二是，中国法律典籍大多用古文撰写，篇幅较长，结构复杂，涵盖内容广泛，翻译起来需要花费大量的时间和精力，无形中导致翻译难度加大，因此法律典籍的全译本数量少之又少，小斯当东在其《大清律例》译者序中就直言“文本语言之晦涩，结构之复杂”（George Staunton, 1810）。上述两大原因使得中国法律典籍在海外的存在形式并不全面，海外读者由此容易会对中国法律典籍背后的法律制度、法律智慧、法律文化产生偏见，造成中国法律典籍在海外传播困难的窘境。

1.3　全译本和研究论文的传播

汉学家、国内学者翻译的法律典籍全译本、撰写的研究论文在海外的发行。中国法律典籍外语全译本的数量屈指可数，相较之下，研究法律典籍的成果主要以论文的形式呈现出来，如《唐律》的全英译本译者小华莱士·约翰逊即把《唐律》前三章的译文和介绍作为博士论文。再如《美国学者论中国法律传统》一书收录了 12 篇由美国研究中国法律史的学者发表在英文期刊上的论文。《大中华文库》工程于 1995 年正式立项，这是我国历史上首次系统、全面地向世界推出外文版中国文化典籍的国家重大出版工程，计划从我国先秦至近代文化、历史、哲学、经济、军事、科技等领域最具代表性的经典著作中选出一百种，但是挑选出来的经典著作里面的法律典籍也几乎无迹可寻，说明现今对法律典籍译介的力度尚需加强。海外人士对中国的法律典籍及传统的法律智慧不甚了解，以至于有学者呼吁，四书五经等经典以及著名文学作品在海外的翻译史实不能涵盖全部“中国文化典籍翻译史”的内容，还应包括中国的法律、医学、史学、民族典籍和科技类等作品。

中国法律典籍中已有四部重要的中华法系代表作在海外出版了全译本，分别是《大清律例》《洗冤集录》《唐律疏议》和《大明律》，这在法律典籍的推介历程上具有重要的促进作用，有利于海外读者、学者、汉学家管窥中华法系的全貌，也为更多对中国传统法律制度感兴趣的研究者提供了研究的一手材料。

2. 法律典籍译介与传统法律文化记忆塑造

法律典籍描写的是中国传统的法律形象。在历史上，西方人刚接触中国法律制度时，对中国传统法律制度不乏偏见，甚至有的时候这些法律典籍还会被故意当作用来贬损古代中国形象的工具。而到目前为止，西方对中国传统的法律制度还存有不少偏见，甚至持批评态度，如此情况下，中国法律典籍外译就更显得十分迫切，中国传统法律文化要想得到其他文化的认同、全面展示中国的法治形象和重塑中华法系，对外译介在当代是十分必要的。

以《大明律》的译介为例。《大明律》的地位曾经在西方学术界饱受争议，一度在西方大多数学者眼里，《大明律》是明帝国实施权力的工具，极具压迫性和权力导向性，这种看法让一些西方学者进而对中国传统法律制度产生了严重的偏见。而姜永琳为扭转西方人对中国法律文明的偏见，翻译了《大明律》，重塑《大明律》在西方学术界、法学界的经典地位。新时代的背景下，我们需要更加主动为海外学者提供客观的研究语料，这有利于进一步消除世界对中国传统法律制度的偏见。

法律典籍翻译担负着传统法律文化记忆塑造、传播与经典化的重要功用。对内而言，法律典籍的译介能够丰富国内学者的研究素材，方便其从更多角度开展学术创新，同时普及传统法律文化，深化本国民众对古代传统法律文化的了解和认知。对外而言，法律典籍作为域外了解中国法律文化、形成对中国法治形象认识的第一手资料，承载着极具民族特色的法律智慧。在中国古代文化典籍的翻译和传播方面，西方专业汉学家占据主导型的地位，中国学者进入这一领域则要晚得多。因此，积极开展法律典籍的翻译和传播，有助于牢牢把握法律典籍译介的主动权，改善外国译者在翻译过程中出现的文化误解、误读等问题，客观地还原中华法律典籍的真实面貌，促进国际社会形成对中华法律文化的接受和认同，为营造良好的环境奠定坚实的思想基础。同时这也有利于扭转国际社会对中华法系的片面、刻板印象，消除长期积累下来的制度偏见，积极传播中华古代法文化的核心价值，推动中华法系与其他法系平等地交流。

第二节 蒙学典籍:《三字经》在历史上的译介与传播

蒙学，即蒙养教育，指的是儿童初级阶段的教育，是中国古代传统教育的一个重要阶段。在世界最早的几个文明古国中，中国是唯一存续古代文明的国度，学界认为其中一个重要的原因就是中国古代蒙学塑造了整个民族优良的文化素质和道德修养，世世代代得以传承中华文明火种。

在古代的对外文化交流史中，中华文明曾长期处于领先地位，对周边地区进行着积极、主动的传播和影响。在古代，对于很多国家及民族而言，中国始终是一个文化互动的辐辏之地。而在这一文化的对外交流和传播过程中，古代蒙学发挥了重要的历史作用。作为中国传统蒙学读物中最具代表性的作品之一，《三字经》（*San Tzu Ching*）不仅具有中国蒙学读物的典型特点，也是中华文化的集中体现。自南宋以来，历经七百多年传承。《三字经》共一千多字，三字格朗朗上口，内容包含从中国传统的教育、历史、天文、地理、伦理和道德到一些民间传说，广泛生动又言简意赅。作为蒙学经典，《三字经》被译成了多种文字，流传海外，是中国文化在古代“走出去”的代表之一。研究《三字经》蕴藏的古代蒙学教育思想以及它的译介传播历程，可以为当代讲好中国故事提供行之有效的借鉴经验。

1.《三字经》的内容

《三字经》全书可以分为六个部分，按顺序排列，体现了作者在古代儿童学习教育方面的良苦用心。全书以儒家思想为根本，运用大量的篇幅教育孩童学习古代儒家所推崇的为人处世之道，包括长幼尊卑、社会秩序、忠孝大义等。

第一部分在文中具体为从“人之初”到“不知义”。讲述的是教育和学习对儿童成长的重要性，后天教育及时，方法正确，可以使儿童成长为“经世致用”之材。

第二部分文本从“为人子”至“次见闻”，阐发礼仪在中国古代社会的重要地位，对父母孝顺、尊敬师长，这一部分以黄香和孔融的故事最为典型，也最为人们所熟知。

第三部分文本从“知某数”到“人所同”。讲授古代基本的文化常识和生活中的名物常识，涉及古代生活的各个方面，以简明的语言，以认识数字为形式，贯穿了古人许多应知应会的生活常识。有关于数字的文化名词，和“纲常”“时令”“方位”“作物”“家畜”“情感”“音乐”“宗族”“道义”有关。

第四部分文中内容从“凡训蒙”到“及老庄”，介绍中国古代典籍和读书的次第。这部分在介绍文化典籍时，内容主要以中国古代的经典著作如《易经》、“春秋三传”等历史著作、《论语》《孟子》等儒家经典为主。

第五部分在文本中从“经子通”到“若亲目”，这可视为中国通史的极简纲要。勾勒了中国古代社会的重大历史事件和朝代变革与更迭，将中国古代历史全貌以歌谣的形式展现出来。

第六部分文本从“口而诵”至“宜勉力”。劝诫学习要勤奋刻苦、孜孜不倦，只有自幼打下坚实的“治世”基础，长大才能有所作为，“上致君，下泽民”，其中诸如“孙敬悬梁”“苏秦刺股”“车胤囊萤”“孙康映雪”等经典故事劝人向学，向初学者强调学习努力的重要性，以使学习者明白勤奋好学的道理，并以此激励后人。

《三字经》以儒家思想为先导，主要功能是古人用来为培养人才和引导风尚打下基础。《三字经》自问世以来，以其丰富的思想内容和深厚的文化底蕴，很快就得到了历代古人的广泛认同，被誉为“袖里通鉴纲目”“千古一奇书”（陈汉才，1996：197），堪称中国古代教育的基石。作为一本具有启蒙心性和开化心智作用的经典著作，《三字经》重视孝悌伦理、诚信之道以及家庭教育等，以今天的视角来看，其中虽然不可避免地有封建时代的历史局限，但是其蕴含的教育意义仍旧可以说是集中体现了中华传统文化中的精髓。

2.《三字经》的译介与传播

从历史上来看，《三字经》流传至中国以外国家最早始于明朝。具体来说，《三字经》在海外的传播始于公元16世纪，最早的外文《三字经》是由著名的意大利传教士罗明坚（Michele Ruggieri）用拉丁文翻译的。1579年，罗明坚来到中国澳门开始学习中文，他首先接触的就是《三字经》，他深感《三字经》的文化价值及其对西方文化界的启发作用，从1581年开始着手翻译，并将译文寄回意大利（许然、卢莉，2009）。虽然此书当时没有发表，但他的这份开创之功却保留在历史的记忆之中。

《三字经》传入日本的时间也比较早，大致在日本江户时代（1603—1868），前往日本的中国商船带去了各种版本的《三字经》，据石川松太郎《讲堂文库架藏往来物分类目录并解题》载，永禄五年（1692）发刊的《广益书籍目录》已经列有《三字经》和福建陈翰迅的《三字经注解》。日本学者鹤岛俊一郎所见到的江户时代在日本刻板印行的《三字经》就有八种之多。到了江户末期至明治初年，《三字经》在日本盛行并产生重大影响，日本《三字经》仿制本大量涌现，据日本教育学家片野英一考证，日本《三字经》仿制本约有二十种。从中日两国交流史角度来说，出现这种现象绝非偶然，这也是日本历史上长期致力于汉语文及汉学学习的必然结果（鹤岛俊一郎、董明，2004）。

《三字经》是随着中俄两国的文化交流活动传入俄罗斯的。公元18世纪初，俄国政府曾多次委派留学生和布道团来华。第一部《三字经》俄译手稿就是布道团第二班学生罗索欣翻译的，时间大致是在1740年。俄译《三字经》第一个版本出版于1779年，由彼得堡帝俄科学院公开出版，译者是第三班随班学生阿列克谢·列昂季耶夫。俄译《三字经》第二个版本出版于1829年，由彼得堡根茨印书馆刊行，译者是第九班领班、被誉为俄罗斯“汉学之父”的比丘林。自 19 世纪 30 年代起，《三字经》在俄罗斯整个社会层面广泛传播，喀山大学和彼得堡大学东方系汉语专业的课程设置均将《三字经》列为初级读物。1832 年，恰克图俄商创办的华文馆，以及 1839 年俄国驻北京布道团第十二班入华前在喀山集训，也都采用《三字经》作为培训教材（朱仁夫，2006）。

从历史上看，《三字经》对欧美的传播主要有两个高峰期。第一个高峰期出现于清末，当时大批传教士进入中国，在此过程中翻译了大量中国传统典籍，其中就包括《三字经》。当时，《三字经》的译者主要有马礼逊（Robert Morrison）、裨治文（Elijah Coleman Bridgman）、欧德理（E. Eitel）、翟理思（Giles）。第二个高峰期则是改革开放后，中西方交流空前繁荣，中国文化走出去的步伐不断加快，作为中国传统蒙学典籍，《三字经》在此期间逐渐被更多人熟知。

19 世纪初，《三字经》随着中西文化的交流相继流传至英国、美国和法国。西方派到中国大陆的第一位基督新教传教士马礼逊于 1812 年出版了《中国春秋》英文版，内容包括《三字经》和《大学》。在马礼逊的倡议下，由美国传教士裨治文创刊的《中国丛报》于 1835 年刊载了《三字经》，使其走向了美国。法国籍犹太汉学家、法兰西学院院士儒莲于 1864 年编辑、在法国巴黎印刷了拉丁文版的《三字经》（王若江，2005）。他还喜欢用中国传统的方法，将《三字经》《千字文》这样歌诀式的启蒙读物，作为文言基础教材，让学生学习汉语。

另外，英国外交官、剑桥大学汉学教授翟理思于 1873 年出版的第一部汉英译作《两首中国诗》中收录了《三字经》和《千字文》。1900 年，翟理思的《三字经》重译本推出，他在序言中说，对于“希望掌握中国书面语，希望养成汉语思维习惯的外人而言，《三字经》的重要性是不言而喻的……外国学生如果模仿中国孩子的做法，也整本书背熟，就能掌握好中文”。翟理思《三字经》译本的主要目的并不是翻译，而是着眼于如何学习汉语，从这种意义上来说，他的《三字经》译本更像是一本汉语学习教材。

改革开放后，《三字经》的主要流行译本有王宝童和李黎合著的《英译三字经・千字文》（*The Three Primer & The Kiloword*）、马之骕的《三字经》（*The Three-Character Primer*）、赵彦春的《英韵三字经》（*The Three Word Primer*）以及郁辉和艾梅霞合著的《〈三字经〉故事》（*Tales from the Three Character Classics*）。

《三字经》的英译过程持续了大约二百年，其发展过程呈现以下两个特征：首先是译者身份发生变化，最初的译者大多为西方来华传教士，后转变为国内译者主动对外译介；其次是翻译质量的提升和数量的增多。通过对比可以看出，晚清时期外国传教士的译本的确为中国文化对外传播做出了很大的贡献，但是囿于对中国文化了解的局限，以及原作理解的难度，译本不是很通顺，对原作的理解也不够到位，从而产生了望文生义、泥古不化等问题。

这里我们举几个例子。

在中西文化交流史上，英国传教士马礼逊是一个举足轻重的人物。就目前掌握的材料来看，马礼逊是将《三字经》译成英文的第一人，其《三字经》英文译文是根据较早版本翻译的，译文使用的是意译之法，并未进行字对字、句对句的直译，也未附中文原文。马礼逊以原文两句为一个组成单位，每两句的对应英文译文都放在同一段落。比如，《三字经》开篇几句“人之初，性本善。性相近，习相远”，其英文译文如下：“In the beginning of man, his nature is good. The operation of nature is immediate; of custom, remote.”（Robert Morrison，1812）。可以看出，马礼逊译文虽然力求工整，但是效果并不十分理想。单看英译本，读者会发现其语意较为模糊，同时理解上也有一定问题。比如 immediate 和 remote 这两个形容词的使用就需要斟酌，因为原文中的“性相近，习相远”是指人性的变异，而不是译者理解的“远”“近”这样的方位概念。再者，“习”是导致人性变异的根本原因，用表示风俗习惯的 custom 来翻译有失准确（吴璐兵、王立松，2017）。

而且，当年马礼逊在翻译《三字经》时并未完全理解原文意思，因此翻译中也出现了不少错误。比如他对“小学终，至四书”的翻译就与原文的意思有较大偏差，他把“终”翻译成了“Hiao-king (a work on filial piety)”《孝经》。又如他翻译“幼而学，壮而行。上致君，下泽民”时，则翻译成了“If in youth you learn, in manhood you will be fit for action. You will have access to your superiors, and be able to bestow blessings on your inferiors.”，其中 superiors（上级）和 inferiors（下级）的翻译也与原文大相径庭。

裨治文是历史上第一位来华的美国传教士。裨治文的《三字经》英文译文与马礼逊的截然不同。马礼逊以原文两句为一个组成单位，其对应英文都放在同一段落；而裨治文则以汉语原文的一句为组成单位，每句的英文译文自成一行，共 178 行，不分段落，逢五逢十则用阿拉伯数字标明行数。我们这里同样以《三字经》开篇几句为例，裨治文译文为：“Men at their birth, are by nature radically good; In this all approximate, but in practice widely diverge.”（Bridge man，1835）。在这里，裨治文似乎如实地译出了“性本善”中的“本”字，但也存在一些争议。因为有学者认为，“本”的意思是“本来”，但译者却将其理解为“根本”。也就是说，原文的意思是可能意指“人性本来是善良的”，但译文意思却是“人性从根本上说是善良的”，从译文来说不够准确。

英国外交官、汉学家翟理思则将《三字经》开篇几句译文为：“Men at their birth are naturally good. Their natures are much the same，their habits become widely different.”（Giles,1900）。翟理思通篇以释义解读，也就是采用直译加解释的方法来进行翻译，虽然较为准确传达了原文含义，但从严格意义上来讲，他的译文与《三字经》的行文特点存在差异，因此无法反映原文的诗学特征。另外，在“性相近，习相远”的翻译中，译者将“习”译为 habit，但是这里的“习”字并不仅仅指代习惯，还强调后天培养对人性影响的重要性之意。所以，仅用 habit 一词表示是不够准确的。

改革开放后，中国学者相继对《三字经》进行翻译，将其思想文化对外传播，从成果来看，较成功地调和了中西方文化的差异，在对外传播的路上走得更远，也更加成功。比如赵彦春教授的《三字经》英译本，对于开篇这几句，他的译法是：“Man on earth, Good at birth. The same nature, Varies on nurture.”（赵彦春，2014）。可以看出，赵彦春的译本保留了原文的韵律，三字成句，朗朗上口。他将“性相近，习相远”翻译为“The same nature, Varies on nurture.”，强调人的本性在最开始时是一样的，但后天的培养方式不同，导致人的性情也会发生改变，较为忠实地传达了“性近习远”的教育思想。

从音韵翻译而言，《三字经》三字一句，四句一节；韵律和谐，朗朗上口。因此，在从汉语到英文的转换中，保持译文与原文同样的音韵感具有极高的难度。王宝童教授翻译的《三字经》中添加了原文中并没有的韵脚，增添了译文的韵律感。同样以开篇“人之初，性本善（shan）。(a）性相近，习相远（yuan）。(b）苟不教，性乃迁（qian）。(a）教之道，贵以专（zhuan）。(b）”几句为例。

王宝童翻译版本为：At first mankind (a)
Is kind at heart. (b)
With nature alike
But habits apart. (b)
The untaught child (a)
Will go astray. (c)
It’s best to keep him
Along the right way. (c)
Is to attach the utmost importance.

原文共包括 24 个字，句中有着明显的 abab 韵律，王宝童的翻译版本含 36 个单词，基本做到了隔行押韵，有一定的音美与形美。再从词汇的选择来看，《三字经》是一本识字入门读物，里面的文字较为简单，笔画较少，便于诵读，王宝童充分考虑到《三字经》面向的读者，选择的词汇比较简单，多为单音节与双音节词汇，便于儿童诵读、书写和记忆。

《三字经》作为中华民族珍贵的文化遗产，蕴含着丰富的儒家教育思想，《三字经》的作用在于引导孩童，教导做人的道理，树立正确的世界观、人生观和价值观，在明确其历史局限的前提下，其思想价值和文化魅力均有独到之处。通过不断开展对《三字经》等中国传统文化典籍的译介传播研究，能够帮助我们更好地讲述中国故事、传播优秀中华文化，进一步展示中华文化的特色，促进中外文化的交流。

第三节　政论典籍：《管子》的治国思想及其译介传播

从历史的维度看，我国古代虽有朝代更替，但古代的国家治理体系主要基因并未中断，而且一直在历史长河中不断完善和发展。在数千多年的文明发展中，中华民族积累了丰富的治国理政经验，其中的很多理念、智慧已融入中华民族的文化血脉当中，成为我国国家治理体系的内在基因和鲜明标识，代代相传、历久弥新，展现出强大的生命力。《增广贤文》有云："观今宜鉴古，无古不成今。"

1. 管仲与《管子》

"微管仲，吾其被发左衽矣。"出自《论语·宪问》，是孔子对管仲的评价。"齐桓公以霸，九合诸侯，一匡天下，管仲之谋也。"出自《史记·管晏列传》，是西汉著名史学家司马迁对管仲的评价。

管仲（约公元前723年—公元前645年）名夷吾，字仲。齐庄公五十六年，管仲出生，据说管仲的祖先是周穆王的后代，与周王室同宗。其父管庄是齐国的大夫，后来家道中衰，导致管仲生活很贫困。为了谋生，管仲与好友鲍叔牙合伙做生意，不过生意失败了。还是为了谋生，管仲做过商人并且游历许多地方，接触各式各样的人，饱览世情，从而积累了丰富的社会经验。管仲曾经有过一段不如意的时光，作战的时候战败逃跑，做官也几次遭到罢免。后来齐国齐僖公去世，继承人矛盾爆发，鲍叔事齐公子小白，管仲事公子纠，最后公子小白取得胜利成为齐桓公，公子纠死，管仲被囚。鲍叔遂进管仲。管仲既用，任政于齐。齐桓公以霸，九合诸侯，一匡天下，管仲之谋也。《列子·力命》载："管仲尝叹曰：'吾少穷困时，尝与鲍叔贾，分财利多自与，鲍叔不以我为贪，知我贫也。吾尝为鲍叔谋事而大穷困，鲍叔不以我为愚，知时有利不利也。吾尝三仕三见逐于君，鲍叔不以我为不肖，知我不遇时也。吾尝三战三北，鲍叔不以我为怯，知我有老母也。公子纠败，召忽死之，吾幽囚受辱，鲍叔不以我为无耻，知我不羞小节而耻名不显于天下也。生我者父母，知我者鲍叔也。'"管仲和鲍叔牙之间深厚的友情、管仲出色的才能和鲍叔牙的理解与惜才，成为我国古代流传悠久的佳话。

按照学者的研究，《管子》一书非管子本人所著，是先秦时期各学派的言论汇编，内容很博大，按传统诸子分类，它兼有儒、道、阴阳、法、名、墨、兵、农诸家；按现代科学分类，它包括了政治、经济、哲学、法学、军事、农学、地理、历法、教育等各种思想，因此也被后世视为先秦时期的一大思想宝库。《管子》一书的思想，是中国先秦时期政治家治国、平天下的大经大法。也有观点认为，其部分内容来自稷下之学。《史记·田敬仲完世家》记载："宣王喜文学游说之士，自如邹衍、淳于髡、田骈、接予、慎到、环渊之徒七十六人，皆赐列第，为上大夫，不治而议论。是以齐稷下学士复盛，且数百千人。"

根据学者的研究，《管子》一书的成书经历大致是这样的：由于管子的重要历史地位和影响，战国以及其后的学者，或记述管子的言行，或假托管子之名阐发自己的思想主张，传抄积累，传承多年，最终汇集编成《管子》一书。宋代叶适称："《管子》非一人之笔，一时之书"。20世纪30年代，学者罗根泽出版了《管子探源》一书，书中对《管子》各卷本的著作年代和作者进行了逐篇考证，认为这些著作分别写于战国中期、战国末期、秦汉之间直到汉朝文景乃至武昭之时，其编著者或为政治思想家，或为法家，或为道家，或为儒家，或为阴阳家，或为杂家，或为医家，或为兵家，但其思想的主流是法家与黄老道家思想，其特点是将道家、法家思想有机地结合起来，既为法治找到了哲学基础，又将道家思想切实地落实到了社会人事当中。孙中山认为《管子》一书是中国经济学之"滥觞"，并指出其经济理论主要有富国富民论、重农论与国轨论等。总而言之，《管子》的书名来自管仲，内容涉及以黄老道家为主，既提出以法治国的具体方案，又重视道德教育的基础作用；既强调以君主为核心的政治管理体制，又主张以人为本，促进农工商各业的均衡发展；既有雄奇的王霸之策，又有坚持正义仁慈的王道理想；既避免了三晋法家忽视道德人心的倾向，又补充了理想儒家缺乏实际政治经验的不足，在中国古代政治思想史上具有重要地位，在某种程度上来说，也反映了管仲的基本思想。

2.《管子》的译介与传播

根据学者的研究，最迟在日本奈良时代（公元710年—公元794年）早期，即唐玄宗开元（公元713年—公元741年）初年，《管子》就已经东传日本。《管子》传入日本后，收录于《日本国见在书目录》。《日本国见在书目录》由平安时代学者藤原佐世（Fujiwara Nosukeyo，公元847年—公元898年）奉敕编撰，一般认为成书于日本宇多天皇宽平三年（公元891年），也有学者认为此书的编撰在"阳成天皇贞观末年（公元876年）至庆元元年（公元884年）之间"。该书著录平安时代前期日本传世汉籍文献1 500多部，1 7000余卷。这些汉籍文献"几乎全是遣唐使时代传入的"。在飞鸟时代、奈良时代，日本曾往唐朝多次派遣遣唐使。遣唐使回国时，往往携带大量中国典籍，"所得锡赉，尽市文籍，泛海而归”。(《旧唐书》）在这一背景下，《管子》随其他图书文献被遣唐使带往日本。到了江户时代，随着当时日本商业经济的发展，以往的文化由贵族、僧侣垄断的局面被打破，逐渐向庶民阶层转移。文化阶层的扩大，增加了对书籍的需求，大量中国书籍随着商业贸易传入日本，其中即包括《管子》。中国《管子》版本的大量传入及日本《管子》印本的大量出现，形成了江户时代《管子》在日本广为流传的局面。

中国与朝鲜半岛山水相连，《管子》一书很早就传到朝鲜半岛。由于古代朝鲜是传统儒家社会，信奉朱子学说，四书五经广为流布，而讲求经世致用的《管子》则受到冷落，所以在古代的朝鲜半岛，《管子》长期以汉文文本流传。近现代以来，韩国社会与学术思想发生巨大变化，《管子》与《论语》《孟子》同被重视，由此出现了《管子》韩文译本。《管子》在韩国的翻译，先是选译，后才有全译。最早的选译本是1969年韩国自由教养推进会本，收入《世界古典全集》。其后1972年的大洋书籍出版社本、1977年的玄岩社本也是以丛书的形式出现。直到1985年，明文堂《新译管子》出版，才出现了第一个单行的《管子》选译本。1992年中韩建交，此后两国文化交流日益频繁，韩国社会各界对《管子》日益关注。改革开放以来，中国经济取得重大成就。《管子》主张务实变革，与中国改革开放的时代精神有契合之处，这也无形中促进了韩国对《管子》的研究。站在韩国角度来看，中国是重要的伙伴关系国家，以前韩国要了解中国，需要研读孔孟，但现在人们认为，需要通过《管子》来认识中国。在此背景下，2006年，第一本《管子》韩文全译本松树版出版了。

早在19世纪末，西方学者就开始了对《管子》研究与译介的尝试，不过对《管子》的系统性译介大约到20世纪中期左右才渐成气象。从19世纪末到20世纪20年代，以德法两国汉学家对《管子》的综述为主，其主要目的是将《管子》主要思想介绍到西方，但缺乏系统性研究，而且所做的翻译工作都显现出非常粗浅性与碎片化的特征。德国莱比锡大学教授及汉学家甘贝伦茨（Gabelentz）在1886年以法文发表了《管子哲学著作》，文中简要介绍了《管子》一书。时至1896年，法国汉学家哈勒茨（Halrez）发表了《公元前七世纪的一位中国宰相：齐国的管子与〈管子〉书》，载于《亚洲杂志》。20世纪20年代后期，对《管子》的基本研究动机与译介取向多以个人志趣领域为主，翻译方式主要是选译和节译，从数量和质量上来看，都不够理想，但所积累的翻译的文本为后期更大规模的译介提供了资料基础。到了20世纪50年代，《管子》研究与翻译进一步深入。1952年，剑桥大学学者皮特·梵·德龙（Piet Van Delon）在其作品《论〈管子〉的流传》（见英国1952年出版的《通报》第二卷第41期）中运用文献学方法，从语言学与哲学思想角度细致地考察了《管子》的成书、流传和版本真伪，文章涉及了对《管子》很多内容的语言学解释，这在一定意义上对翻译《管子》的思路方法起到启发与借鉴作用，对后续研究也有一定的影响。20 世纪 80 年代至今，学术研究、文化交流不断推进，使得《管子》译介研究进入成熟期，译介主要动机已经转变为基于学术研究和文化交流的目的。在此期间，专门研究并译介《管子》的代表人物当属美国宾夕法尼亚大学教授艾伦 · 李克（Allyn Rickett）。李克先后于 1985 年与 1998 年由普林斯顿大学出版社出版《管子》第一卷和第二卷，自此西方国家终于产生一部完整的《管子》英文全译本，这标志着《管子》在西方的译介成果跃升到了一个新的高度（李宗政，2014）。这个全译本的出版使得《管子》在西方世界得以从局部零碎翻译走向全面系统的译介，彻底改变了《管子》长期以来在西方世界与英语世界重视不够的局面，改善了《管子》的典籍重大价值与对外传播影响之间一直不相称的局面。

1995 年，我国正式启动"《大中华文库》（汉英对照）"工程，该工程是我国历史上首次系统全面地向世界推出外文版中国文化典籍的国家重大出版工程，为中华典籍外译的发展奠定了坚实基础。其中的《管子》英译本由鲁东大学翟江月教授完成，并于 2005 年由广西师范大学出版社首次出版。这是第一部由中国本土译者独立完成的《管子》全译本，对《管子》思想与齐鲁文化的全球推广具有重要的意义。

第四节 《华英字典》：第一部汉英英汉词典对中华文化的译介

马礼逊是首位踏上中国国土的新教传教士，其在华期间用时 13 余载编译了中国历史上第一部汉英英汉字典《华英字典》（*A Dictionary of the Chinese Language*）。该字典对中华文化进行了较为全面的译介，堪称中西文化交流史上的一座丰碑。

1. 马礼逊与《华英字典》

马礼逊于 1782 年 1 月 5 日出生于英国北部的莫珀斯镇，并于 1804 年接受伦敦教会董事会的委任，奔赴中国进行海外传教。马礼逊前往中国的目标之一就是编纂一部中文字典，《马礼逊回忆录》（*Memoirs of the Life and Labours of Robert Morrison*）中对字典的结构、编排及出版等有着较为细致的介绍。

至于《华英字典》，1815 年出版了第一卷，书名是《字典》，这是马礼逊根据嘉庆十二年刊刻的《艺文备览》英译的，汉英对照。第二卷第一部在 1819 年出版，书名是

《五车韵府》。第二卷第二部在1820年出版，附录中特别列出了中文的楷书、行书、草书、隶书、篆书、古文六大类书写方法。第三卷在1822年出版，书名是《英中字典》，内容包括单字、词汇、成语和句型的中英对照，例句都有中文译文。整部《华英字典》在1823年出齐，共有六巨册，合计4 595页，工程浩大，全由马礼逊一人经过13年的积累和编纂而成。

作为中国历史上第一部汉英英汉字典，《华英字典》收录词条40 000多，《华英字典》的三卷或者说三个部分其实是相互独立的，编写体例亦各不相同。第一卷根据《艺文备览》将汉字笔画分为214个字根来编排（Chinese and English, arranged according to the radicals），形成部首查字的汉英字典，书后附有字母索引，其在整个《华英字典》中所占篇幅最大，约为其总页数的五分之三。该字典的部首查字法是中国传统的辞书编纂法，而字母索引则是马礼逊的独创，体现了学习型字典的特点，大大方便了汉语学习者对该字典的使用。

字典的第二卷《五车韵府》为按汉字音序查字法排列的汉英字典（Chinese and English, arranged alphabetically），依照汉字音标来用英文字母排列。附录中的各种中文书写体使中英文字的比较又有所深化。这一卷的基本结构也是以已有中国著作为底本，这一底本为清朝一位陈先生的遗稿，在其学生补充、加注后，曾为《康熙字典》的编纂提供过有力的帮助。马礼逊找到这部著作后，即对之加工、调整、编辑、翻译，由此构成《五车韵府》的主体。此外，马礼逊在编纂《五车韵府》时，还参考了《康熙字典》和罗马天主教士按字母排列编著的《字母字典》（*Alphabetic Dictionary*），并进而参阅了《分韵》《佩文韵府》《尔雅》等中国文献，从而使字典在内容和编写方法上都体现出中西文化的对照、比较和沟通。

《华英字典》的第三部《英汉字典》于1822年在澳门出版。它采用的是英汉对照体例，内容有单词、词组、成语、格言等，其解释和例句还有汉译。虽然在马礼逊之前已有拉丁语与汉语对照的外汉字典，但编纂英汉字典却属马礼逊首创，因而难度颇大。马礼逊自己在序言中亦坦言："自从作者为本字典搜集词汇，已经过去13年岁月。在此期间，不断对其增补，但是中文与英文相对应的字全部搜集起来，这样的著作对一个人来说太广泛了。即使穷尽一生，要使它完美也是不可能的。"

从整体框架来看，《华英字典》似是《康熙字典》的翻版和英文注释，但其编译和注解不仅基于《康熙字典》所引的"四书五经"等经典中的例句，更有对大量其他中国文献的参考和借用。根据马礼逊夫人的回忆，至1809年时，马礼逊为编纂《华英字典》就购买了1 229册中文书籍，覆盖了中国的经典作品、天文、地理、律例、历史、宗教、解剖学和中医学等领域。在编译《华英字典》的13年期间，马礼逊每天都在搜索词汇并对之诠释进行增补调整，其释义详尽、全面，广泛触及了中华文化的诸多层面，已远远超出解释文字本义的范围。

从一个客观公正的角度出发，我们承认《华英字典》的问世的确代表着那个时代中英外向型字典的顶尖水平，法国著名汉学家雷慕沙（Mons Remusat）称其是“拥有其他字典无可比拟之优点”的字典，它在一定程度上扫清了中英文之间的语言障碍和隔阂，使得两种文化对彼此的诠释和理解成为可能。

2.《华英字典》对中华文化的译介

《华英字典》作为我国历史上第一部英汉外向型字典和中华文化的百科全书，“将中国语言文化知识更系统、更深入地传给了西方世界”，这对其后的卫三畏（Samuel Wells Williams）、麦都思（Walter Henry Medhurst）、裨治文等人编撰的字典均产生重要而深刻的影响，可谓“东学西渐”之始发也。纵观《华英字典》博大纷杂的文化释义，我们可粗略梳理为以下几类。

2.1 东方哲理、中国智慧

马礼逊在《华英字典》中倾洒了大量笔墨对中国的各派宗教和哲学机理进行了介绍，体现出他对中华民族思想内核的深切关注。《华英字典》中的第一个字“一”进行阐发时就借助了道家哲学，他先指出“天是一，地是一，道是一”，又引用了《道德经》里的“道生一,一生二,二生三,三生万物。”为例句来说明“道”作为第一位的物质原因而存在的观点，他还指出中国人眼里的“道”是一种极静或一种完全静止状态的状态，它无形可观、无迹可寻，其本质就是一种在天地分开之前就存在的最初的力量或原理。相比道家哲学，作为主流思想而普遍存在于中国各阶级社会心态中且维系着中国人道德、信念、社会和政治生活的儒家哲学在《华英字典》中亦得到了详尽的介绍。马礼逊笔下的儒家哲学，是“天无二日，民无二王，家无二主，尊无二上，示民有君臣之别也”的伦理关系，是“人，仁也，仁生物也”的人本学说，是“夫礼者，所以定亲疏、决嫌疑、别同异、明是非也”和“伯氏吹埙，仲氏吹篪”的礼乐和合，也是“教人以洒扫应对进退之节，爱亲敬长隆师之道，皆所以为修身齐家治国平天下之本”的教化理念。中国的传统观念历来有三教合一之说，因此马礼逊还辨析了佛陀、阿弥陀佛、三宝、三教、三门、三法、佛法无边等佛教概念。除此之外，马礼逊还对伊斯兰教等宗教的信仰和习俗进行了译介。

2.2 中华法系、法治文明

皇皇中华，泱泱大国，中国作为世界上唯一历时数千载而未见中断的文明古国，孕育了独具特色的中华法系，摇曳闪烁着众多法律思想的光辉。《华英字典》指出，中国法律分为吏、户、礼、兵、刑、工六部，分别对应官吏任免、户籍赋税、民间祭祀、军令兵籍、刑罚生杀和公共工程。在字典中，马礼逊对中国古代的刑事法律词语（如“斩罪”“滥刑”）、民事商法概念（如“合同”“婚嫁”）、诉讼审判制度（如“状师”“正法”）等内容进行了通透的译介。除了法律色彩鲜明的专业词汇，马礼逊也选择了一些较为基础的概念进行解释，例如法律本体（如“法律”“章程”）、法律的由来（如“国家之立法，所以惩不善而儆无良”）和法律的手段（如“刑具”）等，《华英字典》也记载了中国古代从早期“墨、劓、剕、宫、大辟”到后来“笞、杖、徒、流、死”五刑的内容和历史流变，在涉及具体每个字的解释中，又有对刑罚过程更进一步的描述。另外在“刺”字下，字典还大致解释了西周时期的“三刺”制度，指出这是中国古代所使用的三级别案件研讨程序：“First, of the higher officers of state; second, of the inferior officers; and third, of the people.”。这使人对中国的司法体系，尤其是早期司法制度的民主和审慎的特性有了初步的印象和了解，这些都为西方人士了解中华法系和中国法律、法治思想提供了鲜活文本材料。

2.3　社会制度、风土人情

马礼逊在《中国大观》里指出：“一个人如果对一个国家的历史、地理、政治、宗教习惯以及当地的风俗和观点不甚了解，相应地，他很难理解那个国家的语言。同时在应用那个国家的文字和语法时，就会出现错误。”因此，在编撰以西方读者为受众群体的汉语词典时，马礼逊坚持积极译介源语文化中的文史经典、地理人文和民风习俗，从而成功引领西方读者从单纯的语言学习质变为对中华文明的文化探究。《华英字典》中“官”字的释义从篇幅上看就占据了整整三十个版面。字典先是从中国传统的“天官赐福”说起，介绍了官职、官府、官宦人家，介绍了文官和武官、京官和外官、大官和小官等为官的职责操守。然后便不厌其烦地梳理了自上古伏羲、共工氏、神农、黄帝、少昊始的冠名，到虞夏商周设四辅及三公，从秦及汉初至平帝，孔光由太傅迁太师，到汉东京又废，献帝初董卓任太师及卓诛又废，再到汉末的废丞相，以三公综理众务，三省合班奏事，细述了三公、三师、三少和三孤的官衔演变，以及三省六部制的最终演进、确立。洋洋洒洒数万字的释义内容包罗了中国官僚体制的设置构架和演变发展，文化含量远远超出了其摹本《康熙字典》。从制度层面看，最能选拔人才、也最令人引以为傲的还是中国的科举制度，正所谓“朝为田舍郎，暮登天子堂”。科举制度不仅是古人改变身份、地位和等级的有效法宝，也是古代国家录用人才最为有效的途径。《华英字典》对这一制度的介绍可谓不遗余力。如在第 176 页“儿”字部“元”字下，字典罗列了会元、进士、解元、举人、状元等称谓及其含义。在第 746 页“子”字部“学”字下，甚至有长达八十个版面的相关铺叙。

马礼逊在《华英字典》中对中国人的帽子进行解释时，点明了背后的文化成分，如加冠礼以及顶戴与阶级官衔的关系；在介绍中国人的姓名时，从诸多大姓的来源、关于姓氏的书籍、中国出现姓的时间谈到法律禁止同姓结婚、每个人拥有名字的数目以及名字与人的个性的关系等。所有这一切，都使得西方读者真正读懂中国、走进每一个汉字的文化范畴成为可能。

2.4　文史经典、世俗小说

在《华英字典》中，除了被尊奉在庙堂之上的经史子集，不登大雅之堂的稗官野史也跃入了马礼逊的眼帘。无论《易经》《诗经》《书经》《孝经》，还是《礼记》《论语》《孟子》《荀子》，抑或是《左传》《史记》《汉书》《吕氏春秋》，都会在汉字释义中深浅不同地出现。有论者统计，《红楼梦》(字典译为 *Dream of the Red Chamber*)里的"词汇及长句"在《华英字典》第三部《英汉字典》里出现最多。"在所引的 215 句文本中，有 130 句都出自红楼人物的对话，这些对话多为纯熟、地道的官话口语，感情充沛、句式丰富。"学者研究，在马礼逊其他相关的著述中，至少有三次提及《三国演义》。除此以外，《华英字典》在第 128 页"人"字部"倚"字下，也出现了"曹操依（倚）仗军（兵）威，决不肯和"；第 479 页"土"字部"在"字下，有"谋事在人，成事在天"；第 223 页"刂"字部"刎"字下，有"(貂蝉）妾宁死不辱，遂掣壁间宝剑欲自刎"等，都是源于《三国演义》的释句。第 18 页"一"字部"不"字下，还解释了出自《水浒传》的成语"不三不四"，《西游记》的"(你）不看僧（金）面看佛面"也引用，但未点明出处。另外，还不同程度地引用了《大明英烈传》《玉娇梨》《明珠》《好逑传》《英云梦传》《五虎平南》《快心编传奇》等小说。

2.5　天文地理、风俗民情

整部《华英字典》也译介了中国浩瀚多姿的天文地理，乃至博大精深的医药养生等知识。如在第 56 页"亠"字部"京"字下，字典在释义中介绍了"京都""京师"，指出"天子所居曰京师"，"京，大也；师，众也"。北京是"目前中国的首都，通常被写作 Peking"，而南京"是原先的首都"。在同一页的"亭"字下，字典还介绍了花园的亭子、八角凉亭，介绍了亭台楼阁的建筑和造型特点。在第 512 页"土"字部"堂"字下，字典图文并茂、极其详尽地描摹了中国古代帝王所建造的最神圣的建筑物"明堂"的建筑格局及功能效用，并且梳理了传说中"明堂"称谓的历史变革。此外，马礼逊还不忘突出中国民间文化传统，介绍了作为社会联系纽带的"明伦堂"、读书求知的"学堂"、主持正义的"大堂""左堂""右堂"以及"官府坐堂"，自然还宣扬了"上有天堂，下有苏杭"。

在西方人看来，中国乃至整个亚洲的一大民情就是"谦逊"，语言上的谦逊便体现在"谦辞""敬辞"的大量使用上。《字典》第 17 页"一"字部"下"字下，他指出"在下"是自谦的说法——"在下之下对上之称"，并说明"陛下""阁下""足下"的区别。与谦称自己相对的，是对对方的敬称，比如"内人"是称自己的妻子，而"尊夫人"则是对对方妻子的尊称。再拿风俗来说，"一乡有一乡之俗，一国有一国之俗……所以入国而必问俗也"，通过谦辞和敬辞能窥得中国世风世俗的冰山一角。明白中国的风俗习惯，才能更好地了解中国。字典在很多汉字释例中，都不失时机地介绍了中国丰富多样的社会民情、风俗习惯乃至律令规矩。例如，在第 303 页"十"字部"卑"字下，介绍了"右重左卑""天尊地卑"的传统认知标准；第 337 页"又"字根下，引唐代柳宗元的诗句"入郡腰常（恒）折，逢人手尽叉"，描述古人见面的行礼方式；作为外国人的马礼逊尤其没忘强调"将酒劝人并非恶意"（第 337 页）的酒桌文化。此外，中国各类警句妙语、俗话俚语，甚至对于街巷骂架、脏话滥语在《华英字典》里也有生动的反映和引述。除了介绍常规字典里大多会摘录的如"朝三暮四""三五成群""比上不足，比下有余""命世之才""牡丹虽好，终须绿叶扶持"等长短不一的成语和典故外，马礼逊自开篇就罗列了诸如"好语似珠穿""成人不自在，自在不成人""总之，君子身可小可大，丈夫志能屈能伸""好事不出门，恶事传（行）千里""百足之虫，死而不僵""自古道，父债子还""冤有头，债有主"等警句俗语。骂人的脏话滥调也得到了马礼逊的关注，如第 188 页"八"字下，他还专门介绍了"王八蛋"等词语的语义和用法。

3. 马礼逊《华英字典》译介成因钩沉

时间和空间是对译介活动追根求源的有力线索。因此，下文将以这一线索为逻辑起点，还原《华英字典》成书的时代语境，全面揭示这一译介活动的成因钩沉以及其作者的心路历程。

3.1 《华英字典》译介之时代背景

恩格斯曾强调，每个时代的理论思维都是一种历史的产物，不同时代不仅造就了不同的形式，而且赋予它们非常不同的内容。所以，若要发掘马礼逊对《华英字典》的译介行为中的始末缘由，那么必须要将其人和其作品置于当时的时代背景下进行考察。而当时的时代背景，就是一段分别以儒家思想和基督教思想为典范的中西文明之邂逅史、交锋史、会通史和发展史。

如果以马礼逊 1807 年正式入华为一个历史参考点，那么可以发现，这个时代背景与之前以利玛窦为代表的基督教传教士所处的环境已是不可同日而语。16 世纪利玛窦入华时，正值明末清初之际。在社会动荡的明末，许多有志之士认识到以"空有合一"为本体论、"顿渐合一"为认识论和以"返本复初"为目的论的宋明理学逐渐退化成一种华而不实的空谈之风，难以满足固江山稳社稷的需要。因此在这一背景下，学识渊博的利玛窦在给明朝士大夫阶级带来先进的西方天文、几何、地理等"实学"的同时，收获了"言暮中华风，深契吾儒里"的美名。之后清朝建立初期，康熙颁发保教令，为基督教在中国的传播创造了得天独厚 的内外部条件。然而，礼仪之争迫使清朝统治者发出了“中国有中国之教，西洋有西洋之教；彼西洋之教，不必行于中国，亦如中国之教，岂能行于西洋”的愤慨疑问，随后开始了百年禁教，而这亦是马礼逊入华传教的时代背景。可见，此时中西意识形态和神学形态也已处于尖锐的对立状态，而造成这种针锋相对之紧张局势的根本原因就是中西思维模式间存在的明显反差以及因此而导致的中西文明未来走向的巨大分歧。

张岱年和成中英先生曾指出，中国传统思维具有整体、综合、直觉和意象等偏向，这种模式与西方局部、分析和推理的思维方式形成鲜明对比。以儒家思想为典范的中国传统文化是一种“天地与我并生，万物与我为一”的整体观哲学思想，它秉承万物一府的世界观，综合体现了万物始源、并作和自化的微妙关系，因此也可以说是一种“天人合一同心而万物和合共生”的哲学。在这种哲学思维活动中，个人动用所有的通感，以及全部的热情和智慧，彻底地浸入思维对象，进而实现“我”与“外物”充分交汇融合的忘我境界。因此，儒家思想里，没有彼岸与此岸的划分，本体与现象、实在与超越都是合一的，即无极而太极，体用一如。 而作为西方文明的代表，基督教所持有的思维方式重点刻画出一种“物我二分”的认识论思想。在这种“二元对立”的思想下，西方文明的发展在一定意义上就是人为地将作为个体的人从自然中剥离开来，并运用抽象思辨和逻辑理性不断地加深对作为客体的研究对象之理解和认识的过程。这种“二元主义”赋予基督教以极强的排他性，并将上帝上升到了一个至高的权威地位。由此可见，中国的儒家文化与西方的基督教文化是两种极具异质性的文化，因此基儒之间必定会爆发冲突，而如何适当调和两种文化思维的关系，以及如何有机地将基督教与儒家文化融合起来，以实现基督教在中国的本土化，是马礼逊面临的当务之急。

3.2 《华英字典》译介之中西协同

近年来，翻译学研究的副文本（paratext）视角正逐渐发展为译学研究的一大新兴和前沿的趋势。法国著名叙事学家杰拉德·热奈特（Gerard Genette）于 1979 年提出了“副文本”这一概念，并在其多部作品中不断对之进行建构、完善和发展，他认为没有副文本的文本不曾存在过，并且这样的文本永远都不会存在，这里的副文本即指“协调主文本和读者之间关系，并用于展示作品的所有言语和非言语之材料”，它涵盖标题、序言、跋、插图、注释和附录等部分，发挥着为翻译活动提供各种线索，为正文本提供必要的补充，从而揭示译者的翻译思想，发现翻译动机，解读译本的生成机制，还原翻译现场的作用。因此，从《华英字典》的副文本出发，有助于我们厘清马礼逊是如何将彼时的基儒关系从冲突史、交锋史过渡到会通史和发展史的。

马礼逊首先敏锐地察觉到，一个民族思维方式的烙印最集中地体现在其所使用的语言和文字上。因此，对中西语言文字的协调是马礼逊引领基儒关系走向和谐的第一步。东方中国特有的历史文化和生态环境成就了一种注重具象会意和直觉体验的语言文字，而起源于希腊海洋文明的西方文化孕育出的是一种强调抽象推理和理性思辨的语言文字。马礼逊深知译入语和译出语之间的巨大差异，他在《华英字典》第 1 卷的前言部分第 9 页写道："若仅仅按部就班地翻译《康熙字典》，那么我们根本无法满足欧洲中文学习者的需要。"马礼逊在同书第 10 页说明道："中文起源于可视物体的图画，并且其描述对象逐渐从可见的、可被描绘的事物过渡到感官所不能认知的非物质性事物。"接着，他还直抒己见："因为视觉传递信息的速度比听觉更快，所以以视觉获取的信息相比听觉显得更迅速、生动和印象深刻…… 所以中文书法给观者留下的生动有力的且富有美感的感受，这是字母语言所不能企及的。"这表明马礼逊认识到，在汉字文化里，形、义、音三者相互作用，互为关联，合为一体。但在这三者之中，形又是重中之重，所以有"取象可存意、立象可尽意、其义可自见"的无穷魅力。在这一汉语观下，马礼逊在《华英字典》中尤其突出对汉字从"形"的层面进行解构，然后在此基础之上，建构其"义"。例如，在第首卷第 722 页的"孝"字下，马礼逊先将其一分为二，得到"老""子"二字。然后根据二者的上下空间关系，得出处于上位的前辈发号施令，处于下位的晚辈听从命令的结论，也就是上传下达的意蕴。

其次，马礼逊也积极地从中西礼仪之争中汲取教训，积累经验。礼仪之争让马礼逊深刻意识到，若要使基督教在中国本土生根发芽，那么就必须要处理中国的基督教信徒能否在"皈依上帝"的同时"祭孔祀祖"。在这一涉及基儒两家思想根本利益的问题上，马礼逊选择了淡化甚至否定中国儒家学说宗教色彩的立场。在《华英字典》第 1 卷第 61 页，他注释道："那些挑剔的、好奇心极强的人，很难在中国文化里找到关于人的完整起源的答案，也无法找到灵魂、神是否存在的确切回答，以及我们对上帝之责任是否存在的切实证据。"这样的观点在字典后文中得到了进一步证实，在第 713 页对"孔"字的注释说明中，马礼逊指出孔子不相信来生之说："在孔子看来，'生命和永生'的意义并未得到揭示，我们也未看到当死亡临近时，他向上天或任何一位神祈祷的例子。"之后，马礼逊又讲述了孔子病重时子路欲祷于上下神祇的故事，孔子的一句"丘之祷久矣"更是一语中的地道明他本人全然不信祈祷天神地祇可以治病之事，这也成为后人判定孔子不信鬼神的一个绝佳例证。一言以蔽之，马礼逊否认了儒学的宗教性，沿袭了利玛窦对待儒学的宽容立场，即认为祭祖只是中国人维系孝道伦理的习俗，所以祭孔是为了表达儒生们对孔子及其教导的感激之情，不是偶像崇拜，没有宗教意义，所以不是非排斥不可的异教宗教仪式。

最后，马礼逊从化解基儒之间的"异"逐渐走向追求二者之间的"同"，展示了位于重洋两岸中西思想之融会贯通之处。对比两种思想不难发现，它们的重叠汇合处，尽是被"爱"的光辉所充斥和占有。在基督教里，这体现为一种从"爱上帝万有之上"到"爱近人如自己"的爱，是一种"博爱"；而在儒学里的爱，始发起源于人伦孝亲，浑然天成于"父子有亲，君臣有义，夫妇有别，长幼有序，朋友有信"的互尊互爱中，因而是一种“仁爱”。对“爱”这一概念的共同追求体现了基儒内在价值观的互渗互融，也正是基于在爱中内在的合一，才能推及在善上统一，因为爱和善分别是位于内和外两个不同层面的表达方式。也就是说，基儒二家均怀柔忧国忧民之情怀，主张用爱这一味良药治愈当时社会上出现的人心堕落和道德败坏的顽疾，从而达到救国救世的目的。在《华英字典》第 4 卷的前言部分第 10 页，马礼逊指出中国的君子在言谈行事时不时会超越个人和家庭的范畴，做出一些在长远意义上有利于全人类的决定，即使这种决定的功效不会在短期内显现出来，或者这些决定对他个人或他的家庭来说没有任何好处。在第 11 页，马礼逊对中国文化下的儒学思想剖析还表明，中国的圣贤和道德家们热衷于以和平近人的方式在人们之间传播知识，他们游说著书，教化育人，同时也谴责自私自利的行为，并强调以自我为中心的思维将遮蔽真理的光芒。他们的情怀表明，我们不应该事事只从自我的角度来看待理解这个世界。最后，马礼逊总结道，这样的教义应该是具有普世价值的，对于任何一个社区、国家都是如此；每当世人对它的“知”和“行”多一分，那么世界和平秩序的进程也会相应地增加一分，当我们真正步入“知行合一”的境界时，那么终极愉悦也已悄然渗透进每个人的内心。不难发现，马礼逊对儒学的精要阐释，也同样符合基督教的核心教义。他笔下中国圣贤周游列国的过程，与基督教徒漂流四海，播撒福音之行为有异曲同工之妙。因此，在最大化展现两家学说思想会通融合的同时，马礼逊凭借一己之力，建立起了暂时的“基儒知行命运体”，将东方和西方的思维导入同一和谐的空间，实现了两种语言、思维和文明的对话和发展。

马礼逊来华的 19 世纪初期是中西文明交流的低谷时期。由于缺乏对中国这一神秘东方古国的接触和了解，当时的西方世界对于中国的语言、文化、形象等的认识实际是狭隘且充满偏见的，甚至可以说是“充斥着民族主义或者欧洲情绪”的傲慢之见。马礼逊向西方介绍中国文化的努力虽然具有明确的为殖民势力服务的初衷，但对《华英字典》的译介行为，一定程度上，加大了中华文化的对外输出、增进西方世界对中国的正确认识，推动异域文化对我国文化的接受认可，并重塑了中国的国际形象。

第五节 典籍外译与中国国家形象塑造——以《吕氏春秋·劝学》篇核心术语英译为例

中华典籍外译是中国文化对外传播的重要途径，而翻译质量的好坏也决定着中国文化能否走出去，能否得到西方阅读者的深入理解。同样，也影响着中国在世界各国心目中的印象和地位。典籍术语是一部典籍中的不可或缺的枢纽性的表达，他们对典籍核心概念的建立、有效的话语构建和整体思想的表达起着基础性的支撑作用。一方面，典籍术语在出现的频次上往往高于普通词语；另一方面，典籍术语对于与之相关的次生术语也起到统摄作用，因而在篇章中形成从语符到语义之间纵横交错的关系网络。由于典籍术语在典籍中的重要地位和作用，好的典籍翻译不仅要考虑术语的准确表达，还要兼顾其系统性、动态性和多维性，涉及概念的、语符的和交际的多重因素，不仅要追根溯源，做到有理有据，还要点面结合，综合考虑。唯如此，才能将一部典籍的翻译成功地推向市场，走进异域文化的特定读者。

《吕氏春秋》是中国战国末期的一部重要文化典籍，由秦相吕不韦组织门客编写。该书融合了诸子百家各流派的学说，涉及天文、地理、阴阳、五行、气候、音乐、教育、军事、农业生产等多方面知识，形成一套完整的国家治理学说，又保存了大量先秦文献和遗闻轶事，在哲学、史学、文学、经济学、军事学、教育学等领域都有很高学术价值。《劝学》是《吕氏春秋》“孟夏纪”中的一篇，文章勉励学习，并强调学习的关键是尊师，而作为教师，其首要任务是以理服人和推行仁义。这些观点反映了中国古代社会对学所以长智和尊师重教的重视，是中华优秀传统文化中重要的一部分。将它们成功地翻译成其他语言，对于传播中华优秀传统文化，塑造中国在世界舞台上新的国家形象具有重要的现实意义。本文根据对三个不同英译本《劝学》篇核心术语的对比分析，分析典籍术语翻译的本质特征与内在要求，提出典籍术语翻译中应特别注意的三个问题，即概念的凸显性、语符的规范性和交际选择的层次性。

1.《劝学》篇核心术语构成及其翻译概况

在已有的《吕氏春秋》三个英译本 Knoblock & Jeffrey（2000）、翟江月（2005）、汤博文（2010）中，译者既有著名的海外汉学家，也有中国古代文学先秦两汉文学专家，他们均具有翻译多部中国文化典籍的经验，还有中国重要出版社的资深翻译家，翻译过多种历史、文化、哲学类典籍。三个英译本目前在美国亚马逊购书网站可以在线购买，其中汉学家的译本受到众多英语读者的好评。在中国，已有周恒（2012）、田笑云（2013）、顾伟和罗树涛（2014）等学者对这三个译文中的术语翻译分别加以研究。因为研究视角的不同，这些研究都没有涉及典籍术语翻译的本质特征，更没有考虑到术语翻译的内在要求，所得出的结论难以对其他典籍术语的翻译提供借鉴和参考，更缺乏对典籍术语翻译在中国文化“走出去”所起作用的深入思考。

《劝学》是典型的说理性文章，指出人只有学习，才能知理义；学习的关键是要有“达而有材”的老师，而为师的要务在于“胜理”（依循事理）和“行义”（施行道义）。按照说理脉络可将原文分为三部分。第一部分从篇首至“是入水而恶如濡也”，阐述学习的重要性和尊师的必要性，其推理过程如下：因为“先王之教，莫荣于孝，莫显于忠”，然而多数人都不能“荣于孝，显于忠”，究其原因在于“不知理义”，“不知理义”的原因在于“不学”；而古之圣人之所以能“天下理”，是因为“疾学”“未有不尊师也”，尊师是为了“争于道”，即能否接受“理”“义”。在这里，“孝”“忠”“理”“义”“圣人”“疾学”“尊师”“道”是核心术语。第二部分从“凡说者，兑之也”至“故师必胜理行义然后尊”，主要论述作为师者应该发挥的作用，即“为师之务，在于胜理，在于行义”。其核心要点非常明确，就是老师的要务在于遵循事理，在于施行道义。这里，“胜理”和“行义”为核心术语。第三部分从“曾子曰”至篇尾，以举例的方式阐述如何尊师。该部分的中心意思在于末尾句：“古之贤者，与其尊师若此，故师尽智竭道以教。”其核心术语是“贤者”“尊师”“道”。这三个部分的术语整体上构成了下面的语义网络关系图：

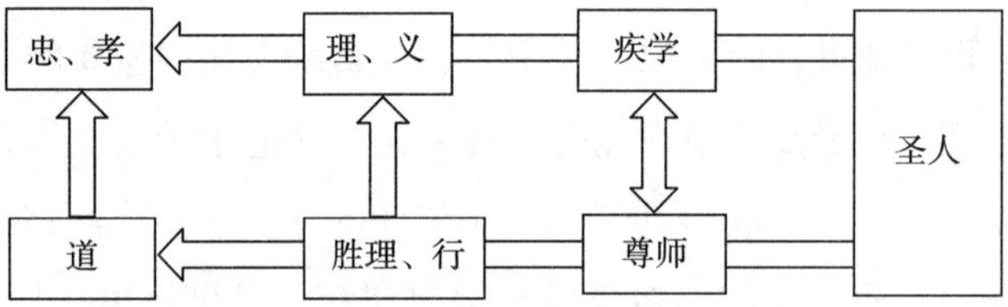

《劝学》篇核心术语语义网络关系

该图中的网络关系可解释如下：“孝”（2次）、“忠”（2次）是古代“圣人”（4次）和“贤者”（1次）最为推崇的基本道德素养，而为达到这样的素养，则需要知晓“理”（4次）和“义”（4次），其获得途径是通过“疾学”（3次），而“疾学”的关键在于“尊师”（4次），所以古代“圣人”和“贤者”无不“尊师”，目的在于通过师者“胜理”（3次）和“行义”（3次），才能得到“道”（4次），于是就能“荣于孝，显于忠”。图中箭头所指方向表示推理过程，其中“疾学”和“尊师”因为互有所指，即“疾学”就需要“尊师”，而“尊师”则必然“疾学”，因而是双向箭头。将上述所有术语串联起来也就构成了《劝学》篇的中心思想。需要说明的是，这里提到的核心术语在《劝学》篇后面的几篇文章中，乃至《吕》书全文其他篇章中都有一定程度的重复和一致，如《尊师》篇中也有“圣人”“贤者”“尊师”“义”，《诬徒》篇中也有“理”“义”“贤者”，《用众》篇中也有“贤者”等。下面以表格形式将三个译本对《劝学》篇的这些核心术语的翻译加以呈现。

《劝学》篇核心术语在三个译本中的处理

核心术语	Knoblock 和 Riegel 译本	翟江月译本	汤博文译本
孝 ^{2}	filial piety^{2}	filial piety^{2}	be filial^{1}; filil piety^{1}
忠 ^{2}	loyalty^{2}	loyalty^{2}	be loyal^{1}; loyalty^{1}
理 ^{4}	reason^{3}; be provided with principles of rational order^{1}	those principles^{2}; be at peace^{1}; these fixed principles^{1}	principles of right^{2}; be in order^{1}; the logic of things^{1}
义 ^{4}	moralty^{4}	与“理”合并翻译为 those principles^{2}; morality and justice^{2}	与“理”合并翻译为 principles of right^{2}; righteousness^{2}
圣人 ^{4}	a sage^{4}	a sage^{3}; sages^{1}	a sage^{3}; sages^{1}
贤者 ^{1}	worthy man^{1}	sensible people^{1}	man of virtue^{1}
疾学 ^{3}	intense study^{3}	study hard^{3}	study hard^{3}
尊师 ^{4}	honoring teachers^{4}	respecting teachers^{4}	respect teacher(s)^{4}
胜理 ^{3}	promote reason^{3}	stick to these fixed principles^{1}; adhere to the fixed principles^{2}	follow the logic of things^{3}
行义 ^{3}	practice morality^{2}; put moral principles into practice^{1}	advocate morality and justice^{1}; adhere to morality and justice^{1}; practice morality and justice in person^{1}	put righteousness into practice^{3}
道 ^{4}	Dao^{3}; their way^{1}	what they are to be taught^{1}; his principles^{1}; his teachings^{1};（省略）^{1}	true Way^{1}; his instructions^{1}; his principles^{1};（省略）^{1}

2. 典籍术语翻译的本质特征与内在要求

典籍术语是典籍文本中核心思想概念的语符表征形式，它涉及特定典籍文本的知识系统表征、话语体系构建与思想有效传播。按照术语翻译的“门”的理论，即 three-door theory（M. T. Cabré, 2003），术语翻译受到概念、语符和交际多重因素的制约，典籍术语的翻译自然也不例外。首先，由于中国典籍大多数年代久远，其中的很多思想概念被打上了特定历史的烙印，加上几经解读和漫长的历史流传，出现了语义上叠加的复杂性；而且，大多数典籍虽形式简约，但语言晦涩难懂，而其中的术语却蕴含着中华民族最深层的精神追求，即使本民族语使用者想要准确理解它们也非常不易。比如《劝学》篇中的“道”，它和“理”“气”“势”“情”都是中国语言特有的现象，离开中国语言的语境其实很难理解（杨立华等，2018）。其次，作为特定语符形式出现在一本典籍中的术语，不仅和整个典籍的各部分的其他术语有关系，而且往往与同时代的其他典籍中的术语，甚至之前的典籍中的术语也具有渊源或相互印证关系，有些术语在后人的解读过程中，出现了多维度或多视角的分野，这些使得典籍术语在语符层面形成了复杂的折射关系，在翻译时必须加以考虑。比如《劝学》篇中的“贤者”，在《吕氏春秋》中多次出现，因为其总篇幅的五分之一反映了“用贤”思想（曾文芳，2016）。该术语含义随语境的变化而变化，古代意义与当代意义差别很大，翻译时需要特别考虑。最后，在典籍翻译中，特定术语的翻译实际上是特定思想或概念的表达和传播。正如有学者指出，术语翻译的过程是术语跨语应用的过程，也是术语及其所表征的概念，即相关知识单位跨语传播的过程（魏向清，2014）。对这些固化为词或短语的典籍术语的英译，用英语单词或短语简明扼要地表达其含义，构造出中华思想文化在英语世界中的概念术语，让西方读者真正了解中华古代思想文化的核心内涵，所以术语翻译又是术语概念的“二次构造”（陈海燕，2015）。在翻译过程中，译者需要发挥主动性和创造性，根据对目标语受众的理解，采取最能为读者接受的形式进行传播。

基于典籍术语的上述特征，在典籍术语的翻译过程中，译者不得不从以下几点考虑，才能满足典籍术语翻译的内在要求。第一是概念的准确把握，即能够把原术语最根本的核心意思反映出来。这一点看似简单，实则不易。因为有些典籍术语在经过历时的、不同学者的解读后，其原先固有的意义发生了动态的、多维的变化，对他们的翻译就不得不从历时和共时的多重视角来加以考虑，既要注重他们的历史意义，也要注意他们的当代价值。《吕氏春秋》虽然是一部“保存相当完好的中国文化典籍”（王丽芬，2015），但在其流传过程中，先后有东汉高诱、清代毕沅、近代许维遹、陈启猷等人的系统整理与校释，不同的校释本对同一个术语的解释也可能存在差异。根据三个译本前的序言，汉学家 Knoblock 和 Riegel 的翻译主要参考了陈启猷的《吕氏春秋校释》，学者翟江月参考的版本比较杂乱，包括高诱注本、毕沅校本、许维遹《吕氏春秋集释》、陈启猷《吕氏春秋校释》等众多校释本，而资深翻译家汤博文则对此没有明确的说明。三个译本对核心术语的处理有明显的不同，是否与参考的校注本有关值得考虑。尽管《劝学》篇的三个译本在对最为常见的术语翻译基本都能达到相互间的一致或类似，如“孝”“忠”“圣人”“尊师”的翻译，但在“理”“义”“疾学”“贤者”“道”等术语的处理上有明显的差异。比如“贤者”，三个版本的表达分别是 worthy man、sensible people 和 man of virtue，是否反映了该术语的固有意义或当代价值，这一点必须凸显。译者如果不能做出明确的研判，就必须考虑到第二个层面，即在整个译文文本的语符层面进行考量。

一个成功的典籍译本，如果译者在对同一个关键术语的翻译能保持语符层面的统一性，则可以大大降低读者对原文本的理解难度，特别是对全篇核心思想的把握。典籍文本翻译和一般文献翻译的不同之处在于，译者在翻译之前需要就文本的产生、主要思想、编排体系等做一些介绍，因此在译文正文前往往有序言、介绍等，有的译者还会在每个篇章的翻译前进行重点介绍，以便于读者对一些较陌生概念的理解，这时候出现的术语翻译已经为译文中的术语翻译做了准备。而且，认真的译者不可能在译文中做出随意的变化，除非语境使然，否则破坏了术语之间的一致性和系统性。按照西方翻译出版界的习惯做法，在译文正文后还应该包括索引或术语表、注释或附加注释之类的副文本，以便读者对重要的术语或词语翻译进行快速查找，这就从另一个角度规定了译者在翻译术语时必须有一定的规范，否则对读者来说就谈不上友好。在具体的篇章中，同一篇文本中的术语，如果语境没有发生很大的变化，保持术语翻译的一致性也理所当然。纵观《劝学》篇核心术语的三种译文可以发现，汉学家 Knoblock 和 Riegel 的译文在术语翻译的一致性方面做得最好，基本上同一术语在前后表达上是相同的；而且，其系统性也最为明显，比如他们考虑到“疾学”和“尊师”之间的互有所指关系，将两个术语分别译为 intense study 和 honoring teacher，这比只表示单向度的 study hard 及 respecting teacher 更加具有系统性。两位汉学家在译文后的附加注释中也对“疾学”和“尊师”之间的关系做了特别说明。反观翟江月译本和汤博文译本，同一术语前后出现了很多不一致的情况，尤其是翟江月的译本，在很多时候对同一术语的使用出现了多种处理结果，而且译文前后没有任何说明。比如“道”的翻译，本篇中前后使用了 what they are to be taught、his principle、his teaching 和省略等四种处理方法，完全没有把“道”当作术语看待。当然，并不是说处理的方法越少越好，如果语境使然，相应的变化是必要的。比如“理”的翻译，原文中有三处都是以作为名词的“理”出现（“此生于不知理义”“不知理义”“遗理释义以要不可必”），只有一处作动词出现（“圣人之所在，则天下理焉”）。这里的“理”显然不是其他三处所讲的“理”，所以做些变化非常必要。三个译本在此处都做了相应变化，分别是 be provided with principles of rational order、be at peace 和 be in order，非常符合术语使用的系统性要求。

典籍术语翻译内在要求的第三个层面是在交际选择上的考量。正如上文所述，术语翻译是相关知识单位跨语传播的过程，也是术语概念的“二次构造”，一个好的术语翻译不仅要考虑是否源术语的固有意义或当代价值，要考虑语符层面的系统性，更要考虑术语概念的可接受性。中国典籍的外译本质上是为了传播中国传统文化中的知识和概念，这些概念和知识有的非常深奥难懂，远离目标读者的生活体验和知识视野，使目标语读者对它们产生亲近感和愉悦感非常重要，或者说，考虑目标语读者的期待视野非常重要。由于当代西方人能够轻松阅读和理解译自中国的文学作品和学术著作的读者的数量少，而且，他们的“接受水平也不是很高”（李凤亮，2017：25），典籍翻译必须考虑到西方读者的接受水平和阅读兴趣。具体到典籍术语的翻译，就是应将那些深奥难懂的知识和概念简单化、具体化。在《劝学》篇核心术语的三个译文中，我们可以看到汉学家 Knoblock 和 Riegel 的译文总体上最为简单，用词最为简洁，对一些术语的翻译能具体到一般读者能感知的程度，比如"理"和"义"的翻译。尽管"理"和"义"具有东方民族思维的整体、辩证、主观和模糊等特点，但他们使用了西方读者最为熟悉的 reason 和 morality，瞬间就能让他们产生亲近感。再如"胜理"和"行义"的翻译（"胜理"三次都译成 promote reason，"行义"两次使用 practice morality，一次使用 put moral principles into practice），除了"行义"的翻译一处有变化，整体上非常简洁流畅。反观翟江月译本和汤博文译本，很多术语不仅前后变化较多，且用词繁杂，使得术语抽象、模糊。当然术语的翻译不是说越简单越好，能否最大限度地突出交际效果的翻译才是最好的翻译。正如法国学者达尼尔·葛岱克（2011：6）所说，"翻译质量在于交际效果，而不是表达方式和方法"，这样的术语翻译才会吸引读者，和读者的期待视野相融合，译文的可读性提升，才会让原文本的知识和概念自然地跨越文化和语言的障碍，走进读者的内心世界。

3. 典籍术语翻译应注意的问题

根据上文对典籍术语翻译本质特征与内在要求的分析，特别是结合对《劝学》篇核心术语翻译三个译本的横向比较，我们可以得出典籍术语翻译应注意的问题至少应包括以下三个方面，即概念上的凸显性、语符上的规范性和交际选择上的层次性。

概念上的凸显性首先是指典籍术语翻译要能最深刻地表达典籍术语的固有思想和当代价值。对于典籍文献在成文时的固有思想，需要译者对整个文本的时代背景、历史意义和价值所在做出准确的研判，因为一部典籍的价值，说到底，是因为它镌含了那个时代所特有的概念和价值观。概念上的凸显性还表现在典籍术语的翻译能够对当今时代的读者具有启发和激励作用，从而使它具备了跨时代的现实意义。因为典籍术语的翻译就是把镌含在中国古代典籍文献中的概念和价值观进行跨语传播的过程，这其中既有知识的传播，也有在异域文化中对中国传统文化价值观的构建，甚至也是在某些领域为中国争取国际话语权的过程。译者不应忽视典籍术语翻译中的思想性，就是说译者需要一定的典籍术语观，要让原文术语中所包含的思想在译文中明显地体现出来，发挥出它理应承担的知识传播和话语建构的功能。汉学家 Knoblock 和 Riegel 及资深翻译家汤博文在这方面可以说表现明显。在很多术语的翻译上，他们都非常谨慎，能够深刻地翻译原术语的特定历史意义和价值观，比如"道"的翻译，Knoblock 和 Riegel 坚持使用 Dao，突出它是中国文化中特有的现象，无法用英语词汇代替，读者读到此处必然会产生更多的联想，汤博文使 用了 The Way，表示与一般的方法（way）的不同。再比如"理"和"义"的翻译，Knoblock 和 Riegel 基本上围绕 reason 和 morality 来翻译，突出的是它们的当代价值，而汤博文围绕 right 和 righteousness 来翻译，基本上反映了“理”“义”在那个时代的特有意义，即以“义”为核心价值的从大乱走向大治的道德建设思想（侯文莉，2016）。

语符上的规范性是指典籍术语翻译要具有一致性、系统性和完整性。没有一致性，读者就会常常面临对同一个术语的不同解读，这对于核心概念的传播尤其如此，因为不同的解读难以在读者内心产生一个连贯和清晰的存在，在传播效果上就会大打折扣。系统性是为了照顾典籍术语因语境的不同而可能产生的变异。同一本典籍，同一个篇章，因为语境不同而导致术语表达形式上的变异无论在原文还是在译文中都有可能发生，如果译者能够敏锐地捕捉到这样动态和多维的信息，对翻译无疑是非常有利的。在《劝学》篇的翻译中，汉学家 Knoblock 和 Riegel 的做法可以作为一个典范。在译本中，首先在 introduction 部分和每个章节的译前介绍中就已经包含了相关术语的表达，这和文本中的术语表达基本是一致的，在具体的篇章翻译中，他们也注意到术语的语境变异，随之做了相应调整，在译文后的索引中也列有相应的术语。比如上述“道”的翻译，大多数情况下用 Dao，表示这是一个特定的概念，少数情况下用 way，表示是普通词语，并且在译文后的索引中详细列出了 Dao 的使用情况。再如，考虑到“疾学”和“尊师”之内在关系，故而能够用 intensive study 和 honoring teacher 来互指。完整性是典籍术语在翻译过程中需要按照术语来对待，不能随意变换或取舍。比如两位汉学家的译文中，所有术语都给予了恰当的关注，而翟译本和汤译本则有两次对“理义”进行了合并翻译。这种合并翻译的正确与否姑且不论，但就表达的完整性而言，显然是一种欠缺。

交际选择上的层次性是指典籍术语翻译能满足不同目标语读者的期待视野，是为适应不同层次读者的伦理与美学思想而在术语翻译中所采取的宏观策略。通常，我们所理解的翻译层次性总是和翻译的目的性相关，即每一翻译行为都有其基本层次的翻译目的，另外很可能还有最高目标（最后的目的），在这两极之间还会有一些中间层次（范祥涛，2003）。典籍术语的翻译也可以按照翻译的目的而划分出不同层次。比如为一般大众读者的目的层次、为专家读者的目的层次和为介于为一般大众和专家读者之间的读者的目的层次。也就是说，译者要从读者的认知水平出发，从伦理和美学层面寻找跨语读者的期待，尊重他们的习惯和兴趣，有所为，有所不为。对于专家读者，原文的术语在译文中一定要按术语来处理，必要时增加额外的解释；对一般读者，则尽量从简，在不影响理解原文大意的情况下，有些术语可以简化甚至舍去不译；在介于两者之间的情况下，则可以保留原文术语而不详细加以解释，只要让读者知道，这是一个特定的文化概念即可。按照汉学家 Knoblock 和 Riegel 在序言中的描述，他们的译文既要适应一般大众，又要满足对中国文化有研究要求的专家读者，所以术语在正文中虽然很简洁，但在译文正文之后有一个附加注释，对一些重要的术语进行详细解释。比如本篇的题目

"劝学"，在译文后的解释长达513个单词。因为翟译本属于"大中华文库（汉英对照）"的一部分，该文库的目标读者是普通大众，而且规定译者不能使用脚注和尾注，所以很多时候都尽量将术语翻译成表面上看似最浅显易懂的英文，但是限于其英文水平，很多地方似乎并不简洁，有时候适得其反。汤译本在前言中明确表明，是要把中国文化尽可能地传播到英语世界，所以对术语翻译非常重视，很多地方注释累累，但缺乏针对性，所以并没有能达到较好的效果。更重要的是，他的译文参考源文版本不明，所以即使翻译错了，也不知道是谁的错，缺乏研究的价值。

思考题：

1. 简述法律典籍域外传播的三种主要方式。
2.《三字经》的英译发展过程呈现了哪些特征?
3. 简述《管子》的译介与传播过程。
4. 简述《华英字典》对中华文化的译介内容。
5. 典籍术语翻译应注意哪些问题?

第十四章

翻译规划

翻译是一种文化传播，在任何翻译活动中都会存在规划行为。习近平总书记提出的关于建设“丝绸之路经济带”和“21世纪海上丝绸之路”的构想，已成为国家新的重要发展战略。为响应国家发展战略，制定适应“一带一路”建设的我国翻译政策，是当前语言规划与政策研究中不容忽视的一个重要议题。本章将对面向“一带一路”的我国翻译规划进行专门研究，提出一个基于不同主体层次、多问题领域的“一带一路”我国翻译规划研究分析框架。

第一节 面向“一带一路”倡议的我国翻译规划的内容

在“一带一路”倡议下，翻译是中国文化“走出去”的一座桥梁，翻译活动由国家、政府、翻译机构、出版社、译者、媒体等诸多主体构成，因此须做好战略部署和规划。翻译规划既是一种语言行为，也是一种文化行为，主要包括话语规划、地位规划、教育规划和传播规划四个方面。

1. 话语规划

文化话语权是一个国家软实力和综合国力的体现，文化话语权在国际舞台上的展示离不开翻译的中间桥梁作用。“一带一路”沿线国家的文化传统、宗教信仰、法律制度、社会风俗等呈现出多元、多样化，和我国的文化体系之间存在很大的差异，“作为文化话语权的‘代言人’，翻译文化与研究开展的成功与否，不仅象征着一个国家的文化沟通能力与传播能力，更关乎一个国家的政治、文化立场及其在国际舞台上的影响力和发言权”（徐珺、王清然，2017：77–78）。异国文化的“引进来”和中国文化的“走出去”是两种不同的战略，前者是为了学习和交流，而后者更多的是为了扩大影响力，扭转我国在“一带一路”沿线国家的影响力较为“弱势”的地位，赢得一定的“话语权”。

翻译作为一种文化交流活动，其根本价值在于让文学文化通过译本在目的语的话语体系中“穿越”，并受到读者的理解和接受，进而产生一种文化认同感和包容性。在文化“走出去”的战略目标下，翻译规划中的话语规划包括话语体系研究、核心价值观、核心文化（或关键文化）及其载体（文学、影视、艺术等）的选择和确定以及语言规划等诸多方面。话语体系研究、国别研究，需要聚合多方面的力量，甚至要吸纳海外学者和学术研究相关的力量。“核心文化”指最能够代表中国文化核心价值的思想、文化、文学、影视、艺术经典作品等，让这些上升为中国文化的品牌代言人，在对外传播中赢得一定的影响力，在异域文化中占据一定的话语权。语言是文化的载体，是文化表现的外化，翻译规划中的话语规划其核心在于“关键语言”的确立，“关键语种”决定文化“走出去”的受众、对象和影响范围。

2. 地位规划

翻译地位规划的核心是为翻译立法，以法律法规的形式规范翻译市场，提升翻译的社会地位，保障翻译的质量和声誉。当前，对翻译立法已经达成社会共识，甚至形成一定的媒体关注度，很多学者都撰文提出通过立法规范、监督和管理翻译市场，提升翻译质量，加强翻译从业资格，建立翻译准入制度等（郭晓勇，2010：36；黄友义，2011：30；谢天振，2011）；翻译是全球化时代文化交际与文化传播的重要手段，加强翻译立法是提高国家文化软实力的法律保障（王隆文，2012：60）；通过介绍德国翻译行业立法实践为中国翻译立法提供借鉴（蒋莉华等，2012：49–50）；商务部委托中国翻译协会开展的“语言服务业和服务贸易发展政策制订”项目报告（2013）获商务部优秀研究项目，其中明确提出为翻译立法（中国翻译协会，2013）；从“社会—机构”的视角进行跨学科调查，对语言服务立法的必要性、可行性和操作性进行理论阐述（赵军峰、寇莹瑾，2017：4）。除了立法规范翻译市场，翻译地位规划还包括提高翻译稿酬、将翻译纳入学术评价体系、为翻译设置国家级或政府层面的奖项等。

3. 教育规划

文化“走出去”、文学文化的翻译离不开优秀的译者，培养优秀的翻译人才是翻译教育规划的重点。有关“小语种”翻译专业人才培养的研究较为稀少，现有的研究多以“外语教育”“外语学科”为关键词，比如，从学科规划、跨文化人才培养、国际学术话语权、外译产品质量、海外资源建设、教师专业发展、文化传播途径拓展等方面探讨学科发展战略，为进一步推动我国外语学科发展，助力文化海外推介，提高文化软实力提供一定启示（戴炜栋、王雪梅，2015：1）；小语种的设置和教学与英语相比有失公允，无论是从全球化、生态化的角度出发，还是从传播中国文化的角度出发，都应该适时合理地在整个外语教育体系中安排小语种课程；为国家外语能力建设在战略导向、能力需求、资源种类和资源质量四个方面的战略转型任务，提出加强外语规划、服务“一带一路”对策与建设（沈骑，2015：9）。外语教学并不等于翻译教学，外语人才也不等于翻译人才，学了外语并不等于能够成为翻译。翻译教育规划的内容包括市场调研、专业设置、人才培养、师资建设、教材建设、课程建设、人才培养质量标准与评估等系统性指标。

4. 传播规划

中国文化能否在国外很好地传播，很大程度上取决于传播渠道和受众的接受心理，文化传播领域越来越受到学者们的关注。文化“走出去”不能只靠学外语的中国人去翻译，中外译者的选择、同国外出版机构的合作逐渐受到更多关注。比如，谢天振（2013）直接提出译介文学作品不妨请外援；王志勤和谢天振认为，中国文学文化要成功地走出去必须综合考虑作者、译者和赞助人等各方面因素（王志勤、谢天振，2013：22）；黄友义认为，翻译出版量很大，要以多种形式聘用外国人做翻译或者润色，不管什么形式，是自己找还是出版社找合作人，一部书稿一定要经过中外两个人合作才能出版（贾洪伟，2017：112）；胡晓明认为，对文化走出去的一个认识上的误区就是自我单向化，即无视或轻视其他传播力量（胡晓明，2013：21）；耿强以“熊猫丛书”为个案，考察其在美国文化系统中的接受过程，发现丛书“读者群狭窄、读者群渠道狭窄以及市场调研不充分”，进而提出政府译介要认清文学对外译介的规律，总结经验和教训（耿强，2014:77）；中国外文局局长周明伟在中国翻译研究院成立仪式上的发言中指出，“在‘中译外’实践中，文学类作品的翻译将更多依托外方翻译专家的作用，他们在文学作品翻译过程中的再创作能力是我们怎么努力都难以比拟的”（周明伟，2014：6）。译者就是文化传播的代言人，既是传播的主体，也是传播的媒介。翻译的传播规划既包括传播主体（国外译者的选择、国外出版机构的合作），还包括传播目的、传播内容、传播媒介、传播思路、传播对象、传播结构、传播渠道、传播受众、传播效果、传播环境等。翻译的传播规划需要综合考虑，总体考量，因而具备综合性和全局性的特征。

第二节　我国翻译规划的研究框架

我们认为，系统构建适应“一带一路”倡议的我国翻译规划研究体系，要结合“一带一路”建设的特点，以满足“民心相通”需求为目标，以话语规划、地位规划、教育规划、传播规划四个维度为规划基础，从宏观、中观、微观三个层级确定“一带一路”翻译规划研究的主体层次和具体语言问题。研究如下页图所示：

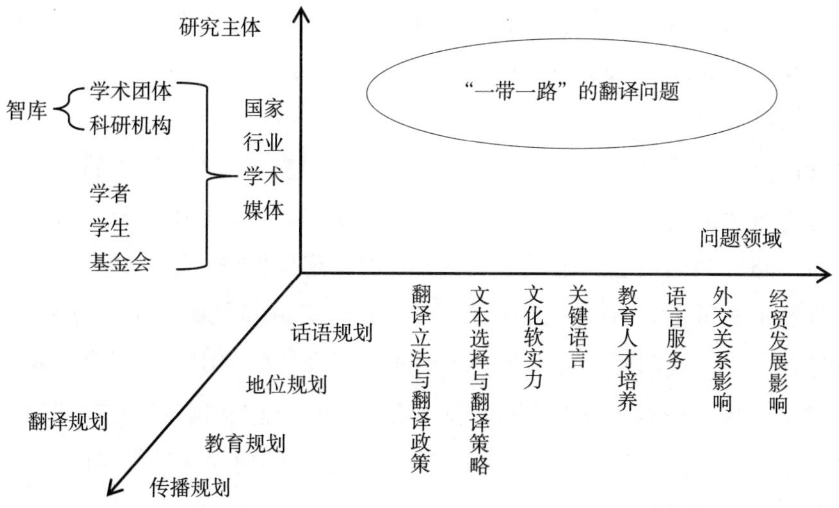

1. 我国翻译规划的主体构成

翻译规划是翻译政策的延伸与体现，是翻译立法的具体执行，翻译规划的理论可以为翻译政策、翻译法规的制定提供理论依据。任何重大规划的具体制定和执行都会涉及政府部门、民间机构、社会力量和个人的多方配合。李宇明认为，领域语言规划的基本运作机制应该是：行业主管部门"主管"，国家职能部门指导，专家队伍学术支撑（李宇明，2013：86）。董晓波将中国法律领域语言规划的主体层次分为国家、行业与学术三个方面（董晓波，2015：41）。我们认为，不考虑传播渠道和传播方式，文化"走出去"的战略是不完整的，还要依靠媒体的通力合作。翻译规划的主体由国家、行业、学术与媒体四个层次构成。

1.1　国家层面

"政府通过翻译政策对翻译活动实行有效的监督和指导，是几千年来国际社会普遍的文化政治行为。"（滕梅，2013：4）国家职能部门负责制定文化走出去的总体战略和规划，颁布与翻译相关的法律法规，保证法律法规的权威性。同时，政府职能部门起到沟通和纽带的作用，整合翻译资源、联系翻译机构和组织，在中外翻译行业和媒体之间建立合作机制，架起沟通之桥。

1.2　行业层面

翻译行业范围涉及较广，囊括翻译协会、翻译公司以及出版机构等。行业行会主要负责"一带一路"沿线国家翻译市场调研，为立法提供合理依据，并起草法律法规，负责面向沿线国家的关键语言选择、文学文化作品规划、选择和出版、译者和出版机构的确定等核心工作，整合翻译高端人才，为翻译提供基础性服务。"翻译机构作用于政权与译者之间，既是翻译政策的执行者，同时又是沟通译者与政府的桥梁，在上情下达和政策制定及执行的过程中起着不可或缺的作用。”（滕梅，2013：4）

1.3 学术层面

翻译研究会、高校设立的“一带一路”研究机构、翻译研究学者以及博士生、研究生和部分本科生都是学术层面的组成部分。当前，很多高校都服务于国家文化战略，建立“一带一路”研究中心。比如，宁夏大学中国阿拉伯研究院、福州大学21世纪海上丝绸之路核心区建设研究院、北京第二外国语学院阿拉伯研究中心以及中国“一带一路”战略研究院、澳门理工大学与中译语通公司合作的“中英葡语言实验室”、西安外国语大学“丝绸之路语言服务协同创新中心”、南京理工大学“一带一路语言文化传播战略研究中心”，等等。高校“一带一路”研究中心的建立从学术层面为翻译规划和翻译政策的制定提供智力支持。

1.4 媒体层面

从传播的结构组成上看，媒体不仅包括国内媒体，也包括境外媒体，通过中外合作的形式，和“一带一路”沿线国家当地媒体共同探索有效的传播形式。从传播媒介上看，图书、报纸、广播、电视、网络等都是文化“走出去”的有效传播方式，传播内容既要以中国核心价值观、中国核心文化为重心，又要考虑目的语国家当地实际的文化需求和接受心理。国家政府机构应该在中外译者交流、媒体沟通和合作中承担起桥梁作用。

2. 我国翻译规划的主要任务

语言是“一带一路”沿线国家互联互通的纽带，翻译又是搭建国家之间文化交流的桥梁。随着全球化进程以及中国的快速崛起，翻译服务也逐步走向国际化。

第一，随着“一带一路”倡议的深入推进，我国和沿线国家间逐步展开密切的沟通与合作，将会直接把翻译服务推上舞台的“聚光灯”下，翻译行业将面临新的机遇和挑战，翻译业务的需求量也会比以往更多。

第二，“一带一路”倡议对翻译语种的需求呈多样化。随着中国社会、经济、文化等综合实力的提高和国际地位逐步地上升，中国需要主动适应变化，参与国际合作和竞争，扩大海外利益范围，过去以“引进来”为主导的战略须向“走出去”转型：“中国文化‘走出去’，传播中国声音，讲好中国故事，构建融通中外的对外话语体系，为‘一带一路’新格局架设中国走向世界的‘桥梁’。”（沈骑，2015：10）据统计，“一带一路”沿线有65个国家，涉及53种官方语言，属于九大语系（王辉，王亚蓝，2016:13）。“一带一路”沿线国家所涉及的语言资源丰富，语言状况复杂，语言服务需求多样性，对翻译提出更高的要求。

第三，文化对外传播由过去单纯的文学翻译向应用型范畴延伸。“文化产业重点应该包括文化创意、影视制作、出版发行、印刷复制、广告、演艺娱乐、文化会展、数字内容和动漫等产业。”（李新家，2011）过去由于文化发展的单一性，文化“走出去”多以文学对外翻译为主。随着文化产业的丰富，文化传播的内涵和外延进一步扩大，文化传播对翻译内容的要求也逐步多元、多样化。

第四，机器翻译迎来新的时机。随着翻译软件的开发和应用，诸如“翻译行业会不会以后被人工智能取代”类似的问题甚嚣尘上，技术不断革新，唱衰“翻译”的文章大行其道。必须承认，低层次、重复性、个别领域的翻译活动，机器确实可以胜任；但高层次、高质量、富于创造性的人文领域的翻译，如文学、文化翻译，机器永远也无法取代人力，而读者对翻译质量的诉求始终居高不下，这也决定高级翻译人才的培养始终不会过时。

3. 我国翻译规划的基本原则

任何重大项目的实施都离不开周密的部署和规划，而规划都要坚持一定的原则，在一整套理念和思路的指导下，完成具体的规划任务。翻译规划的原则是保证科学决策、合理规划的准则和出发点，规划的主体构成既是规划的制定者，同时也是规划执行的主力军。

3.1 充分性与科学性

科学、合理的翻译规划和翻译政策必须建立在充分、完备的调研基础上。目前，我们对“一带一路”沿线国家缺少基础性信息的掌握，对其基础设施建设、政治形态、人员往来、文化特点等了解的都比较少。“无论是东南亚还是中亚地区，许多都是伊斯兰国家。其中，一些国家还较为保守，有着相当多的、不为中国企业所熟悉的文化禁忌。”（储殷、柴平一，2015：55）相较于欧美国家的文化特征，我们对“一带一路”沿线国家的文化尚且知之甚少。“很多的信息必须亲临现场做扎扎实实的调研才能获得，这就要求我们一方面要加强国别研究，多把我们的研究人员送到当地去调查情况；另一方面，则应对通过民间渠道获得的信息予以及时地收集与整合。”（储殷，2015）

翻译规划涉及核心文化和价值的构建、翻译项目设置、文化文学经典的选择、翻译语种的选择、小语种人才培养等诸多方面，林林总总，既需要立足于对目的语国家的需求，又要充分了解国内同其展开的经济往来、商贸合作、政治合作等，没有扎扎实实的调研，就不可能产生科学的决策。调研过程中需要发挥翻译规划主体构成的主动性，尤其是行业协会、翻译机构、高校学术研究中心等，多到沿线国家实地考察，而不能闭门造车，脱离实际。

3.2 针对性与实践性

“一带一路”沿线国家政治、经济和文化差异的复杂性和多样性要求翻译规划要有针对性，不能盲目，应该提出分类对策，做出合理规划。不同地区、不同国家的需求是不一样的，基础设施建设、贸易、旅游、通信、中医等，沿线国家的合作领域都有侧重点。由于民族恩怨、利益冲突、文化摩擦和宗教壁垒，“一带一路”沿线还存在着“安全风险、政治风险、经济风险、法律风险、社会风险”等（储殷、柴平一，2015：51）。面对复杂的形式，中国文化“走出去”需要精准定位，依据沿线国家的实际需求，精细文化“走出去”的内容和对策，充分考虑到国家之间文化的差异性、政治生态的多样性、国家安全和舆论环境的复杂性，最终制定出有针对性、合理性和指向性的翻译规划。制定的翻译规划不可能立刻成熟和完善，需要经历实践—检验—修正的过程。规划合理与否，能否达到目的，最终还要靠实践来检验，并且在实践中进一步修订和完善。文化“走出去”不能指望“摊大饼”，要以试点的方式展开，由点及面，逐步增强中国文化的辐射力和影响力。

3.3 竞争性与对话性

在“一带一路”倡议下，文化“走出去”也是在重构中国在沿线国家的文化战略秩序，“国际文化战略秩序是国家和国家集团间文化战略竞争和战略博弈的结果”（胡惠林，2011：36）。由于沿线国家文化实力、文化影响力的复杂性，当前中国在丝路沿线国家的文化传播仍然处于“弱势地位”，中国不得不参与到和美国以及一些沿线大国的博弈和竞争中。在全球化语境中，不同国家文化的传播、渗透、沟通和融合、话语权的争夺既有共生性、共存性，又有很强的竞争性，需要翻译规划的制定体现出一定的竞争策略。与美国在全球化“文化霸权”的战略不同，“一带一路”讲好中国故事的目的是要增强沿线国家对中国的了解，增强沿线国家对中国文化和价值观的认同和接受。但一些国家对中国还存在着误解，将“一带一路”倡议甚至视为对他们的“征服”。此外，在中国对一些沿线国家经济建设援助的过程中，由于这些国家存在上层路线的腐败等因素，这对中国的国际形象也产生了负面影响。文化“走出去”的实质是要增强沿线国家对中国价值的认同，“民心相通”的前提是加强相互之间的了解，不同文化之间首先要具有平等的对话性与沟通性。

3.4 双向性与互动性

“任何政策的实施，都离不开全社会的配合与参与。这些规定性的要求既需要自上而下的国家导向，也需要自下而上的民众接纳与参与。”（罗列，2015：95）翻译规划涉及四个层面的主体构成，他们既是规划制定的参与者，也是具体的执行者，需要全员积极主动的参与。此外，立法规范翻译市场不仅需要民间机构参与调研，而且法律法规的执行和运作要建立在全社会达成普遍共识的基础上。“其实制定法的作用在任何社会都不是全能的”，“即使政府颁布法律，这些法律法规也不可能仅仅由于颁布就马上进入所有行动者的活动中，起到实际的规制作用”（苏力，1996：102，116）。“社会各方面的协调和配合工作也是不可缺乏的。道德理想、科学文化、法制教育是重要的方面。这也是所谓的‘综合治理’。”（同上：120）要保证翻译规划能够朝着既定的目标前进，各个层面需要达成广泛的社会共识。唯有对翻译政策和翻译规划具备全面和理性的认识，才能为翻译规划的执行创造良好的社会环境，而法律法规的颁布也要能激励各个主体构成的积极性和主动性，让翻译规划更有效地运行，国家自上而下的推进也需要民间自下而上的互动和配合。

在“一带一路”倡议下，文化“走出去”是一个长期性、艰巨性和复杂性的历史进程，又是国家之间两厢情愿的接纳和包容的过程，翻译在文化传播中起到重要的媒介作用。中国文化“走出去”也是国家综合能力的体现，能在“一带一路”沿线国家赢得文化的话语权，促进真正的“民心相通”。这必然要求我们要以文化自信为基础、以文化认同为目标，在此基础上重视翻译规划。翻译规划要通过翻译选材、关键语言选择、翻译项目、翻译模式、翻译人才培养等一系列有计划、系统性的活动来操作并实施。翻译政策不仅要服务于政治目的，也要综合考虑目标语国家的国情、民情、社会文化、风俗习惯等。

第三节　面向“一带一路”的我国翻译政策前瞻性研究

随着“一带一路”开放合作的“朋友圈”不断扩大，沿线国家间除了经济贸易往来、交通基础设施建设、旅游开发等活动有效地促进沿线国家和地区之间的互联互通之外，文化交流也是打造文化包容利益共同体的重要方式，而翻译则是文化传播、民心相通必不可少的桥梁和纽带。“只要有翻译活动存在，其就受到翻译政策的影响。”（滕梅，2014）翻译政策对翻译活动起到了规约和指导的作用。“一带一路”倡议是个庞大的系统工程，文化则是这个系统中的一个组成部分，而积极的翻译政策可以促进国家文化和经济发展，规范、刺激和调动翻译活动。随着“一带一路”倡议实践的深入，国家间的文化交流愈加密切，对翻译的要求也逐步提升，面向“一带一路”的翻译政策需要明确内涵，界定问题领域。做好规划，对“一带一路”语境下我国翻译政策的前瞻性进行研究，目的在于更好地服务于“一带一路”倡议的文化传播。

1. 翻译政策的定义及其研究现状

翻译政策是由霍尔姆斯（Homles，2004）在《翻译研究的名与实》中首次提出的概念，翻译政策研究将“提供合理建议，以确定社会中译者、翻译活动及译作的地位和作用：如在特定社会文化情境中应选择哪些作品来翻译；译者的社会经济地位如何，译者应该具有何种地位；翻译在外语教学中应起的作用等”。吉迪恩·图里（2001）认为，翻译政策是指“特定时期，特定语言文化通过翻译对所输入文本类型和文本进行选择时的一些支配因素”。英国翻译理论家杰里米·芒迪（Jeremy Munday）（2001）认为与霍姆斯所提出的概念相比，“翻译政策如今更多与影响翻译的意识形态相关。”比利时学者 Reine Meylaerts（2011）关注到官方层面的翻译政策，从这一角度将翻译政策定义为“一套法律法规，用于规范在教育、法律事务、政治机构、行政、媒体等公共领域的翻译活动”。

2. 面向“一带一路”翻译政策研究内容的前瞻性思考

在中国历史上，翻译政策在翻译活动中起着不可或缺的作用。从唐朝的佛经翻译高潮，明末清初外国传教士与中国译者合作的科技著作翻译，直到清朝末年洋务派以“师夷长技以治夷”为目的设立同文馆与江南制造局，这些翻译行为无一不是政府当时政策的产物。新中国成立后，翻译活动也体现出了为政治、经济、文化服务的特点。新中国初期的外交政策导向引发了对苏俄作品的翻译高潮，同时意识形态方面的对立也决定了英美作品，尤其是文学作品汉译的相对低迷。随着 20 世纪 60 年代初中苏关系的破裂，我国对苏联作品的翻译也几乎完全停滞。改革开放以来，我国迎来了新一次的翻译高潮，尤其是西方发达国家的作品通过翻译得以大量涌入，进一步促进了我国的现代化进程。“一带一路”是富有前瞻性的倡议，对“一带一路”文化传播下的翻译政策的内容研究也必然会带有一定的前瞻性。我们认为，“一带一路”文化传播下的翻译政策，从宏观上，应包括立法规范翻译市场（行业准入、稿酬定价、译名的统一、翻译质量评估标准）、翻译学术研究等；在微观上，应包括翻译机构的建立、翻译规划的制定（翻译选材、关键语言确定、翻译项目、翻译模式、翻译人才培养、翻译基金的设立、翻译奖项评选）等。

2.1　需要立法规范面向“一带一路”的翻译市场

自“一带一路”倡议提出以来，“一带一路”四个字的英文表达先后有“One Belt, One Road”、Belt and Road、Land and Maritime Silk Road Programs 等多个版本。2015 年，国家发展改革委会同外交部、商务部等部门对“一带一路”英文译法进行了规范，“一带一路”简称译为 the Belt and Road，英文缩写用 B&R，“倡议”一词则译为 initiative，且使用单数。由国家机构统一、规范的“一带一路”的译法，扭转了市场上误译、乱译的现象，从战略上看，树立了国家机构对译名组织和管理的权威性，维护了国家文化对外传播的良好形象；从战术上讲，让“一带一路”的译名在国际、“一带一路”沿线国家更好地传播，便于目的语读者和大众的接受。“一名之立”尚且需要如此慎重、严谨，而整个翻译市场的规范、翻译质量的评估更是一项系统工程，需要上升到一定高度，引起相关部门的足够重视。全国政协委员、中国翻译协会常务副会长黄友义近年来在多个场合都提到翻译立法问题：2011 年 3 月，他在全国“两会”期间提交了一份翻译立法、规范翻译市场的提案，指出“现在中国翻译市场十分混乱，要价不一，没有准入规则，缺少资质鉴定，随便一个人就可以注册一家翻译公司，但是翻译的质量并没有保证”。2012 年，在全国翻译工作座谈会暨中国翻译协会成立三十周年纪念大会上，他再次呼吁，强调“翻译行业亟需立法保障和行业准入规范”。我们认为，翻译市场的规范，包括行业准入、稿酬定价、译作版权保护、翻译公司资质审查、翻译质量评估和标准等一系列制度的建立和完善，立法规范翻译市场不仅为提升翻译服务质量提供保障，也会提高翻译的整体社会地位。“加强翻译立法是提高国家文化软实力的法律保障。现阶段，我国翻译立法严重滞后并影响社会主义文化强国战略的实施，翻译服务无法有效地将翻译连接知识与权力的纽带作用转化为增强国家文化话语的政治优势。”（王隆文，2012）在“一带一路”倡议下，随着对外文化交流活动、翻译业务量的增加，建立起配套的制度，为翻译市场的良性发展提供保障性措施，这是翻译发展到一定阶段、顺应市场经济规律的理性诉求。

2.2 需要深入开展面向“一带一路”的翻译学术研究

“一带一路”倡议自 2013 年提出，面向“一带一路”沿线国家的翻译学术研究大多基于宏观论述，微观的研究还没有深入开展。我们对“一带一路”沿线国家的政治、经济、文化等诸多方面缺乏足够了解，对目标语国家的国情、文化传播方式等缺乏认识。此外，对国内作家作品的译本在“一带一路”沿线国家的传播和接受情况等了解甚少，很多研究都还属于“沉睡”状态，需要及时唤醒，属于尚待开发的“富矿”，翻译研究的市场和潜力巨大。

当前，不少文学作品“走出去”的案例研究都集中面向欧美等发达国家，我们对已经完成的面向“一带一路”沿线国家的“小语种”翻译作品都缺乏最基本的数据统计，更遑论其在对应国家的传播和接受情况分析。随着“一带一路”倡议的实践深入，翻译学术研究需要由关注文化传播较强的发达国家转向“一带一路”沿线的发展中国家。如何让中国文化在“一带一路”沿线国家更好地传播，讲好中国故事，也会成为翻译学术研究的直接导向。政府相关部门、学术出版机构应该开放更多的“一带一路”翻译研究项目和课题，提供更多的财力支持，形成更多的专题研究，丰富研究成果，为翻译政策的制定提供智慧。

2.3 需要加强面向“一带一路”的翻译联盟与境外合作

翻译机构在整个翻译活动中起着重要的作用。翻译机构“作用于政权和译者之间，既是翻译政策的执行者，又是沟通译者与政府的桥梁，在下情上达和政策制定及执行过程中起着不可或缺的作用”（滕梅，2013: 115）。近年来，一些学者意识到建立专门的翻译机构的必要性，滕梅（2013：207）认为，“成立国家翻译院是当务之急。”民进中央副主席、中国教育学会副会长朱永新（2014）提出，尽快组建翻译的“国家队”，成立集翻译与研究功能为一体的“国家翻译院”，并且完善相关制度，将翻译工作纳入学术评价的体系，从而吸引更多人才加入翻译事业。2014 年 7 月，中国翻译研究院在北京成立，首任院长周明伟（2014）表示，“成立中国翻译研究院，是更好地服务于国家战略，增强国际传播能力，扩大中华文化国际影响力的迫切需求”，其中研究院的主要任务之一就包括“整合国内外翻译人才特别是小语种高端翻译资源，为小语种高端人才的交流、合作、事业发展提供平台。”

建立面向“一带一路”的相关翻译机构，不仅为政府相关部门、行业协会制定政策和发展规划提供依据，也要建立中译外高端翻译人才信息库，为我国文化“走出去”提供基础性服务，真正架起一座国家之间文化交流的桥梁。我们认为，仅靠中国翻译研究院的力量还远远不够，需要整合现有的资源，联合高等院校研究中心、出版机构、文化传播公司、相关媒体、驻外“孔子学院”等多方力量，组建针对“一带一路”沿线国家文化翻译、研究的“联盟”，形成强大的聚合功能和辐射力，以服务于国家文化传播的战略需求。

当前，不少高校都成立了相应的研究中心，与国家的战略目标相呼应：宁夏大学成立了中国阿拉伯研究院、福州大学成立了 21 世纪海上丝绸之路核心区建设研究院、北京第二外国语学院成立了阿拉伯研究中心以及中国“一带一路”战略研究院、澳门理工大学与中译语通公司合作成立了中英葡语言实验室、西安外国语大学成立了丝绸之路语言服务协同创新中心、四川外国语大学成立了中国国际话语体系研究院、上海交通大学成立了中国国际形象研究中心、郑州大学成立了中国外交话语研究中心、南京理工大学成立了“一带一路”语言文化传播战略研究中心等（黄友义，2017）。高校以“自下而上”的方式主动探索，积极呼应国家“自上而下”的战略目标，完全可以组成“一带一路”文化传播“联盟”，完善联盟章程，明确权利和责任，定期召开学术会议，为国家的文化传播战略服务。

谢天振（2014）提出：“我们国家从有关领导部门到学术界乃至翻译界，在‘中国文学如何走出去’这个问题上却存在着一个严重的认识误区，即把它归结为一个简单的翻译问题，以为只要把中国文学作品翻译成外文，中国文学就自然而然地‘走出去’

了。”“在思考中国文化如何走出去时，首先要树立国际合作的眼光，积极联合和依靠国外广大从事中译外工作的汉学家、翻译家，加强与他们的交流与合作，摒弃那种认为向世界译介中国文学和文化，只能依靠自己人、不能指望外国人的偏见。”（谢天振，2014）

面向“一带一路”的翻译联盟不仅要加强学术研究，还要加强和沿线国家之间的合作，促进中国文化在沿线国家更好地传播。这一点，不少国家的经验都已经为我国提供了成熟的样本。“法国文化部拨出专款，设立‘奖译金’，每年邀请三十多位优秀的翻译家从世界各地去法国进行为期两个月的访问，带着翻译研究或翻译项目，与有关作家、出版家或研究专家进行直接交流……法国政府还牵线搭桥，为中国和法国的出版社、中国翻译家与法国作家、文学机构之间的交流提供各种帮助……”（许钧，2001）让中国文化在“一带一路”沿线国家更有效地传播和接受，不能不考虑目的语国家的文化环境，不能不考虑目的语读者的心理接受，需要借助“一带一路”沿线国家汉学家、翻译家的力量，谋求“一带一路”沿线国家翻译、出版机构的合作，让中国文化、中国故事更好地传播，避免出现“读者群狭窄、传播渠道狭窄、市场调研没有做到家”（耿强，2014）等消极效应。

更值得关注的是，文化传播要重视跨境媒体之间的合作，这在之前的翻译研究中几乎是被忽略的。“一带一路”倡议能够产生多大的传播影响力，还有赖于媒体的传播渠道、传播方式和传播能力。当前，“一带一路”倡议主要靠国内媒体在“自说自话”、对外宣传，我们在自力更生的同时还要借助外力，和“一带一路”沿线国家的媒体通力合作，在纸媒、电视、广播、网络、社交媒体等多元方式中，和沿线国家当地实际情况相结合，寻找到合适的传播渠道，探索传播的有效方式。在谋求境外合作中，政府不仅要提供财力、物力上的支持，也要担当起牵线搭桥的纽带和联系职责。

2.4 需要制定与完善面向“一带一路”的翻译规划

翻译规划是翻译政策的延伸与体现，是翻译立法的具体执行，翻译规划的理论可以为翻译政策、翻译法规的制定提供理论依据。语言规划一般分为“地位规划、本体规划和声望规划”（陈章太，2015：7）。我们认为，翻译规划兼具话语规划、地位规划、教育规划、传播规划等内容。

“国际文化战略秩序是在一定的国际环境下所表现出来的、呈相对稳定状态的国家间在世界文化事务中的发言权、话语权和主导权的国际文化权力关系。”（胡惠林，2011）话语权是国家和国家集团间文化战略竞争和战略博弈的结果，话语规划就是要借助翻译活动，在“一带一路”沿线国家建立、巩固和强化中国文化的话语权。“满足外国人需要，体现我们的文化自信，等等，但是说到底是要建立中国的国际话语权。”（黄友义，2017）

翻译规划要通过翻译选材、关键语言选择、翻译项目、翻译模式、翻译人才培养等一系列有计划、系统性的活动来操作和实施。制定翻译政策不仅要服务于政治目的，也要充分考虑目标语国家的国情、民情、社会文化、风俗习惯等。面向“一带一路”沿线国家的翻译选材要充分发挥国际合作、市场调研的作用，从目的语国家读者的实际需求出发，确立文化传播的内容。当前，我们对沿线国家的文化、历史、经典文学作品等都不能像对发达国家那样如数家珍，翻译政策的制定不能“闭门造车”，应知己知彼，真正做到民心相通，进而达到文化相通。

“一个国家的外语教育政策首先需要处理的问题是本国外语语种的选择问题。”（张治国，赵蓉晖，2012）美国于2006年制定了“关键语言”计划。我们认为，翻译规划中的“关键语言”就是要首先确立“一带一路”沿线国家中相对重要的官方语言、非通用语言。据王辉、王亚蓝（2016）统计，“‘一带一路’沿线65个国家中有53种官方语言，属于九大语系，语言资源丰富，语言状况复杂。”我国目前除却英语、法语、西班牙语、俄语、阿拉伯语之外，掌握其他“小语种”的人才非常有限，当前的翻译活动根本无法完全覆盖53种官方语言，而且也没有必要面面俱到，重要的是确定“关键语言”，突出重点。

翻译项目的实施能够有效推进开展翻译活动，促成对外文化传播。“国家已经推出了很多与翻译相关的项目，如，国家新闻出版总署和国务院新闻办公室负责的‘中国文化著作翻译出版工程’与‘中国图书对外推广计划’‘经典中国国际出版工程’，中宣部负责的‘国家社科基金中华学术外译项目’以及‘影视剧译配工程’‘丝绸之路影视桥工程’等”。其中，“丝绸之路影视桥工程”直接与“一带一路”相关。“此外，还有‘中国政治话语外译规范项目’‘中华思想文化术语传播工程’以及‘中国关键词’项目都正在进行中。”（黄友义，2017）

翻译模式涉及译者选择、翻译方法等技术操作问题。没有优秀的翻译家把作品翻译成外文，就会影响到作品在国外的传播和影响力。2012年，莫言获得诺贝尔文学奖之后，其背后的各国优秀译者也浮出水面，瑞典译者陈安娜、英国译者葛浩文、法国译者诺埃·杜特莱、日本译者藤井省三、俄罗斯译者叶戈罗夫等都成为媒体关注的焦点，甚至成为学术研究的焦点。在中国文化传播的进程中，吸纳外籍作家、翻译家、出版机构的介入和参与有利于促成中国作品在目的语国家更好地传播。

2.5 需要全面规划面向“一带一路”的翻译人才培养

面向“一带一路”翻译人才的培养属于“教育规划”的范畴。“小语种”翻译人才的培养需要充分考虑沿线国家与我国的合作情况，从合作需求、交流项目、关键语言等出发，多管齐下：一要重视培训工作，二要重视志愿者服务，三要重视高校“小语种”专业设置、人才培养方案的制定和实施等。

“小语种”翻译人才的培训可以借助民间机构的力量，不但要为国内高校外语专业人才提供“小语种”培训和学习的机会，而且要吸引“一带一路”沿线国家的留学生、年轻学者主动学习中文，储备翻译人才。要重视在国内高校小语种、对外汉语国际教育等专业中遴选优秀的学生志愿者，前往“一带一路”沿线国家进行短期汉语教学服务，在开展汉语教学的同时提升目的国家的语言能力。通过“孔子学院”积极与沿线国家的中学开展合作，协助在中学内部开设汉语选修课，提供汉语教学服务，这样不仅给协助办学的中方人员提供参与国家文化传播的锻炼机会，而且也能够在沿线国家内部培养潜在的翻译人才。

思考题：

1. 翻译规划包含哪四个方面的内容?
2. 我国翻译规划的基本原则是什么?
3. 在面向“一带一路”倡议实施的语境下，应从哪些方面进行前瞻性研究?

参考文献

1. Alexander Fraser Tytler. *Essay on the Principles of Translation*[M]. Beijing: Foreign Language Teaching and Research Press, 2008.
2. Amy, Tan. *The Joy Luck Club*[M]. New York: Ivy Books, 1989.
3. Antonie, B. *L'epreuve de l'etranger, Culture et traduction dans l'Allemagne romantique* [M]. Paris: Gallimard, 1984.
4. Bassnett, Susan, Andre Lefevere. *Translation, History and Culure* [M]. London and New York: Pinter Publishers, 1990.
5. Bassnett, Susan, Andre Lefevere. *Translation, Rewriting and the Manipulation of Literary Fame*[M]. Shanghai: Shanghai Foreign Language Education Press, 2004.
6. Berman, Antoine. *The Experience of The Foreign: Culture and Translation in Romantic Germany* [M]. Trans. Stefan Heyvaert, New York: SUNY Press, 1984.
7. *Bible, Genesis.* Chapter 11 (King James).
8. Bridgman, Elijah Coleman. Santsze King, or Trimetrical Classic; its form, size, author, object and style; a translation with notes; the work ill adapted to the purposes of primary education[A]. The Chinese Repository Vol. IV (from May 1835, to April 1836. Distribution for North, Central and South America, by KRAUS REPRINTED. VADUZ).
9. Bryan A.Garner. Black's Law Dictionary[Z]. St. Paul: West, 2009.
10. Cabré, M. T. Theories of Terminology: Their Description, Prescription and Explanation. *Terminology* (2), 2003: 163–199.
11. Charlotte, B.*Jane Eyre* [M]. Ware: Wordsworth Editions Ltd, 1992.
12. Christiane, Nord. *Translation as a Purposeful Activity*[M]. Shanghai: Foreign Language Education Press, 2001.
13. Eugene, A. Nida. *Language, Culture and Translating*[M]. Shanghai: Foreign Language Education Press, 1993.
14. Gentzler, E. *Contemporary Translation Theories*[M]. Shanghai: Foreign Language Education Press, 2004.
15. George Staunton. *Ta Tsing Leu Lee* [M]. London: T. Cadell and W. Davies, 1810.
16. Giles, Herbert Allen. *San Tzu Ching: Elementary Chinese*[M]. Shanghai: Messrs. Kelley &

Walsh, Ltd, 1900.

17. Halliday, M. A. K. & Hasan, R. *Cohesion in English* [M]. London: Longman, 1976.
18. Henry, W. *Legal Writing Style* [M]. St Paul: West Publishing Company, 1961.
19. Holmes, J. The Name and Nature of Translation Studies[A]. In L.Venutti. *The Translation Studies Reader* [C]. London and New York: Routledge.172–185, 2000.
20. Jacques Derrida. *Margins of Philosophy*[M]. Chicago: University Of Chicago Press, 1985.
21. Jakobson, Roman. On linguistic aspects of translation[A]. In R. Schulte et al. (eds).*Theories of Translation: An Anthology of Essays from Dryden to Derrida*[C]. Chicago & London: The University of Chicago Press, 1992, 144–151.
22. Jermy, M. *Introducing Translation Studies: Theories and Applications*[M]. London: Routledge, 2001.
23. John Simpson (ed.) . *Oxford English Dictionary*[Z]. Oxford: Clarendon Press, 1989.
24. Katharina Reiss. *Translation Criticism: The Potentials & Limitations*[M]. Shanghai: Foreign Language Education Press, 2004.
25. Keller, L. G. *The Ture Interpreter* [M]. New York: St. Martin's Press, 1979.
26. Knoblock, J. & Jeffrey, R. *The Annals of Lü Buwei: A Complete Translation and Study* [M]. Stanford: Stanford University Press, 2000.
27. Longman (EDT). *Longman Dictionary of Contemporary English*[Z]. London: Pearson Education, 2015.
28. Meylaerts, Reine. Translation Policy[A]. In Y. Gambier & L. Van Doorslaer(eds.). *Handbook of Translation Studies*(2). Amsterdam and Philadelphia: John Benjamins Publishing, 2011, 163–168.
29. Munday, Jeremy. *Introducing Translation Studies*[M]. London and New York: Routledge, 2001.
30. Neubert, A. & Shreve, G. M.*Translation as Text*[M]. Kent & London: The Kent State University Press.
31. Peter, Newmark. *Approaches to Translation*[M].Shanghai:Foreign Language Education Press, 2001a.
32. Peter, Newmark. *A Textbook of Translation*[M]. Shanghai: Foreign Language Education Press, 2001b.
33. Peter, Newmark. *Non-literary in the Light of Literary Translation*[J]. Journal of Specialised Translation (1), 2004.
34. Robert Morrison. *Hore Sinice: Translations from the Popular Literature of the Chinese* [M]. London: Printed for Black and Parry by C. Stower, Hackney, 1812.

35. Robert Morrison. *A Dictionary of the Chinese Language*[Z]. Macao: East India Company's Press, 1819.
36. Robert Morrison. *A View of China, for Philological Purposes*[M]. Boston: Adamant Media Corporation, 2006.
37. Sapir, Edward. *Language: An Introduction to the Study of Speech*[M]. Beijing: Foreign Language Teaching and Researching Press, 2002.
38. Sarcevic, Susan. *New Approaches to Legal Translation*[M]. The Hague: Kluwer Law International, 1997.
39. Savory, Theodore. *The Art of Translation*[M]. London: Jonathan Cape, 1968.
40. Schleiermacher, Friedrich.On the Different Ways of Translation[A]. In Andre Lefevere. *Translation/History/Culture*[C]. London and New York: Routledge, 1992, 141–166.
41. Simon,Sherry. *Gender in Translation Cultural Indentity and the Politics of Transmission* [M]. London and New York: Routledge, 1996.
42. Steiner, George. *After Babel: Aspects of Language and Translation*[M]. Oxford: Oxford University Press, 1998.
43. Toury, Gideon. *Descriptive Translation Studies and Beyond*[M]. Shanghai: Shanghai Foreign Language Education Press, 2001.
44. Walter Benjamin. *The Task of the Translator: An Introduction to the Translation of Baudelaire's Tableaux Parisiens*[M]. Frankfurt: Suhrkamp Verlag, 2000.
45. 爱德华 · B. 泰勒 . 原始文化 (Primitive Culture) [M]. 蔡江浓，译. 杭州：浙江人民出版社，1987.
46. 钱中文. 巴赫金全集 (*Complete works of Bakhtin*)[M]. 晓河等，译. 河北：河北教育出版社，1998.
47. 白靖宇. 文化与翻译 · 修订版 [M]. 北京：中国社会科学出版社，2010.
48. 包惠南. 文化语境与语言翻译 [M]. 北京：中国对外翻译出版公司，2001.
49. 包克纪. 英汉法律术语的不对等性及其翻译策略 [J]. 中国科技翻译，2011(4).
50. 包振南. 试论可译性的限度 [J]. 中国翻译，1983(5).
51. 北京大学比较文学与比较文化研究所. 思考与再思考 [A]. 多边文化研究 [C]. 北京：新世界出版社，2001.
52. 蔡荣涛，朱要霞. 翻译理论与实践教程 [M]. 北京：中国广播出版社，2009.
53. 曹雪芹，高鹗. 红楼梦 [M]. 杨宪益，戴乃迭，译. 北京：外文出版社，1999.
54. 曹雪芹. 红楼梦 [M]. 霍克斯译. 上海：上海外语教育出版社，2012.
55. 曾文芳.《吕氏春秋》的贤人观 [J]. 华夏文化，2016(2): 21–24.
56. 查明建，田雨. 论译者主体性——从译者文化地位的边缘化谈起 [J]. 中国翻译，

2003(1).
57. 沈骑. “一带一路” 倡议下国家外语能力建设的战略转型 [J]. 云南师范大学学报 (哲学社会科学版)，2015(5): 9–13.
58. 沈苏儒. 论 “信达雅” ——严复翻译理论研究 [M]. 北京：商务印书馆，1998.
59. 陈福康. 中国译学理论史稿 [M]. 上海：上海外语教育出版社，1992.
60. 陈福康. 中国译学理论史稿 [M]. 上海：上海外语教育出版社，2000.
61. 陈海燕. 浅析中华思想文化术语翻译中的难点 [J]. 中国翻译，2015(5): 13–17.
62. 陈汉才. 中国古代幼儿教育史 [M]. 广州：广东高等教育出版社，1996.
63. 陈宏微. 道格拉斯・罗宾逊以人为中心的翻译教学思想评介 [J]. 中国翻译，2006(2): 45–50.
64. 陈宏薇. 新实用汉译英教程 [Z]. 武汉：湖北教育出版社，1996.
65. 陈景良. 浅谈宋代司法传统中的若干问题 [J]. 师大法学，2017(2): 3–24.
66. 陈婷婷. 中国古典诗歌英译的探索者：宇文所安的诗歌译介路径与特质 [J]. 中国翻译，2020(3):91–99.
67. 陈新汉. 价值形态世界构建论纲 [J]. 江汉论坛，2020(7): 39–48.
68. 陈秀. 论译者介入 [J]. 中国翻译，2002(1).
69. 储殷，柴平一. 绸缪 “一带一路” 五大风险 [J]. 金融博览，2015(12): 52–55.
70. 储殷. “一带一路” 战略必须以 “人” 为决定性因素 [OL]. http://views.ce.cn/view/ent/201502/02/t20150202_4489472.shtml, 2015.
71. 辞海编辑委员会. 辞海 [Z]. 上海：上海辞书出版社，1979.
72. 达尼尔・葛岱克. 职业翻译与翻译职业 [M]. 刘和平，文韫，译. 北京：外语教学与研究出版社，2011.
73. 戴抗，谢百魁. 中国历代散文选：汉英对照 [M]. 北京：中国对外翻译出版公司，2008.
74. 戴炜栋，王雪梅. “文化走出去” 背景下的我国外国语言文学学科发展战略 [J]. 解放军外国语学院学报，2015(4): 1–11+159.
75. 戴拥军，董晓波. 以典籍术语翻译助推中国国家形象塑造——以《吕氏春秋・劝学》篇核心术语英译为例 [J]. 译苑新谭，2020(2): 39–45.
76. 翟江月. 大中华文库：吕氏春秋 [M]. 柳州：广西师范大学出版社，2005.
77. 董晓波，胡波. 基于 “一带一路” 的我国翻译规划研究：内容与框架 [J]. 外语学刊，2018(3): 86–91.
78. 董晓波，胡波. 基于 “一带一路” 的我国翻译政策前瞻性研究 [J]. 扬州大学学报（人文社会科学版）, 2018(1): 121–128.
79. 董晓波. 法律翻译为全球治理贡献中国智慧 [N]. 中国社会科学报，2018–06–26.

80. 董晓波. 蒙学《三字经》在历史上的译介与传播 [N]. 光明日报，2022–08–13(10).
81. 董晓波. 文明交流视角下鸠摩罗什的翻译实践 [N]. 光明日报，2020–08–22(10).
82. 董晓波. 中国古代法律典籍的译介与传播 [N]. 光明日报，2021–05–22(11).
83. 董晓波. 大学汉英翻译教程 [M]. 北京：对外经济贸易大学出版社，2011.
84. 董晓波. 我国立法文本规范化英译若干问题探析 [J]. 外语教学理论与实践，2014(3): 84–90+97.
85. 董晓波. 法律领域的语言规划研究：问题与方法 [J]. 外语教学理论与实践，2015(4): 37–43+93.
86. 董晓波. 论英汉法律术语的"对等"翻译 [J]. 西安外国语大学学报，2015(3): 108–111.
87. 董晓波.《管子》治国思想及其译介传播 [N]. 光明日报，2021–08–21(10).
88. 董晓波.《华英字典》: 第一部汉英英汉词典对中华文化的解读 [N]. 光明日报，2021–12–11(10).
89. 杜金榜. 法律语言学 [M]. 上海：上海外语教育出版社，2004.
90. 范祥涛. 翻译层次性目的的多维描写 [J]. 外语教学，2003(2): 44–47.
91. 方梦之. 译学辞典 [M]. 上海：上海外语教育出版社，2004.
92. 方平. 他不知道自己是一个诗人 [M]. 湖北：湖北教育出版社，2002.
93. 冯亦代. 美国文艺书话 [M]. 北京：中国社会科学出版社，1998.
94. 弗莱. 批评之路 [M]. 北京：北京大学出版社，1998.
95. 傅雷. 翻译经验点滴 [A]. 罗新璋. 翻译论集 [C]. 北京：商务印书馆，1984a.
96. 傅雷. 致林以亮论翻译书 [A]. 罗新璋. 翻译论集 [C]. 北京：商务印书馆，1984b.
97. 傅雷. 高老头 · 重译本 [M]. 合肥：安徽文艺出版社，1998.
98. 高潮，马建石. 中国古代法学辞典 [Z]. 天津：南开大学出版社，1989.
99. 根茨勒. 当代翻译理论 [M]. 上海：上海外语教育出版社，2004.
100. 耿强. 中国文学走出去政府译介模式效果探讨——以"熊猫丛书"为个案 [J]. 中国比较文学，2014(1): 66–77+65.
101. 公丕祥. 法律文化的冲突与融合 [M]. 北京：中国广播电视出版社，1993.
102. 宫结实，苑爱玲，黄长奇. 促进文化交流、推动文明发展史翻译工作者的使命——联合国教科文组织总干事松浦晃一郎致世界翻译大会的贺词 [R]. 2008. 中国翻译 (4).
103. 贡布里希. 艺术的故事 (The Story of Art)[M]. 范景中、杨成凯译. 南宁：广西美术出版社，2008.
104. 顾伟，罗树涛.《吕氏春秋》术语英译研究 [J]. 中国科技术语，2014(2):30–33.
105. 郭沫若. 论翻译的标准 [A]. 转引自陈福康，中国译学理论文稿. 上海：上海外语教育出版社，1992.

106. 郭晓勇. 中国语言服务行业发展状况、问题及对策 [J]. 中国翻译，2010(6): 34–37.
107. 郭延礼. 中国近代翻译文学概论 [M]. 武汉：湖北教育出版社，1998.
108. 哈特曼 (Hartmann, R.R.K), 斯托克 (F.C.Stork). 语言和语言学词典 (*Dictionary of Language and Linguistics*) [Z]. 黄长著等，译. 上海：上海辞书出版社，1981.
109. 郝铁川. 传统思维方式对当代中国立法技术的影响 [J]. 中国法学，1993(4): 32–40.
110. 鹤岛俊一郎，董明.《三字经》在日本的流传和日本的《本朝三字经》[J]. 北京师范大学学报（社会科学版）, 2004(4): 123–125.
111. 黑格尔. 美学 (第一卷) [M]. 北京：商务印书馆，1979.
112. 侯文莉. 浅析《吕氏春秋》中的“义”[J]. 决策与信息旬刊，2016(1): 88–88.
113. 侯欣一. 唐律与明律立法技术比较研究 [J]. 法律科学・西北政法学院学报，1996(2).
114. 胡波，董晓波. 古代法律专业术语之不可译及其补偿研究 [J]. 中国文化研究，2020(4): 140–149.
115. 胡惠林. 当前中国文化战略发展的几个问题 [J]. 艺术百家，2011(6): 36–43.
116. 胡晓明. 如何讲述中国故事——“中国文化走出去”的若干理论与实践问题 [J]. 华东师范大学学报 (哲学社会科学版), 2013(5): 107–117+155.
117. 黄友义. 推动翻译立法，促进翻译行业的健康发展 [J]. 中国翻译，2011(3): 29–30.
118. 黄友义. 翻译硕士专业学位教育：划时代的改革，前程似锦的未来 [J]. 中国翻译，2017(3): 5–6.
119. 黄友义. “一带一路”和中国翻译——变革指向应用的方向 [J]. 上海翻译，2017(3): 1–3.
120. 季羡林，许钧. 翻译之为用大矣哉 [J]. 南京：译林出版社，1998.
121. 贾洪伟. 中华文化典籍外译的推进路径研究 [J]. 外语学刊，2017(4): 110–114.
122. 姜志文，文军. 翻译批评论 [M]. 重庆：重庆大学出版社，1999.
123. 姜治文，文军. 比较翻译学概论 [M]. 成都：四川人民出版社，2002.
124. 蒋莉华，王化平，严荔. 中国翻译行业立法之路：来自德国的借鉴 [J]. 中国翻译，2012(4): 49–52.
125. 蒋骁华. 解构主义翻译观探析 [J]. 外语教学与研究，1995(4): 64–67.
126. 金隄. 等效翻译探索 [M]. 北京：中国对外翻译出版公司，1998.
127. 金圣华. 江声浩荡话傅雷 [M]. 北京：当代世界出版社，2006.
128. 老舍. 出口成章 [M]. 北京：人民文学出版社，1984.
129. 李凤亮. 中国比较文学发展 30 年与国际比较文学新格局 [M]. 广州：暨南大学出版社，2017.
130. 李克，薛雪梅.《管子》研究在西方 [J]. 管子学刊，1989(2): 73–75+72.
131. 李文革. 西方翻译理论流派研究 [M]. 北京：中国社会科学出版社，2004.

132. 李新家．推动文化产业成为国民经济支柱性产业 [N]．经济日报，2011-11-21.
133. 李宇明．领域语言规划试论 [J]．华中师范大学学报 (人文社会科学版), 2013(3): 86-92+2.
134. 李长栓. 非文学翻译理论与实践 [M]. 北京：中国对外翻译出版公司，2004.
135. 李宗政.《管子》外译研究综述 [J]. 管子学刊，2014(2): 111-115.
136. 连淑能. 英译汉教程 [M]. 北京：高等教育出版社，2007.
137. 梁启超. 翻译文学与佛典 [A]. 罗新璋，翻译论集 [C]. 北京：商务印书馆，1984.
138. 刘鹗. 老残游记 [M]. 杨宪益、戴乃迭译. 北京：外文出版社，2005.
139. 刘宓庆. 翻译基础 [M]. 上海：华东师范大学出版社，2008.
140. 刘易斯・卡罗尔. 爱丽丝梦游仙境 [M]. 陈复庵译. 北京：中国对外翻译出版公司，2018.
141. 刘易斯・卡罗尔. 爱丽丝梦游仙境 [M]. 赵元任译. 贵阳：贵州人民出版社，2019.
142. 刘迎春. 中国古代法律英译研究 [M]. 大连：大连海事出版社，2009.
143. 刘云虹. 论翻译批评空间的构建 [J]. 中国翻译，2008(3): 11-15+95.
144. 刘重德. 翻译与文化 [A].《浑金璞玉集》[C]. 北京：中国对外翻译出版公司，1994.
145. 刘重德. 英汉语比较与翻译 [M]. 青岛：青岛出版社，1998.
146. 鲁迅. 且介亭杂文二集・题未定草 [M]. 上海：上海三闲书屋，1937.
147. 吕明烜. 重返礼乐之“和”：儒学视野下“和”的秩序化展开 [J]. 山东社会科学，2021(2):89-93+181.
148. 吕叔湘. 吕叔湘译文三种 [M]. 北京：外语教学与研究出版社，1992.
149. 罗列，杨文瑨. 论作为国家文化战略的翻译政策——以京师同文馆的翻译活动为例 [J]. 山东外语教学，2015(2): 91-97.
150. 罗新璋. 翻译论集 [M]. 北京：商务印书馆，1984.
151. 马红军. 翻译批译散论 [M]. 北京：中国对外翻译出版公司，2000.
152. 马建丽.《英汉笔译教程》[M]. 北京：中国传媒大学出版社，2008.
153. 马莉. 法律语言翻译的文化制约 [M]. 北京：法律出版社，2009.
154. 马祖毅. 中国翻译简史 (增订版)[M]. 北京：中国对外翻译出版公司，1998.
155. 茅盾. 为发展文学翻译事业和提高翻译质量而奋斗 [A]. 见《翻译通讯》编辑部编，《翻译研究论文集 (1949—1983)》[C]. 北京：外语教学与研究出版社，1984.
156. 孟华. 翻译中的“相异性”与“相似性”之辩——对翻译与文化交流关系的思考与再思考 [A], 2001.
157. 穆雷. 翻译学和翻译教学 [J]. 中国翻译，1993(3).
158. 穆雷. 余光中谈翻译 [J]. 中国翻译，1998(4).
159. 穆雷. 翻译教学：翻译学建设的重要组成部分——兼评刘宓庆《翻译教学：实务与

理论》[J]. 中国翻译，2004(4).
160. 穆雷. 翻译学研究生教学探讨 [J]. 中国翻译，2005(1): 56–61.
161. 钱钟书. 林纾的翻译 [A]. 七集 [C]. 上海：上海古籍出版社，1985.
162. 钱钟书. 林纾的翻译 [A]. 七缀集 [C]. 上海：上海古籍出版社，1994.
163. 乔海清. 翻译新论 [M]. 北京：北京语言学院出版社，1993.
164. 屈文生. 中国法律术语对外翻译面临的问题与成因反思兼谈近年来我国法律术语译名规范化问题 [J]. 中国翻译，2012(6): 68–75.
165. 商务印书馆编. 论翻译教学 [M]. 北京：商务印书馆，2001.
166. 邵成军. 翻译批评管窥 [J]. 北京：外语与外语教学，2003(3): 59–62.
167. 施咸荣. 文学翻译杂感 [A]. 王寿兰. 当代文学翻译百家谈 [C]. 北京：北京大学出版社，1989.
168. 苏力. 法治及其本土资源 [M]. 北京：中国政法大学出版社，1996.
169. 孙歌. 翻译的思想 [J]. 中华读书报，1997.
170. 孙会军. 普遍与差异 [M]. 上海：上海译文出版社，2005.
171. 孙艺风. 翻译与多元之美 [J]. 中国翻译，2008(2): 10–19+94.
172. 孙致礼，周晔. 高级英汉翻译 [M]. 北京：外语教学与研究出版社，2010.
173. 孙致礼. 文化与翻译 [J]. 外语与外语教学，1999(11): 41–42+46.
174. 孙致礼. 翻译的异化与归化 [J]. 山东外语教学，2001(1): 32–35.
175. 谭恩美. 喜福会 [M]. 程乃珊译. 沈阳：春风文艺出版社，1992.
176. 谭福民，向红. 从功能对等理论看法律英语术语的跨文化翻译 [J]. 当代外语研究，2012(10): 52–55+77.
177. 谭载喜. 西方翻译简史 [M]. 北京：商务印书馆，1991.
178. 谭载喜. 新编奈达论翻译 [M]. 北京：中国对外翻译出版公司，1999.
179. 谭载喜. 西方翻译简史 (增订本) [M]. 北京：商务印书馆，2004a.
180. 谭载喜. 西方翻译简史 (第二版) [M]. 北京：商务出版社，2004b.
181. 汤博文. 吕氏春秋 (*Lü's Commentaries of History*) [M]. 北京：外文出版社，2010.
182. 唐弢. 中国现代文学史 (一) [M]. 北京：人民文学出版社，1979.
183. 滕梅. 中国翻译政策研究 [M]. 北京：中国人民大学出版社，2013.
184. 滕梅. 翻译政策研究及其对当下中国的借鉴意义 [M]. 北京：中国人民大学出版社，2014.
185. 田德蓓.《翻译研究的综合方法》述评 [J]. 外国语，2001(2): 71–74.
186. 田笑云. 后殖民翻译理论视角下《吕氏春秋》两译本中文化词翻译的对比分析 [D]. 内蒙古大学，2013.
187. 王宏印. 文学翻译批评论稿 [M]. 上海：上海外语教育出版社，2006.

188. 王辉，王亚蓝. “一带一路”沿线国家语言状况 [J]. 语言战略研究，2016(2): 13–19.
189. 王炯华. 五十年中国哲学风云 [M]. 武汉：湖北人民出版社，1999.
190. 王克非. 翻译文化史论 [M]. 上海：上海外语教育出版社，1997.
191. 王克非. 近代翻译对汉语的影响 [J]. 外语教学与研究，2002(6): 458–463.
192. 王丽芬.《吕氏春秋》高诱注研究 [D]. 南京师范大学，2005.
193. 王隆文. 文化强国的法律保障：加强我国翻译立法的思考——基于文化语境下翻译与权力关系的考察 [J]. 中国翻译，2012(6): 60–64+127.
194. 王宁. 文化翻译与经典阐释 [M]. 北京：中华书局，2006.
195. 王若江. 法国十九世纪初中期汉语教材分析 [J]. 国际汉语教学动态与研究，2005(4).
196. 王志勤，谢天振. 中国文化文学走出去：问题与反思 [J]. 学术月刊，2013(2): 21–27.
197. 王宗炎. 回春楼谈英语 [M]. 西安：陕西人民出版社，1983.
198. 王佐良. 翻译：思考与试笔 [M]. 北京：外语教学与研究出版社，1989.
199. 王佐良. 英国诗人选译集 [C]. 北京：人民文学出版社，1995.
200. 魏向清. 术语翻译过程的传播学阐释与思考 [J]. 翻译论坛，2014(3): 20–25.
201. 温秀颖. 翻译批评：从理论到实践 [M]. 天津：南开大学出版社，2007.
202. 文军. 论翻译课程的价值与功能 [J]. 中国翻译，2004a(3).
203. 文军. 论翻译课程研究 [J]. 外国语，2004b(3): 64–70.
204. 文军. 科学翻译批评导论 [M]. 北京：中国对外翻译出版公司，2006a.
205. 文军. 中国翻译批评百年回眸 [M]. 北京：北京航空航天大学出版社，2006b.
206. 文军. 中国翻译教学五十年回眸 [M]. 北京：北京航空航天大学出版社，2006c.
207. 翁显良. 意态由来画不成 [M]. 北京：中国对外翻译出版公司，1983.
208. 吴璐兵，王立松. 功能对等理论下赵彦春英译本《三字经》的翻译研究 [J]. 安康学院学报，2017(5): 65–68+72.
209. 肖维青. 翻译批评模式研究 [M]. 上海：上海外语教育出版社，2010.
210. 谢天振等. 中西翻译简史 [M]. 北京：外语教学与研究出版社，2009.
211. 谢天振. 翻译的理论建构与文化透视 [C]. 上海：上海外语教育出版社，2000.
212. 谢天振. 当代国外翻译理论导读 [M]. 天津：南开大学出版社，2008.
213. 谢天振. 中国文学走出去：问题与实质 [J]. 中国比较文学，2014(1):1–10.
214. 谢天振. 为翻译立法，应该是时候了 [OL]. http://www.chinawriter.com.cn/news/2011/2011–06–23/99123.html.
215. 徐珺，王清然. 基于语料库的法律翻译研究现状分析：问题与对策 [J]. 外语学刊，2017(1): 73–79.
216. 许宝强，袁伟选. 语言与翻译的政治 [M]. 北京：中央编译出版社，2001.
217. 许钧等. 文学翻译的理论与实践 [M]. 南京：译林出版社，2001a.

218. 许钧，袁筱一. 当代法国翻译理论 [M]. 武汉：湖北教育出版社，2001b.
219. 许钧. 文学翻译批评研究 [M]. 南京：译林出版社，1992.
220. 许钧. 翻译不可能有定本 [J]. 博览群书，1996(4): 13–14.
221. 许钧. 文字 · 文学 · 文化——《红与黑》汉译研究 [M]. 南京：南京大学出版社，1996a.
222. 许钧. 翻译研究与翻译文化观 [J]. 南京大学学报，2002(3): 219–226.
223. 许钧. 翻译论 [M]. 武汉：湖北教育出版社，2003.
224. 许钧. "创造性叛逆"和翻译主体性的确立 [J]. 中国翻译，2003(4).
225. 许钧. 翻译动机、翻译观念与翻译活动 [J]. 外语研究，2004(1): 51–55.
226. 许钧. 翻译概论 [M]. 北京：外语教学与研究出版社，2009a.
227. 许钧. 改革开放以来中国翻译研究的发展之路 [J]. 中国翻译，2018(6): 5–8.
228. 许然，卢莉. 略论《三字经》在海内外的传播 [J]. 天中学刊，2009(3): 128–130.
229. 许渊冲. 诗词 · 翻译 · 文化 [J]. 北京大学学报，1990(5).
230. 许渊冲. 文学翻译谈 [M]. 台北：书林出版有限公司，1998.
231. 许渊冲. 翻译的艺术 [M]. 北京：五洲传播出版社，2006.
232. 薛立亚，张慧敏. 英汉经济综合词典 [Z]. 北京：中国对外翻译出版公司，1986.
233. 雅克 · 德里达. 访谈代序——书写与差异 [M]. 张宁，译. 上海：生活 · 读书 · 新知三联书店，2001.
234. 严复. 天演论 · 译例言 [A]. 罗新璋. 翻译论集 [C]. 北京：商务印书馆，1984.
235. 杨绛. 失败的经验——试谈翻译 [M]. 香港：三联书店（香港）有限公司，1996.
236. 杨立华等. 如何让哲学说中国话 [J]. 读书，2018(10):52–61.
237. 杨武能. 圆梦初记 [M]. 武汉：湖北教育出版社，2002.
238. 杨晓荣. 港台的翻译教学 [J]. 上海科技翻译 (3), 1998.
239. 杨晓荣. 翻译批评导论 [M]. 北京：中国对外翻译出版公司，2005.
240. 杨义. 文学翻译与百年中国精神谱系 [J]. 学术界，2008(1): 7–27.
241. 余光中. 余光中选集第四卷（语文及翻译论集）[C]. 合肥：安徽教育出版社，1999.
242. 张晋藩. 中华法系的回顾与前瞻 [M]. 北京：中国政法大学出版社，2007.
243. 张立波. 翻译与马克思主义中国化 [J]. 现代哲学，2007(2): 24–32.
244. 张美芳. 中国英汉翻译教材研究 (1949—1998)[M]. 上海：上海外语教育出版社，2001.
245. 张美芳. 翻译策略二分法透视 [J]. 天津外国语学院学报，2004(3): 1–6.
246. 张培基. 英汉翻译教程 [M]. 上海：上海外语教育出版社，1980.
247. 张培基. 英汉翻译教程 [M]. 上海：上海外语教育出版社，1986.
248. 张培基. 英汉翻译教程 [M]. 上海：上海外语教育出版社，2009.

249. 张齐明. 增广贤文 [M]. 北京：中华书局，2013.
250. 张泽乾. 翻译百思 [A]. 许钧. 翻译思考录 [C]. 武汉：湖北教育出版社，1998
251. 张治国. 中国的“关键语言”[A]. 赵蓉辉. 国家战略视角下的外语与外语政策. 北京：北京大学出版社，2012.
252. 赵军峰，寇莹瑾. 中国语言服务行业立法现状调查分析 [J]. 中国外语，2017(1): 4–10.
253. 赵彦春. 三字经英译集解 [M]. 北京：光明日报出版社，2014.
254. 郑海凌. 文学翻译学 [M]. 郑州：文学出版社，2000.
255. 郑蔚，王诣羿. 中国炒饭倾倒美国食客 [J]. 文汇报，1999(2).
256. 中共中央马克思恩格斯列宁斯大林著作编译局. 马克思恩格斯选集：第 2 卷 [M]. 北京：人民出版社，1972.
257. 仲伟合. 西方翻译理论 [M]. 广州：广州外语音像出版社，2001.
258. 周笃宝. 继承传统译论 建立科学翻译学 [J]. 中国翻译，2000(2).
259. 周恒. 目的论视角下的文化负载词翻译——以《吕氏春秋》为例 [J]. 华中人文论丛，2012(2):84–86.
260. 周明伟. 建设国际化翻译人才队伍，推动中国文化走出去 [J]. 中国翻译，2014(5): 5–6.
261. 周仪，罗平. 翻译与批评 [M]. 武汉：湖北教育出版社，1999.
262. 朱光潜. 论翻译 [A]. 罗新璋. 翻译论集 [C]. 北京：商务印书馆，1984.
263. 朱仁夫. 中国儒学在俄罗斯——献给中俄文化年 [J]. 东方论坛，2006(3): 1–9.
264. 朱伟一. 另面法律 [M]. 上海：上海三联书店，2004.
265. 朱永新. 我们需要翻译的“国家队”[N]. 中国青年报，2014–05–28(2).